浙江省社科联省级社会科学学术著作出版资金资助出版
浙江农林大学2012年度人才启动项目

当代浙学文库

DANGDAI ZHEXUE WENKU

历史文化街区重生第一步

历史文化街区保护中调查研究工作体系的中日比较

吴云 著

LISHIWENHUAJIEQUCHONGSHENGDIYIBU

中国社会科学出版社

图书在版编目(CIP)数据

历史文化街区重生第一步：历史文化街区保护中调查研究工作体系
的中日比较 / 吴云著 . —北京：中国社会科学出版社，2013.8
ISBN 978 - 7 - 5161 - 2489 - 5

Ⅰ.①历…　Ⅱ.①吴…　Ⅲ.①城市道路—保护—对比研究—中国、
日本　Ⅳ.①K928.5②K931.35

中国版本图书馆 CIP 数据核字(2013)第 081075 号

出 版 人　赵剑英
责任编辑　门小薇
责任校对　李小冰
责任印制　戴　宽

出　　　版　中国社会科学出版社
社　　　址　北京鼓楼西大街甲 158 号　(邮编100720)
网　　　址　http://www.csspw.cn
　　　　　　中文域名:中国社科网　　　010 - 64070619
发 行 部　010 - 84083685
门 市 部　010 - 84029450
经　　　销　新华书店及其他书店

印刷装订　三河市君旺印装厂
版　　　次　2013 年 8 月第 1 版
印　　　次　2013 年 8 月第 1 次印刷

开　　　本　710×1000　1/16
印　　　张　21.5
字　　　数　302 千字
定　　　价　50.00 元

图 1　真壁町景观个性色彩和材质调查研究之色彩提取(部分例举)

图 2　真壁町传统建造物基调用色统计

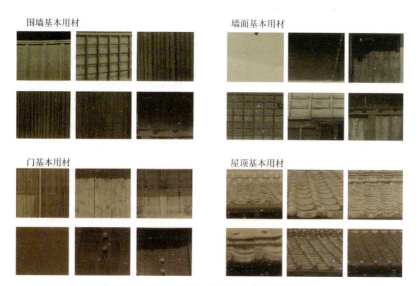

图 3　真壁町传统建造物基本用材统计

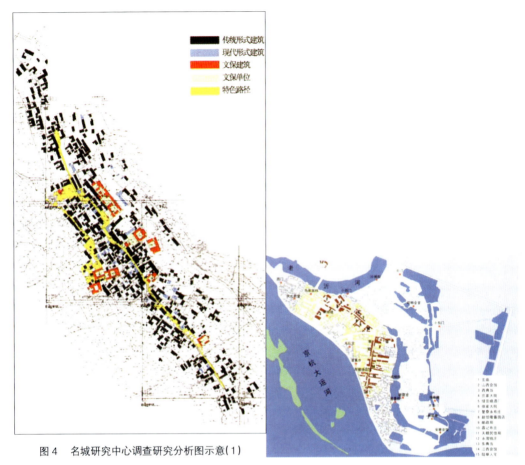

图 4　名城研究中心调查研究分析图示意(1)

图 5　名城研究中心调查研究分析图示意(2)

图 6　名城研究中心调查研究分析图示意(3)

图 7   日本尾道美食地图

图 8   安徽泾县茂林镇花砖   图 9   杭州西兴历史文化街区整治工程中的墙面用色

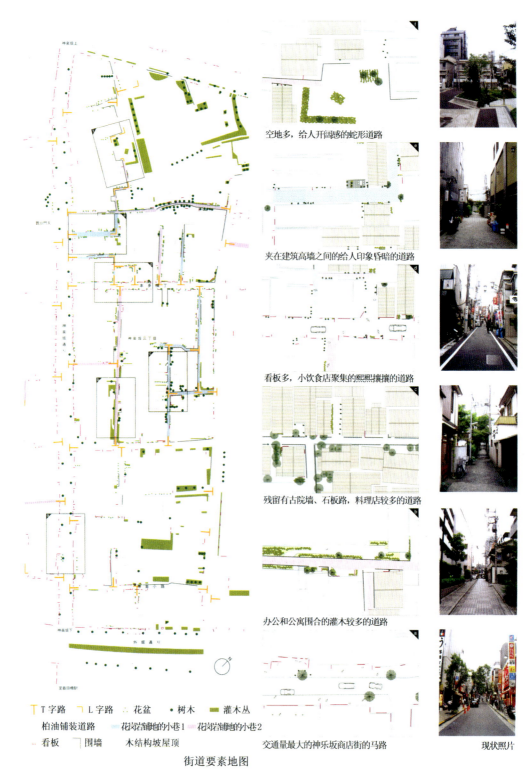

空地多，给人开阔感的蛇形道路

夹在建筑高墙之间的给人印象昏暗的道路

看板多，小饮食店聚集的熙熙攘攘的道路

残留有古院墙、石板路，料理店较多的道路

办公和公寓围合的灌木较多的道路

T字路　└ L字路　‥ 花盆　• 树木　▬ 灌木丛
柏油铺装道路　━━ 花岗岩铺地的小巷1　━━ 花岗岩铺地的小巷2
看板　围墙　木结构坡屋顶

交通量最大的神乐坂商店街的马路　　　现状照片

街道要素地图

图10　街道景观特征分析

目 录

写在前面

    历史文化街区的保护是一项复杂艰巨的工作。从影响因素角度，它涉及制度、技术、观念等诸多方面。从保护开展角度，它表现为称号申报、规划编制、规划落实、后续管理、学术研究等诸多环节。其中，调查研究工作既是保护开展的环节之一，掺入其他诸多环节，其成果的科学与否也是历史文化街区保护成功与否的关键影响因素之一。调查研究的成果，是确定被调查研究区域是否符合条件被授予历史文化街区称号的依据，是历史文化街区称号授予后保护措施制定的依据，也是保护措施实施若干时间后检验保护方向和力度的依据。所以对于历史文化街区的保护工作而言，调查研究的好坏，将直接影响保护的成效。

    当前我国历史文化街区的保护，还未形成一套健全的调查研究工作体系。对于调查研究成果的科学性也少有评价，更缺乏学术支持。作为历史文化街区保护工作坚实基础和首要步骤的调查研究工作亟待完善。笔者通过留学日本期间的研究学习发现，日本针对历史文化街区这一类型历史文化遗产保护的"传统建造物群保存地区"制度，在调查研究阶段有具体落实形式，即"传统建造物群保存对策调查"。它是日本历史文化街区保护工作开展的首要步骤和必要前提。"传统建造物群保存对策调查"工作体系以其独立完善的运行流程，系统、全面、深入的调查研究内容设定，客观先进的调查研究方法运用，确

保了针对不同历史文化街区的各个调查研究成果的权威性、科学性，从而为后续的保护措施制定和落实提供了强有力的保障；日本历史文化街区保护调查研究工作完善的体系，给我国历史文化街区保护调查研究工作体系的进一步健全以重要启示。

本书在比较研究我国和日本历史文化街区保护中，调查研究工作的制度建设、实践操作、成果表现等现状的基础上，以我国的现状为立足点，结合系统论的观点，以及历史文化遗产保护的相关理论，尝试在我国历史文化街区保护制度中建立完善的调查研究工作体系。该体系通过资金保障机制，程序机制，以及调查研究内容导向机制三方面共同作用，确保调查研究工作的有效开展，确保调查研究成果的科学呈现。在调查研究工作的政策引导、资金扶助、人员构成与职权所属，调查研究内容设定和对应内容的方法使用及成果表达等方面有具体的可操作的办法；通过中日比较，本书特别强调提高我国历史文化街区调查研究工作的权威性。为保证权威性，借鉴日本"传统建造物群保存对策调查"运作流程和我国各项保护工作流程，架构程序机制对调查研究过程进行监督管理外，进一步借鉴当前我国建设工程项目中可行性研究工作的开展模式，建立调查研究成果的审批制度；通过中日比较，本书还特别强调提高调查研究成果的科学性和其在后续保护工作中的可操作性。为保证科学性和可操作性，一方面在理论依据和现实依据的双重作用下，架构全面、深入的调查研究内容框架，明晰各项内容的设立目的。另一方面参考中日实例，引入客观、先进的调查研究方法，并规范调查研究成果的表达方式。

期望本书的研究，能有助于我国历史文化街区保护制度的进一步完善，有助于引起广大学者对调查研究工作足够的重视。

第一章

绪　论

第一节　概念

一　历史文化街区的概念

（一）中国

历史文化街区属于法定名词。2002 年 10 月修改通过的《中华人民共和国文物保护法》正式采用了"历史文化街区"这个法定名词，确定了历史文化街区的法律地位。《中华人民共和国文物保护法》指出："保存文物特别丰富并且具有重大历史价值或者革命纪念意义的城镇、街道、村庄，由省、自治区、直辖市人民政府核定公布为历史文化街区、村镇，并报国务院备案。"2008 年 7 月 1 日起施行的《历史文化名城名镇名村保护条例》（国务院令第 524 号）中将"历史文化街区、村镇"这一概念中的"村镇"二字省略，确定历史文化街区的含义为："历史文化街区是指经省、自治区、直辖市人民政府核定公布的保存文物特别丰富、历史建筑集中成片、能够较完整和真实地体现传统格局和历史风貌，并具有一定规模的区域。"

历史文化街区在称号授予、保护规划编制、保护规划实施等方面受相关法律法规的约束。部分地方政府根据自身情况还设立了市一级的"历史文化街区",其申报和核定公布制度与国家之规定存有差异。例如,《浙江省历史文化名城保护条例》设立了两个等级的历史文化街区。名城保护条例规定:"省级历史文化保护区①……报省人民政府核准公布。""市县级历史文化保护区……报市、县人民政府核准公布,并报省文物行政主管部门和省城市规划行政主管部门备案。"

在浙江省的相关规定下,《杭州市历史文化街区和历史建筑保护办法》规定"历史文化街区……报市人民政府批准、公布"。这里的"历史文化街区"属于市县一级。

其他出现"历史文化街区"频率较多的是在各类文章、书籍中,且常常以"历史街区"取代"历史文化街区"。虽然省略"文化"二字,但其中对于"历史街区"的各类定义,除了不特别突出法定的核定公布程序外,和"历史文化街区"在内涵和外延上并无太大差异。这里将较有代表性(知名学者或研究机构的论著、言论)的概念定义整理列表如下:

表 1.1　　　　　　　　历史文化街区、历史街区概念

研究者	定义	出处	作者介绍
	经省、自治区、直辖市人民政府核定公布应予重点保护的历史地段,称为历史文化街区	《中华人民共和国国家标准——历史文化名城保护规划规范》GB 50357—2005	

---

① 《浙江省历史文化名城保护条例》是 1999 年 7 月 30 日起施行的,那时"历史文化街区"的称呼方式尚未确立,所以全国各地对于此类历史文化遗产,常用的称呼方式是"历史文化保护区"。在分级制度上也是依各地方政府自身需要设立。2002 年颁布的《中华人民共和国文物保护法》确立的"历史文化街区"在本质上是与之前的省级"历史文化保护区"同级。当前,各地历史文化街区相关称号上的等级和称呼方法的设立也仍然由地方政府自己决定。地方和国家,以及地方与地方之间并没有真正做到统一。

研究者	定义	出处	作者介绍
	保存文物特别丰富并且具有重大历史价值或者革命纪念意义的城镇、街道、村庄，由省、自治区、直辖市人民政府核定公布为历史文化街区、村镇，并报国务院备案	《中华人民共和国文物保护法》（2002年10月28日第九届全国人民代表大会常务委员会第三十次会议通过）	
丁承朴 朱宇恒	历史街区是指在某一地区（城市或村镇）历史文化上占有重要地位，代表这一地区历史发展脉络和集中反映该地区经济、社会和文化等方面价值的建筑群及其周围的环境	《保护历史街区延续古城文脉——以杭州市吴山地区的保护研究为例》，《浙江大学学报》（人文社会科学版）1999.4	浙江大学建筑工程学院建筑学系教授
阮仪三 林 林	历史街区是指城市中保留遗存较为丰富，能够比较真实的反映一定历史时期传统风貌或民族地方特色，存有较多文物古迹、近现代史迹和历史建筑，并具有一定规模的地区	《苏州古城平江历史街区保护规划与实践》，《城市规划学刊》2006.3	同济大学建筑与城市规划学院，国家历史文化名城研究中心，教授，博士生导师 同济大学建筑与城市规划学院博士研究生
杨新海	所谓历史街区，是保存有一定数量和规模的历史遗存、具有比较典型和相对完整的历史风貌、融合一定的城市功能和生活内容的城市地段	《历史街区的基本特征及其保护原则》，《人文地理》2005.5	苏州科技学院建筑与城市规划学院教授，国家注册城市规划师
作者：林翔 导师：刘塨	历史街区是保存着一定数量和规模的历史遗存且历史风貌较为完整的城市（镇）生活街区	《城市化进程中居住性历史街区保护与更新研究》研究生学位论文，华侨大学，2003.5	导师为华侨大学建筑学院教授

综上所述，本书中的历史文化街区援引2008年7月1日起施行的《历史文化名城名镇名村保护条例》（国务院令第524号）的定义，历史文化街区为："保存文物特别丰富、历史建筑集中成片、能够较

完整和真实地体现传统格局和历史风貌，并具有一定规模的区域。"本书将历史文化街区扩展为两个等级：经省、自治区、直辖市人民政府核定公布的省、自治区、直辖市一级的历史文化街区和由市县级人民政府核定公布的市县一级的历史文化街区。

（二）关联概念

较之历史文化街区，在区域型的历史文化遗产中，国内较常使用的概念还有：历史地段，历史文化名城、名镇、名村。另外，和历史文化街区在名称上大致相近或内涵基本相似，也较常使用的概念还有历史文化保护区、历史文化风貌区。再者，和历史文化街区具有一定关联性的历史文化遗产方面的术语还有：文物古迹、文物保护单位、保护建筑、历史建筑、历史环境要素等。以下就各概念的内涵及与历史文化街区的关联分别论述。

1. 历史地段

"历史地段"的概念在国内颁布的与历史文化遗产保护相关的各类约束性文件中出现频率很少。其中，以约束性文件国家标准《中华人民共和国国家标准——历史文化名城保护规划规范》GB 50357—2005 所给出的定义较为完整且较权威。其对历史地段的定义为："保留遗存较为丰富，能够比较完整、真实地反映一定历史时期传统风貌或民族、地方特色，存有较多文物古迹、近现代史迹和历史建筑，并具有一定规模的地区。""经省、自治区、直辖市人民政府核定公布应予重点保护的历史地段，称为历史文化街区。"此外，规范还对历史地段的特性作了如下描述："历史地段是国际上通用的概念。它可以是文物古迹比较集中连片的地段，也可以是能较完整体现出历史风貌或地方特色的区域。地段内可以有文物保护单位，也可以没有文物保护单位，历史地段可以是街区，也可以是建筑群、小镇、村寨等。"

其他出现"历史地段"频率较多的是在各类文章、书籍中，对"历史地段"的定义或特征描述也可谓五花八门。现整理较有代表性（知名学者或研究机构的论著、言论）的论述，列表如下：

表 1.2 历史地段概念

研究者	定义	出处	作者介绍
张 松	历史地段是指那些能反映社会生活和文化的多样性，在自然环境、人工环境和人文环境诸方面，包含城市历史特色和景观意象的地区，是城市历史活的见证	《历史城市保护学导论——文化遗产和历史环境保护的一种整体性方法》（第二版）	同济大学建筑与城市规划学院教授，博士生导师
李其荣	历史地段是指那些能够反映社会生活和文化的多样性，在自然环境、人工环境和人文环境诸方面，包含着城市的历史特色和景观意象的地区，是城市历史活的见证	《城市规划与历史文化保护》	华中师范大学历史文化学院教授，硕士生导师
李德华	历史地段在我国通常也称作历史街区。它是保存有一定数量和规模的历史建筑物、构筑物，且风貌相对完整的地段。对处于城市中的历史地段而言，还应具有具体的生活内容，通常称为历史街区	《城市规划原理》（第三版）	同济大学建筑与城市规划学院教授，1981—1985年担任建筑系系主任，1986—1988年担任建筑城规学院院长
王瑞珠	历史地段划分为"文物古迹地段"和"历史风貌地段"两种类型。其中，文物古迹地段是由文物古迹（包括遗迹）集中的地区及其周围的环境组成的地段。历史风貌地段强调的不是个体建筑，地段内的单体建筑物可能并不是每一个都具有文物价值，但它们所构成的整体环境和秩序却反映了某一历史时期的风貌特色，因而使其价值得到了升华。从地段的构成上看，也不只限于宫殿、庙宇等重要的纪念性建筑物，而是包括了民居、商店等更广泛的内容。它是城市活的肌体的重要组成部分，而且往往是城市人口最密集、最繁华、最活跃、最具有生气的部分	《国外历史环境的保护和规划》1993	中国工程院院士，中国城市规划设计研究院研究员、学术顾问

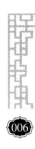

续表

研究者	定义	出处	作者介绍
科斯塔·乔福	历史地段是指对整个国家或社区具有历史、考古、建筑及环境意义的地区，其特点及外貌具有保护及修缮价值	《历史环境的保护与历史地段的发展》，《国外城市规划》1995.1	伍尔夫汉普顿市政府总规划师
陆　翔	历史文化区（又称为历史地段或历史街区）一般指反映一定历史阶段的社会、经济、文化、生活方式、传统风貌和地方特色的城市或乡村的地段、街区、建筑群，一般具有以下几层含义：地段风貌具有历史价值和典型性，可反映一定的历史、社会发展状况；地段内的建筑风貌基本完整、统一，反映地段内的民风、民俗；构成这一地段的现存建筑中应有一定比例的历史原物	《北京25片历史文化保护区保护方法初探》，《北京规划建设》2001.1	北京建筑工程学院建筑系教授
	历史和建筑地区系指包含考古和古生物遗址的任何建筑群、结构和空旷地，它们构成城乡环境中的人类居住地，从考古、建筑、史前史、历史、艺术和社会文化的角度看，其凝聚力和价值已得到认可。在这些性质各异的地区中，可特别划分为以下各类：史前遗址，历史城镇，老城区，村庄，聚落以及相似的古迹群	《关于历史地区的保护及其当代作用的建议（内罗毕建议）》1976①	

本著作中，不论历史文化街区是省（包含自治区、直辖市级别）一级的还是市县一级的，都将其划属到历史地段的范畴。

2. 历史文化保护区

历史文化保护区与历史文化街区内涵基本相同。1986 年 12 月 8

---

① 张松编：《城市文化遗产保护国际宪章与国内法规选编》，同济大学出版社 2007 年版，第 69 页。

日国务院批转建设部、文化部《关于请公布第二批国家历史文化名城名单的报告》中提出，对于一些文物古迹比较集中，或能较完整地体现出某一历史时期的传统风貌和民族地方特色的街区、建筑群、小镇、村寨等，可根据它们的历史、科学、艺术价值，公布为"历史文化保护区"。可以认为历史文化保护区是 2002 年 10 月《中华人民共和国文物保护法》正式赋予"历史文化街区"法律地位之前，此类历史文化遗产的最官方的称呼方式。一些 2002 年前颁布的地方约束性文件中使用的就是"历史文化保护区"这一称呼方法。如 1999 年施行的《浙江省历史文化名城保护条例》，2001 年施行的《江苏省历史文化名城名镇保护条例》，1999 年施行的《广州历史文化名城保护条例》等。

3. 历史文化风貌区

历史文化风貌区这个概念主要在上海市被使用。《上海市历史文化风貌区和优秀历史建筑保护条例》中指出："历史建筑集中成片，建筑样式、空间格局和街区景观较完整地体现上海某一历史时期地域文化特点的地区，可以确定为历史文化风貌区。"其他省市该概念较少使用。

4. 历史文化名城、名镇、名村

历史文化名城是指经国务院批准公布的保存文物特别丰富并且具有重大历史价值或者革命纪念意义的城市。[①] 2008 年 7 月 1 日起施行的《历史文化名城名镇名村保护条例》（国务院令第 524 号）还规定"申报历史文化名城的，在所申报的历史文化名城保护范围内还应当有 2 个以上的历史文化街区"。

在国家公布的国家级历史文化名城之外，部分地方政府又根据自身情况设立了省一级的"历史文化名城"。以浙江省为例，《浙江省历史文化名城保护条例》中就对浙江省省级历史文化名城做出了以下规定："省级历史文化名城由市、县人民政府申报，经省文物行政主管

---

① 《中华人民共和国国家标准——历史文化名城保护规划规范》GB 50357—2005。

部门会同省城市规划行政主管部门审核同意后，报省人民政府核准公布。"

"历史文化名镇、名村是指经省、自治区、直辖市人民政府批准公布的具备下列条件的镇、村庄：

（1）保存文物特别丰富。

（2）历史建筑集中成片。

（3）保留着传统格局和历史风貌。

（4）历史上曾经作为政治、经济、文化、交通中心或者军事要地，或者发生过重要历史事件，或者其传统产业、历史上建设的重大工程对本地区的发展产生过重要影响，或者能够集中反映本地区建筑的文化特色、民族特色。

国家从历史文化名镇名村中，选择具有重大历史、艺术、科学价值者，经专家论证，确定为中国历史文化名镇名村。"[1]

部分学者认为，历史文化街区属于城市，是城市的局部特质。在2002年10月《中华人民共和国文物保护法》正式界定"历史文化街区"时实际是使用了"历史文化街区、村镇"的称呼方式，用以涵盖城市和村镇两种类型。[2] 但是，2008年7月1日起施行的《历史文化名城名镇名村保护条例》将村镇从"历史文化街区、村镇"的称呼方式中分离出来，单独设立了和历史文化名城相对应的历史文化名镇名村。在《历史文化名城名镇名村保护条例》中，已经不再强调"历史文化街区"是属于城市还是属于村镇。这可能主要是因为伴随着我国城市化进程日益扩大，很多村镇已经很大程度的城市化了。在实际的保护实践中，无论城市还是村镇，实际都存在可能成为历史文化街区的历史性片区。它们往往是城市和村镇的老中心区，是文物古迹、历

---

[1] 《历史文化名城名镇名村保护条例》（国务院令第524号）。2008年4月2日国务院第三次常务会议通过，2008年7月1日起施行。

[2] 《中华人民共和国文物保护法》第二章第十四条规定："保存文物特别丰富并且具有重大历史价值或者革命纪念意义的城镇、街道、村庄，由省、自治区、直辖市人民政府核定公布为历史文化街区、村镇，并报国务院备案。"

史建筑较集中，或历史风貌较完整的区域。在名镇名村的保护规划编制中，这些区域也是重点保护对象。有些规模较小、发展较慢的偏远村镇，因为城市化进程缓慢，还存在村镇整体就是历史文化街区的情况。基于上述国情，本书不对历史文化街区进行属于城市还是村镇的区分。笔者认为历史文化街区属于城镇，也属于乡村。

5. 其他

历史文化街区概念直接涉及以下术语：文物古迹、文物保护单位、保护建筑、历史建筑、历史环境要素。

文物古迹是指"人类在历史上创造的具有文化价值的不可移动的实物遗存的通称。包括地面与地下的古遗址、古建筑、古墓葬、石窟寺、古碑石刻、近代代表性建筑、革命纪念建筑等"①。在保护规划编制过程中，可以根据实际情况进行分类，采取不同的保护措施。

文物保护单位是"经县以上人民政府核定公布应予重点保护的文物古迹"②。"古文化遗址、古墓葬、古建筑、石窟寺、石刻、壁画、近现代重要史迹和代表性建筑等不可移动文物，根据它们的历史、艺术、科学价值，可以分别确定为全国重点文物保护单位，省级文物保护单位，市、县级文物保护单位。"③

保护建筑是指"具有较高历史、科学和艺术价值，规划认为应按文物保护单位的保护方法进行保护的建（构）筑物。条件成熟时，按程序申报为文物保护单位"④。

"历史建筑是指经城市、县人民政府确定公布的具有一定保护价值，能够反映历史风貌和地方特色，未公布为文物保护单位，也未登记为不可移动文物的建筑物、构筑物。""历史建筑一般不包括恢复重建、仿古、仿制建筑。不包括文物保护单位中的建筑物和构筑物以及

---

①《历史文化名城保护规划规范》GB 50357—2005，2005 年 10 月 1 日施行。

② 同上。

③《中华人民共和国文物保护法》2002 年 10 月 28 日第九届全国人民代表大会常务委员会第三十次会议通过。

④《历史文化名城保护规划规范》GB 50357—2005，2005 年 10 月 1 日施行。

保护建筑。"① 这类建筑物、构筑物数量较多，是历史文化街区的主体。

历史环境要素是指"除文物古迹、历史建筑之外，构成历史风貌的围墙、石阶、铺地、驳岸、树木等景物"②。它包括人工要素，也包括自然要素。

（三）日本

日本没有历史文化街区这一名词，与我国历史文化街区内涵接近的术语有"传统建造物群"③、"传统建造物群保存地区"、"重要传统建造物群保存地区"。

日本的《文化财保护法》④ 将"传统建造物群"定义为"与周围环境成为一体，并形成了历史景观的传统建筑群中具有较高价值的部分"。根据"传统建造物群"的特色，大致可分为以下几类：①古村落；②宿场町（古代的驿站）；③港町（即港口地区，如北海道函馆市的元町、末广町）；④商家町（前店后居或上店下居式商居结合的街区）；⑤产业町（因地方产业而闻名的地区）；⑥武家町（武士集居的地区）；⑦门前町（中世纪以后，寺院门前发达起来的地区）；⑧城下町（以封建领主的城郭为中心，围绕这些城郭发展起来的街区）；⑨在乡町（农村中自然形成的物资集散地）等。

针对"传统建造物群"保护的"传统建造物群保存地区"制度是伴随着昭和五十年（公元 1975 年）日本《文化财保护法》的修改而产生的。《文化财保护法》的修改将"传统建造物群"设定为新的一类"文化财"，为保护它们设立了"传统建造物群保存地区"制

---

① 《历史文化名城名镇名村保护条例》（国务院令第 524 号），2008 年 7 月 1 日起施行。
② 《历史文化名城保护规划规范》GB 50357—2005，2005 年 10 月 1 日施行。
③ "传统建造物群"对应的日文为"伝统的建造物群"。日文的"建造物"相当于建筑物、构筑物和其他土木设施的总和。
④ 日文为：《文化财保護法》。

度，即由市町村①指定自己管辖范围内价值较高的"传统建造物群"为"传统建造物群保存地区"进行保护，再由国家对"传统建造物群保存地区"中价值特别高者，选定为国家级别的"重要的传统建造物群保存地区"进行重点保护。

《历史城市保护学导论》② 将日本"传统建造物群保存地区"制度的特点归纳为以下几点：

（1）以"传统建造物群"和周围环境一体所形成的历史风貌为保护内容，由市町村决定，划定保护范围、制定保护条例。

（2）国家（由文部大臣负责）在市町村指定的"传统建造物群保存地区"中，选定具有较高价值的地区或地区的一部分为全国"重要传统建造物群保存地区"，对其保护事业给予必要的财政援助及技术指导，地方政府、公共团体对此保护事业也给予必要的协助。

（3）"传统建造物群保存地区"不仅考虑对有形文物的保护，保存地区的环境及传统文化活动也是其保护内容之一。

对我国的历史文化街区和日本的"传统建造物群保存地区"进行相关概念的比较研究，不难发现如下共性：

日本"传统建造物群"和"传统建造物群保存地区"的概念中，将"传统建造物群"和"传统建造物群保存地区"视为由建（构）筑物群与环境融合形成的整体；我国历史文化街区的概念也反映出类似的观点：历史文化街区为保存文物特别丰富、历史建筑集中成片、能够较完整和真实地体现传统格局和历史风貌的区域。概念中强调建

---

① 日本政府是由中央政府、都道府县以及市町村三个层级的行政组织所组成。中央政府代表国家。地方政府包括作为广域自治体的都道府县和基础自治体的市町村两级。日本地方自治制度采取的是都道府县与市町村的二重自治组织形式。都道府县和市町村都是普通地方公共团体，也被称为地方自治体。市町村作为最基础的地方公共团体，担负着向本市町村居民提供综合服务的责任。都道府县则是包括市町村在内，对市町村起补充、支援及发挥跨市町村界限的广域功能的广域自治体。都道府县与市町村分别作为广域的和最基础的地方公共团体，各自具有不同的功能。它们之间不存在上下关系，是对等的权利主体。——焦必方：《以地方自治为特点的日本市町村政府的行为方式研究》，载《中国农村经济》2001 年第 11 期。

② 张松：《历史城市保护学导论——文化遗产和历史环境保护的一种整体性方法》（第二版），同济大学出版社 2008 年版，第 141 页。

（构）筑物，也强调风貌。因此，在术语使用上，我国和日本存在如下的对应关系：

日本的"传统建造物群"可基本对应于我国历史文化街区未经申报及核定公布之前的状态。在本书中称之为拟保护历史文化街区。

日本的"传统建造物群保存地区"可基本对应于我国的"历史文化街区"，都是经地方政府核定公布应予重点保护的具有某种历史特性的片区。

日本的"重要传统建造物群保存地区"在我国没有与之对应的保护级别。虽然我国也有国家层级的历史文化名城、名镇、名村，但从严格意义上说，拥有某种历史特性的片区只是其中局部的特质，而非历史文化名城、名镇、名村的整体，所以并不等同于日本的"重要传统建造物群保存地区"。

二 保护和调查研究的概念

吴良镛先生在《北京旧城与菊儿胡同》一书中，将保护纳入更新的三层含义中的一层。他对更新做了如下定义，认为更新主要包括以下三方面的内容。其一，是改造、改建或再开发（Redevelopment），指比较完整地剔除现有环境中的某些方面，目的是为了开拓空间；其二，是整治（Rehabilitation），指对现有环境进行合理的调节利用，一般指作局部的调整或小的改动；其三，是指保护（Conservation），指保护现有的格局和形式并加以维护，一般不许进行行动。

巴拉宪章①中对"保护（Conservation）"这一总任务下涉及的工作性质和范围进行了阐述：包括保护遗址或保留其文化含义的所有方面。内容包含：根据该艺术品的重要性及其相关环境而定的日常维护，还包括保存（Preservation）、修复（Restoration）、重建（Recon-

---

① 即1979年ICOMOS澳大利亚国家委员会通过，1981年、1988年、1999年修订的《保护具有文化意义场所的巴拉宪章》（*The Australia ICOMOS charter for places of cultural significance*）。

struction)，或改建（Adaptation），或几项做法的组合。

内罗毕建议中指出"保护"系指对历史或传统地区及其环境的鉴定、防护、保存、修复、修缮、维持和复兴。

《中华人民共和国国家标准——历史文化名城保护规划规范》GB 50357—2005 中将保护（Conservation）定义为："对保护项目及其环境所进行的科学的调查、勘测、鉴定、登录、修缮、维修、改善等活动。"该规范还对修缮、维修、改善、整修、整治等术语给出了自己的界定，分别为：

修缮（Preservation）是对文物古迹的保护方式，包括日常保养、防护加固、现状修整，重点修复等。

维修（Refurbishiment）是对历史建筑和历史环境要素所进行的不改变外观特征的加固和保护性复原活动。维修是整治的方式之一。

改善（Improvement）是对历史建筑所进行的不改变外观特征，调整、完善内部布局及设施的建设活动。是对历史建筑内部采取的整治方式。

整修（Repair）是对历史风貌有冲突的建（构）筑物和环境因素进行的改建活动。整修是整治的方式之一。

整治（Rehabilitation）涵盖了维修、改善、整修、拆除等概念。是发达国家在第二次世界大战之后，总结城市更新中大拆大建的教训，为使历史文化街区保持及恢复原有历史风貌和特色，满足基本的现代生活条件和环境质量，并采取有效措施保护和延续传统特色和文化习俗，促进地区繁荣的一种有效保护途径。

本书借鉴《中华人民共和国国家标准——历史文化名城保护规划规范》GB 50357—2005 中对保护（Conservation）的定义："对保护项目及其环境所进行的科学的调查、勘测、鉴定、登录、修缮、维修、改善等活动。"在该定义的基础上，综合上述其他研究成果中保护的概念，笔者对历史文化街区保护的深入理解是：保护是对历史文化街区进行的科学的调查研究、科学的称号申报、科学的规划编制（包括由规划衍生出来的相关深化设计，或称保护规划实施方案。如城市设

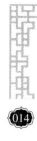

计、单体建筑物设计等)、科学的规划实施与持续的后续管理等多方面结合起来的综合性工作。其中规划实施阶段还包括修缮、维修、改善、整修、整治等多项活动。

本书将只对保护这一综合性工作中的调查研究工作展开研究。书中的"调查研究"在广义上是指"人们发现问题、寻求解释或解答问题的科学研究过程。它有助于人们在世界存在的繁杂现象中,找出事物的发展规律,进而按照事物的客观规律组织人类社会秩序、指导人类活动、使人类理想变成现实"①。狭义上,针对历史文化街区,"调查研究"指对历史文化街区所含价值的科学调查,并通过一定的研究方法作出科学评价的过程。其目的是探索和发现历史文化街区的本质特征、发展潜力及现状问题,为将来历史文化街区文化价值的保护,以及文化价值向经济价值的合理转化提供依据,为实现历史文化街区的可持续保护奠定基础。这一目的落实于历史文化街区的保护实践中则体现为:为历史文化街区的申报工作和申报后的保护规划编制及衍生设计提供依据,为历史文化街区保护的学术研究提供文献资料,为全民保护意识的提高作积极的宣传。

第二节　历史文化街区保护的意义

在中国,与历史文化名城、名镇、名村的保护相比,历史文化街区的保护有着更广泛的现实意义。

首先,历史文化名城、名镇、名村的保护由于涉及面广,在理论与政策层面偏重于总体保护框架和保护政策的把握与制定,除了对于文物建筑、历史建筑的严格控制外,其他方面的保护工作常常会流于空泛和笼统。这种总体保护由于受到市场经济法则的影响和约束,对

---

① 戎安:《调查研究科学方法(全国高校建筑学专业应用型课程规划推荐教材)》,中国建筑工业出版社 2008 年版。

城市（村镇）建设经济效益的要求比较高。再加上当前保护资金缺乏、分配分散的现状，使得这种总体保护成效不显著；历史文化街区则是集中于城市（村镇）的一个有限范围内，与城市（村镇）发展之间的矛盾容易协调。因此城市（村镇）建设过程中，以有限的保护资金重点投入到较小范围内的最值得保护的街区——历史文化街区，才能更有效地推动整个城市（村镇）的保护，这样的保护才更现实、更有操作性；在我国历史文化名城、名镇、名村保护的实践层面，实际被保护的主体也主要是作为城市（村镇）发展历史源头的老城、古镇、古村区域，这些区域实际上也已经属于历史文化街区的范畴。

其次，我国五千年的悠久历史，并不是只沉淀于上述由各级政府核准公布的历史文化名城、名镇、名村中。非名城、名镇、名村地区，同样有存储了该地区历史发展信息的历史文化街区，对它们的保护同样应该得到重视。另外，作为各级政府核准公布的历史文化名城、名镇、名村，在国内甚至国际上有着重要影响，数量不可能过多。而历史文化街区可由省、自治区、直辖市人民政府核定公布为省级重点保护的街区，也可以由市县级人民政府核定公布为市级相对一般保护的街区。所以加强对历史文化街区的保护可以扩大历史文化遗产保护工作的广度，可以更加细化历史文化遗产保护的层级并按层级采取相适应的保护措施。

最后，历史文化遗产的保护本质上是保护城市（村镇）的历史信息。城市（村镇）的历史信息主要承载于文物建筑、历史建筑等历史性建（构）筑物和历史性环境中。单体历史性建（构）筑物传承的历史信息有限且较难反映出城市（村镇）的发展脉络，更多的历史信息承载于建（构）筑物周围的历史性环境中。历史文化街区以历史性建（构）筑物群和环境相融合的整体承载着城市（村镇）由古至今的综合性历史信息。作为一个包含了建筑和环境的系统，它展示着一定历史时期城市（村镇）的典型风貌特色，反映着城市（村镇）历史发展的脉络。按照"（系统的）整体大于部分之和"这一系统论的

核心思想来理解，历史文化街区传承的历史信息超越了个体建（构）筑物和环境的简单叠加，更为集中、丰富、复杂。除了建筑个体以及个体间的联系等建筑性因素外，它还融入了更多的非建筑性因素，如社会网络、生活状态、民俗活动等。对于历史文化街区的保护，和单体文物建筑、历史建筑的保护同样具有意义。

当前，我国不少学者也主张强调"历史文化街区"的概念，而弱化"历史文化名城"的概念。他们认为"我国的一些名城……在整体上已经是现代化的城市，名城仅是其局部的特质……这一概念（指'历史文化名城'）不清楚，混淆了历史与现在、保护与创作之间的关系，给保护工作带来了很大的困难"。① 其实，在城市化进程日益加速的今天，历史文化名镇、名村也存在与名城同样的问题，特别是一些经济较发达地区，如江浙沪一带，"名镇名村"也逐渐成为村镇局部而非整体的特质。

总之，历史文化街区作为承载城市（村镇）历史信息的区域，表述了城市（村镇）景观的异质特点，反映了城市（村镇）的文化积淀，是提高城市（村镇）环境品质的重要资源。这一资源受到城市（村镇）经济发展的制约，受到制度不完善、资金缺乏的局限，受到保护方法不科学的影响，正随着人口的急剧增加、环境的日益恶化，而日渐消逝。对它的保护工作随着城市（村镇）的现代化发展而显得日趋重要，值得高度重视。

第三节　调查研究工作对于历史文化街区保护的意义

一　主体意义

对于历史文化街区，"真正的保护不是要重现已逝去的旧时风貌，

---

① 张平：《从"名城"到"历史保护地段"》，载《城市规划》1992 年第 6 期。

而是要保留现存的美好环境，并指出未来可能的发展方向。要避免具有吸引力而且能够继续使用的生活场所遭受不适当的改变甚至破坏。也就是说，保护的目标常常是要保持当地居民生活方式的稳定性，防止社会生活频繁、过度地变迁"[①]。因此，为实现保护目标，首先必须通过调查研究，寻找发现环境中的美好之处、不足之处等多方面的信息。调查研究的成果，是确定被调查区域是否符合条件被授予历史文化街区称号的依据，是历史文化街区称号授予后保护措施制定的依据，也是保护措施实施若干时间后检验保护方向和力度的依据。所以对于历史文化街区的保护工作而言，调查研究的好坏，将直接影响保护的成效。

如前所述，历史文化街区相对于单体的文物建筑、历史建筑而言，承载着更为集中、丰富、复杂的历史信息。面对复杂对象，作为保护基础性支撑的调查研究工作更需审慎对待；对于历史文化街区的保护而言，调查研究工作自身的程序化、规范化显得尤为重要。没有科学的工作体系作为基础，调查研究工作实施时将会应接不暇；重视"调查研究"，构建科学的调查研究工作体系，将有助于提高"调查研究"工作本身的系统性、科学性、操作性，也有助于促进对历史文化街区的积极保护。尝试构建这一工作体系，是本书的研究目标所在。

二 附加意义

（一）文献价值

调查研究工作是对历史文化街区在某一个历史时期所做的客观、翔实的记录，既要求对已有资料的整理统计，又要求对现状作出记录、评价。它的文字、图示成果在历史文化街区保护的可持续进程

---

① 张松：《历史城市保护学导论——文化遗产和历史环境保护的一种整体性方法》（第二版），同济大学出版社 2008 年版，第 13 页。

中，担负有重要的文献作用，为将来未知的保护需求进行着积极的资料储备工作，具有重要文献价值。调查研究工作体系的建立，将会促进调查研究工作的系统化、科学化，将会促进并监督历史信息的正确传递。

（二）宣传作用

科学的调查研究工作不仅能够客观地反映出历史文化遗产的历史信息，它的开展过程和最终成果还有利于引起社会关注，增强历史文化遗产在政府、专家、社会三个层面的宣传度，引起各方特别是政府对于历史文化遗产保护的重视，同时对健全专业人员的知识结构也起到积极作用。

第四节　选择日本进行比较研究的原因

本书期望通过比较研究中日两国历史文化街区调查研究工作的开展状况，尝试为我国历史文化街区保护调查研究的系统化科学化提出构想。

一　文化同源①

日本与中国是一衣带水的近邻。中国和日本的文化交流到日本明治维新，大力提倡学习西方社会文化及习惯为止，至少有 1500 年以上的历史，从公元 4 世纪一直延续到 19 世纪。隋唐时期，历史上日本曾多次向中国派遣遣隋使、遣唐使学习中国的先进文化，其中包括城市规划的制度与方法。奈良是公元 710 年仿照中国唐代的长安城修

---

① 参见曹康《以探针的方式解读日本城市规划》，载《国际城市规划》2008 年第 2 期。

建的"平京城"，直到784年都是日本的首都。至今，中国传统文化精髓仍然是日本民族的精神食粮。《论语》、《孟子》、《老子》、《庄子》等译著在日本长年畅销不衰。

19世纪，日本开始向近代科学和工业革命发源地的欧洲学习，经过一个多世纪的努力，从一个封建农业国家发展为现代资本主义国家。今日的日本，在科学、技术等很多方面领先于中国。日本的现代化道路和成功经验，值得我们深思。

除上述我国与日本这种同源的文化和相同的区域背景外，从我国国情出发，学习、借鉴日本也很有必要。中国当前正处在经济高速发展和快速城市化阶段，与日本战后的经济腾飞阶段有很多相似之处。中国人如今的人均收入相当于日本1960年代的水平。卡内基国际和平基金会专家说，中国环境污染与1960年代的日本也非常相似。当前我国确实在取得经济飞速增长的同时，大量耗用了原材料、能源，并且牺牲了诸多环保、生态资源，还有永远不能失而复得的历史文化资源。这些都与四五十年前的日本非常相似。虽然中日的政治经济制度不同，但是日本发展过程中的成功经验和失败教训仍会对我们有很大的启示作用。

二　保护有效

在历史文化遗产的保护上，日本起步较早，在保护内容、保护制度、保护方法等多方面都经历了一个逐渐完善的过程，取得的成果较为明显。正是这种庞大完善的历史文化遗产保护体系促进了作为日本历史文化遗产保护内容之一的"传统建造物群保存地区"① 的有效保护。

---

① 日文为："伝统的建造物群保存地区"，和我国的"历史文化街区"在概念和内涵上基本对应。

从保护的直观视觉上看，日本"传统建造物群保存地区"内的建筑物，在外观和建造方式上保持了素朴雅致的日本传统样式：坡屋顶，木结构或藏造结构①，玻璃或纸质隔窗、拉门，以及盆景般的小庭院等，无不显示出日本文化特有的韵味和历久弥新的生命力。（图1.1，图1.2）

图1.1　世界文化遗产——日本白川乡②　　图1.2　日本"小京都"——高山市

从保护的可持续性上看，因为与我国土地所有制的不同，日本"传统建造物群保存地区"保护的落实是建立在居住者的同意和配合的基础之上，所以日本的保护中一般不采用大规模的整体功能改变或建筑物推倒重建等改造方式，其保护讲究可持续地循序渐进，细致深入。"传统建造物群保存地区"保护的着眼点是如何使生活更美好、环境更宜人。重视街区的社区保全，重视居住者的实际需要。这种不以政治任务或经济效益为目标的以人为本的保护理念，是日本保护运动能够在空间和时间两个维度扩展延续的根本原因。笔者在参观学习日本各地被保护的多个"传统建造物群保存地区"时，所见都不是"繁华热闹"、外人拥入的商业化、旅游化局面，而是原有居住者继续生活于自己乐土、安居乐业的生活场景。（图1.3至图1.6）

---

①　藏造就是以土造墙，以瓦覆顶的一种日本传统建造形式。
②　摄影：吴云。本书中所有出现的图表、照片等，除特别指明的以外，均为本书作者自绘、自摄。

图1.3 安宁的历史街区——越中八尾

图1.4 历史建筑前开早市的居民——高山市

图1.5 素朴的街景——竹原

图1.6 安宁的临港街区——鞆浦

另外，日本在保护工作中也特别重视对历史文化街区历史及现状的科学调查研究，将其作为保护工作开始的第一步。这些都是我国当前历史文化街区大规模、快速度的保护模式中所缺乏的，也是本书要进行重点研究和借鉴之处。

从保护的数量上看，为求基准一致，以得到国际公认的世界遗产数量作为标准进行评判。日本目前共拥有16处世界遗产。其中，被选入文化遗产名录的有12处①。被选入自然遗产名录的有4处②。我

---

① 分别为：①白川乡和五箇山的合掌造聚落；②日光的神社与寺院；③古都奈良的历史遗迹；④法隆寺地区的佛教古迹；⑤古都京都的历史遗迹；⑥纪伊山脉圣地和朝圣路线以及周围的文化景观；⑦姬路城；⑧原爆圆顶馆（广岛和平纪念碑）；⑨严岛神社；⑩琉球王国时期的遗迹；⑪石见银山遗址及文化景观；⑫平泉—文化遗产。

② 分别为：①白神山地、②屋久岛、③知床、④小笠原群岛。

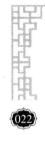

国自1987年至2011年，先后被批准列入世界遗产名录的遗产达41处，其中文化遗产29处、自然遗产8处、自然与文化遗产4处，数量居世界第三位。虽然在总数上中国的世界遗产远远超过日本，接近其3倍。但是必须认识到我国的国土面积是日本的25倍，我国的历史发展也远较日本悠久。因此相对而言，我国在历史文化遗产的保护上还是落后于我们的邻国日本。

总之，就历史文化遗产的保护也好，或就其中历史文化街区的保护也好，日本都可以说走在我国前面。日本的经验对我国有着非常大的借鉴意义。

三　制度完善

日本是土地私有制国家，所以十分重视历史文化街区保护工作中的公众参与、以人为本，以及个人财产的不可侵犯性。秉持该理念，日本对于"传统建造物群保存地区"形成的保护制度，采用的是由政府自上而下引导扶持、市民自下而上参与推动，二者结合，共同推进历史文化街区立法保护和具体保护工作的实施方式。这种以居住者为主体，以政府为引导的保护尤其发挥了被保护街区的社会价值，具有可持续性，这也是我国历史文化街区保护制度不完善之所在。目前，日本"传统建造物群保存地区"制度仍在进一步完善这种以社区为中心，同时包含行政人员、技术人员，三方参与组成的务实性保护机制。

在日本，这种制度的完善性体现于调查研究、条例设立、规划编制、规划实施等各个保护环节。在调查研究环节，主要反映在"传统建造物群保存对策调查"[①] 的工作体系中。"传统建造物群保存对策调查"是日本政府主持，社区、技术三方人员共同参与进行的对于"传统建造物群保存地区"的调查研究工作，它具有以下特点：

---

① 日文为"伝統的建造物群保存対策調査"。

（一）权威性

"传统建造物群保存对策调查"的成果直接为日本"传统建造物群保存地区"的称号授予工作，保护条例和保护规划的制定工作提供依据。它成为日本"传统建造物群保存地区"制度中必不可少的首要步骤，具有唯一性和权威性。虽然"传统建造物群保存地区"保护落实或学术研究的过程中还有可能根据具体需求进行一些补充性的调查研究工作或纯学术的调查研究工作，但它们的权威性终究无法和"传统建造物群保存对策调查"相提并论。

对于历史文化街区的保护工作同样由政府主持的我国而言，当前真正意义上由官方主导的调查研究工作并不存在。调查研究工作虽然也是为历史文化街区的申报工作或规划编制工作提供依据，但因为保护中调查研究工作地位的不明确，使得调查研究的成果缺乏权威性。

（二）实践性

同其他类型的调查研究工作相比，日本的"传统建造物群保存对策调查"正因为是由政府主持，是与"传统建造物群保存地区"保护措施的制定与施行关联度最高的调查研究，所以是日本"传统建造物群保存地区"各类调查研究工作中，最具保护实践针对性的调查研究工作。在调查研究工作中会直接考虑到将来施行相关保护措施的可行性等。很多街区在调查研究工作完成后甚至中途就会进行保护措施的制定和落实工作。另外，"传统建造物群保存对策调查"从1974年开始发展至今，通过多年的学者研究和经验积累，使其具有较强的可操作性。这一可操作性体现在调查研究方法的可操作以及调查研究成果对于实践的可操作两方面。

（三）学术性

"传统建造物群保存对策调查"除了是日本历史文化街区保护工作开展的首要步骤，为称号授予，及保护条例、保护规划的制定提供

重要依据和资料外，也是其他许多学术性研究的重要资料。不少学者也都以"传统建造物群保存对策调查"的成果，即调查报告书作为自己学术研究的重要文献。例如，日本著名古迹保存暨社区营造研究专家、日本东京大学的西村幸夫教授在他的《再造魅力故乡——日本传统街区重生故事》一书中，作为参考文献使用的"传统建造物群保存对策调查"报告书有《函馆市西区的街屋——元町、末广町地区传统建造物群调查报告书·函馆市·1983》、《函馆市西区的街屋——弁天町、弥生町地区传统建造物群调查报告书·函馆市·1984》、《信州须坂的街屋——传统建造物群保存对策调查·须坂市教育委员会·1990》、《足助的街屋——传统建造物群保存地区调查报告·足助町·1978》、《若狭街道熊川宿·上中町教育委员会·1994》、《大森街屋调查报告·大田市教育委员会·1991》；日本京都大学的宗本顺三教授曾在一篇学术论文中①，以日本的近江八幡市为对象，探讨了 1990 年（该地段被指定为"传统建造物群保存地区"之时）至 1996 年为止，该地段内建造物的变化状况，以及建造物变更中居民的建造意向和行政方面的对应措施等内容，从而明晰街区的变化并分析变化原因。其文中对于街区过往状况的把握就是以《近江八幡市街区调查报告·近江八幡市教育委员会·1977.3》作为研究时的重要参考文献的，文中多处引用了 1977 年调查报告中的图纸和文字。

上述"传统建造物群保存对策调查"的特点陈述表明该调查相对日本国内其他形式的调查研究工作更具参考性，更值得学习借鉴。这也是本书仅选取其作为重点研究对象的原因所在。

四 物质形态相似

与欧洲城镇建筑大部分是砖石结构不同，日本的传统建筑与中国

---

① ［日］金弘己、宗本顺三：《伝建地区の现状変更行為における住民の建築希望内容と町並変容の研究——近江八幡市を事例として》，载《日本建築学会計画系論文集》1999 年 4 月。

传统建筑相似，大多是木结构低层建筑组成的院落，容积率低，材料的耐水、耐潮、耐火等总体性能差，不进行调整难以满足当代生活需要。在以木结构建筑为主的城市（村镇）中，采用欧洲式的针对砖石建筑的保护方法似乎不切实际。木结构建筑由于潮湿易腐遇火易燃，在历史进程中需要对其不断地加以改建和修补。在以木结构建筑为主的城市（村镇）中，我们应该在尽量保护建筑物的基础上，重点保存其形式体系。因此，相对于欧洲，日本历史文化街区保护的思想和方法对于我们有着更高的参考价值。

第五节　本书研究目标及方法

以历史文化街区的调查研究工作为研究对象，从一个新的研究视角来看待历史文化街区的保护，有助于我国历史文化街区保护制度的完善，也有助于引起广大学者对调查研究工作的重视。基于这样的出发点，本书将研究目标定为：架构历史文化街区保护的调查研究工作体系，该体系包括如下三方面：

一　架构历史文化街区保护可持续发展的调查研究资金保障机制

受日本"传统建造物群保存对策调查"国家和地方政府两方面专项资金支持和其他类型调查研究工作中，社会资本支持的启示，结合我国调查研究资金不独立的现状，构想在我国历史文化街区保护体系中设立用于调查研究的专项资金。在资金来源上，除了国家和地方政府的专项拨款外，积极争取社会资金协助调查研究工作的开展也不可缺少。专项调查研究资金的设立有利于调查研究工作的独立运作。这

种独立性的确立有助于调查研究工作的广泛开展，有助于将保护范围扩展到过去较少被注意的偏远历史文化街区，或从直观判断上文化价值或经济价值不显著的历史文化街区。

二　架构历史文化街区保护可持续发展的调查研究程序机制

通过中日比较，以我国现状为立足点，构想较完善的程序机制来促进调查研究工作的积极有效开展。在调查研究工作的流程设置、人员安排与职权所属等多方面有具体的实施办法。在程序机制中，特别强调提高调查研究工作的权威性。为保证权威性，借鉴日本"传统建造物群保存对策调查"运作流程和我国各项保护工作流程，进一步借鉴当前我国建设工程项目中可行性研究工作的开展模式，架构符合我国国情的程序机制，对调查研究过程进行监督管理，对调查研究成果进行审核批准。

三　架构历史文化街区保护可持续发展的调查研究内容导向机制

通过中日对比，尝试架构系统、全面、深入的历史文化街区调查研究内容指导框架。

对于日本，通过日本国内相关研究和多个实例，归纳总结"传统建造物群保存对策调查"的一般性内容框架。分析内容设定的特点，并探寻内容设定的理论依据和现实依据。进而归纳总结对应于各项内容的常用调查研究方法和先进调查研究方法。

基于我国当前还没有等同于日本"传统建造物群保存对策调查"的独立完善的调查研究工作体系，而是在历史文化街区保护的实践阶段（称号申报阶段、规划编制阶段）或是在学术性研究中都存在调查研究工作的现状，首先整理归纳我国历史文化街区在称号申报阶段相关约束性文件①，以及实际案例中对于调查研究内容的规定和设定。其次，整理归纳规划编制阶段相关约束性文件，以及实际案例对于调查研究内容的规定和设定框架。最后，整理归纳权威学术研究机构在学术研究中对历史文化街区调查研究的内容设定。综合上述三类调查研究的内容设定，总结当前我国历史文化街区调查研究的一般性内容设定框架，分析特点并探寻问题，进而对我国历史文化街区保护中常见的调查研究方法进行归纳总结。

通过系统、全面、深入的调查研究内容指导框架的架构，保证历史文化街区价值的全面深入认识和评价。要求评价的结果在历史文化街区的保护中有可操作性。同时，要求深度探究调查研究内容与保护理论、政策法规、我国现状的关联度，提高调查研究内容设定的学术性。

在内容导向机制中，引入我国和日本现有调查研究工作中，客观、先进的调查研究方法，并结合上述内容指导框架，为上述各项内容的落实提供技术支撑，使内容、方法一一匹配。

---

① 本书中的约束性文件，主要指我国国家和地方政府制定的法律、法规、规章、国家标准以及国际上通用的有关历史文化遗产保护的文献等，具有一定法律效力或行政效力的文件。

法律是全国人大及其常委会颁布的，一般都是中华人民共和国××法（法律有广义、狭义两种理解。广义上讲，法律泛指一切规范性文件；狭义上讲，仅指全国人大及其常委会制定的规范性文件。在与法规等一起谈时，法律是指狭义上的法律）。

法规分为行政法规和地方性法规。行政法规是国务院颁布的，一般都是××条例。地方性法规是地方人大颁布的，一般是××市××条例。

法律和法规的区别，主要在于制定机关的不同，一个是全国人大及其常委会，一个是国务院或地方人大等机构。其效力层次也是不同的，法律的效力大过法规的效力。

规章是行政性质的。之所以是规章，是从其制定机关进行划分的。规章主要指国务院组成部门（如建设部、财政部等）及直属机构，省、自治区、直辖市人民政府及省、自治区政府所在地的市和经国务院批准的较大的市人民政府，在它们的职权范围内，为执行法律、法规，需要制定的事项或属于本行政区域的具体行政管理事项而制定的规范性文件。

《中华人民共和国标准化法》将我国标准分为国家标准、行业标准、地方标准、企业标准四级。截至 2003 年底，我国共有国家标准 20906 项（不包括工程建设标准）。国家标准是指由国家标准化主管机构批准发布，对全国经济、技术发展有重大意义，且在全国范围内统一的标准。国家标准分为强制性国标（GB）和推荐性国标（GB/T）。

国际文献除公约对缔约国有约束力外，其他文献只起建议和指导作用。国际文献的内容反映了当时学术界对有关问题的认识水平。其重要程度依次是宪章（CHARTER）、建议（RESO-LUTION）和宣言（DECLARATION）。

　　另外，规范化各项内容的调查研究成果的表达。通过规范化的成果表达，提高调查研究成果的信息化，使调查研究的结果科学呈现，使各个调查研究成果之间可以横向比较。

第二章

日本"传统建造物群保存
对策调查"工作体系

　　日本涉及"传统建造物群保存地区"保护的调查研究工作类型很多。有如绪论中所述的由市町村主持施行的权威性、实践性、学术性都较强的调查研究工作，即本书中作为研究对象的"传统建造物群保存对策调查"；也有学术界自行主导施行的学术性调查研究。如一些大学研究室、建筑师会等开展的，为某项专题学术研究服务的调查研究工作。例如，日本京都大学的宗本顺三教授在进行以日本近江八幡市"传统建造物群保存地区"内建造物发展至今的变化状况，以及居民的建造意向和行政方面的对应措施等为内容的学术研究时，就通过资料收集、现场踏勘、居民访谈等手段对该街区指定成功后的现状进行了调查研究，获取信息，分析街区申报成功后的变化及原因；此外，日本还有普通市民也可以报名参加的，由一些财团或是非政府组织支援的调查研究。如由"财团法人日本国家信托基金"——即（财）日本 National Trust，过去叫"财团法人观光资源保护财团"——开展的旅游资源保护调查（表 2.1）。此项旅游资源保护调查研究费用的一部分由该财团担负。行政、民间的团体或个人都能报名参加。过去，有超过 170 个地区（含单体建筑）被实施调查研究，其中很多区域都是"传统建造物群"。近年来每年都有两项调查研究项目被选定进行。总之，日本有关"传统建造物群保存地区"保护的调查研究

表 2.1　　　　　　旅游资源保护调查研究募集要点（摘要）①

	调查时间	每年的 4 月到第二年的 3 月（近一年时间）
调查概要	事业主体	财团法人日本国家信托基金
	调查内容	涉及观光资源的保护、再利用等方面的内容 涉及激活观光资源的社区营建方面的内容
	调查预算	每个项目 350 万日元②，其中 140 万日元由报名参加者自己负担（预算也包含了调查研究报告书的印刷费用）
	参加资格	能承担费用的团体、个人等
	调查成果	调查研究报告书
	选定方法	在每年 1 月召开的观光资源专门委员会（由有学识者、经验者构成）上审议后选定
报名参加要点	报名方法	提交报名单、演示幻灯片、参考资料
	报名截止日期	每年 12 月下旬
过去的实际成果（括号里是报名参加者）	平成十五年度	以饭高寺为中心的栽种大树的山林资源调查（千叶县八日市场市）
		近江八幡市的霍夫曼窑③和红砖资源调查（个人）
	平成十四年度	村上的商家和街区景观资源调查（越后村上——城下町街区会）
		平户的街区调查——旨在激发城市活力的荷兰商行复原工作（长崎县平户市）

活动，是以多种多样的形式在全国范围广泛开展的。

本书将以上述众多调查研究类型中，权威性、实践性、学术性最高的"传统建造物群保存对策调查"这一调查研究工作类型作为研究对象，探讨日本历史文化街区保护中调查研究工作体系的特点，特别是优点，供我国历史文化街区保护中的调查研究工作学习和借鉴。

---

① 日本建筑学会编：《町並み保全型まちづくり》，丸善株式会社 2007 年版，第 26 页。
② 约合 24.5 万元人民币。
③ 霍夫曼窑即轮窑，也称为环窑，是在 1858 年由德国人富里多利－霍夫曼所设计的一种连续式窑炉，因此也称霍夫曼（Hoffman）窑。

第一节　形成及发展

一　"传统建造物群保存地区"制度

日本历史文化遗产保护中，针对"传统建造物群"保护的"传统建造物群保存地区"制度源自日本的《文化财保护法》[①]。

于昭和二十五年（1950）颁布的日本《文化财保护法》，是日本关于文化财保护的第一部综合性国家法律。它将日本的"文化财"分为六大类："有形文化财"、"无形文化财"、"民俗文化财"、"遗迹名胜天然纪念物"、"文化景观"和"传统建造物群"。针对每一类"文化财"，《文化财保护法》都建立了与其对应的保护制度，构建出一套较完整的"文化财"保护体系。（图2.1）

"传统建造物群"指与周围环境成为一体，并形成了历史景观的传统性建造物群中的高价值者。《文化财保护法》中，就"传统建造物群"的保护设立了"传统建造物群保存地区"制度。它伴随着昭和五十年（1975）日本《文化财保护法》的修改而产生。其主旨为：由市町村指定自己管辖范围内较高价值的"传统建造物群"为"传统建造物群保存地区"，并制定保护条例、编制保护规划施以保护。国家再（由文部省大臣负责）从"传统建造物群保存地区"中选定出重要地区作为"重要传统建造物群保存地区"加以重点保护。

"传统建造物群保存地区"的指定标准有以下三条，符合其中的任何一条即可入选。

（1）传统建造物群整体设计构思上独具匠心

---

① 日本的"文化财"类似于我国的文物。但"文化财"范围的指定和《中华人民共和国文物保护法》中对于文物范围的指定并不相同。按照《中华人民共和国文物保护法》相关条款，我国的文物归纳为以下几大类：1. 古文化遗址、古墓葬、古建筑、石窟寺、石刻、壁画；2. 近代现代重要史迹、实物、代表性建筑；3. 珍贵的艺术品、工艺美术品；4. 重要的文献资料、手稿、图书资料等；5. 反映历史上各时代、各民族社会制度、社会生产、社会生活的代表性实物。日本的"文化财"分类见本书第二章第一节中的详述。

（2）传统建造物群及整体布局的原有形态保持良好

（3）传统建造物群及周围环境明显体现出地方特色

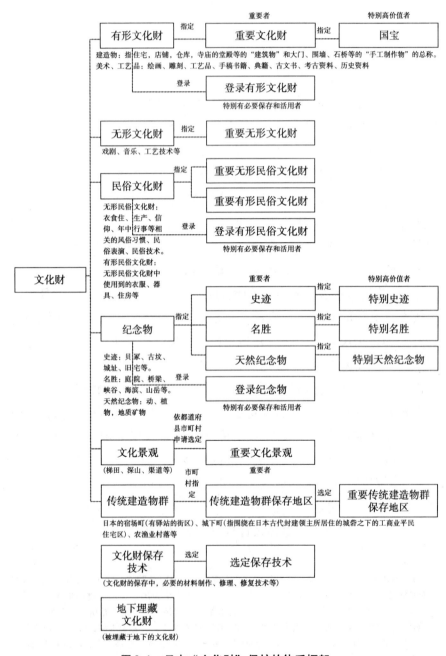

图2.1　日本"文化财"保护的体系框架

对于"传统建造物群保存地区"内的各类建造物，如果得不到行政部门的批准就不能进行建造。对于新建、增建、拆除、修缮等改变现状的建造行为，需要按照行政部门制定的，以不影响街区景观为主要目标的一定的设计基准来进行变更。"传统建造物群保存地区"内具体的设计基准有修理基准、修景基准、许可基准三种类型（图2.2，图2.3，图2.4）。

　　"传统建造物群保存地区"实施具体保护措施时，首先要特别指定传统建造物①（图2.5）。对其建造行为需按照"修理基准"进行"修理"；同时，其他普通建造物或新建或修缮时也要和街区景观相调和，即需按照"修景基准"对其进行"修景"。

　　修理基准是特别指定传统建造物的现状维持或是复原的基础；而修景基准则是普通建造物和特别指定传统建造物相互协调的基础。修理基准和修景基准对于色彩、设计样式等方面都进行了详细的描述。

　　遵守修理、修景基准就可获得补助金。具体补助金的金额依市町村自行规定。例如在日本佐贺县的有田町，其所在地市町村规定的"修理"（主屋）补助金的上限为600万日元（相当于42万元人民币），"修景"（主屋）补助金的上限是300万日元（相当于21万元人民币）。

　　除了修理基准和修景基准外，还有一种设计基准，就是作为在规模、位置、形态方面最低限度基准的许可基准。许可基准不设置补助金。

　　日本的"传统建造物群保存地区"制度从建立以来已经经过了1/4个世纪。伴随着保存地区数量的增加，日本国民对于该制度的理解也在不断加深。该制度已经不只是一个文化财保护的制度，它作为在历史个性较强的区域开展的一种有效的城市建设手段也正在日本国内得到广泛的认识。在日本，这项制度正一步步稳健地巩固着自身的地位，保护事业正持续地扩大、深化。

――――――――

　　① 特别指定传统建造物，就是经过所有者同意后，被抽出按照修理基准进行修理的传统建造物。

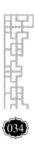

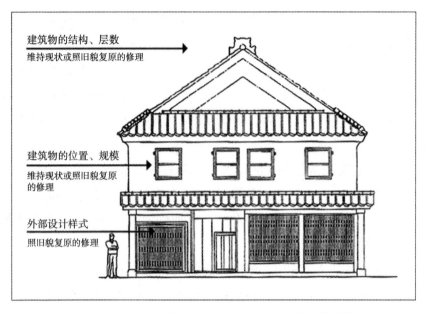

建筑物的结构、层数
维持现状或照旧貌复原的修理

建筑物的位置、规模
维持现状或照旧貌复原的修理

外部设计样式
照旧貌复原的修理

图2.2　有田市"传统建造物群保存地区"修理基准①

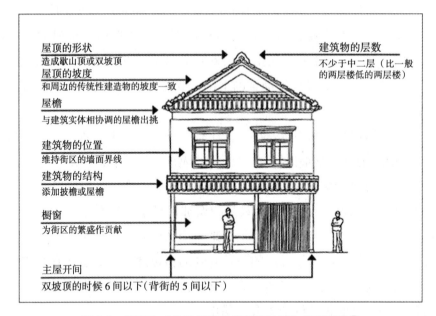

屋顶的形状
造成歇山顶或双坡顶
屋顶的坡度
和周边的传统性建造物的坡度一致
屋檐
与建筑实体相协调的屋檐出挑

建筑物的位置
维持街区的墙面界线

建筑物的结构
添加披檐或屋檐

橱窗
为街区的繁盛作贡献

主屋开间
双坡顶的时候6间以下(背街的5间以下)

建筑物的层数
不少于中二层(比一般的两层楼低的两层楼)

图2.3　有田市"传统建造物群保存地区"修景基准②

---

① 日本建筑学会编：《町並み保全型まちづくり》，丸善株式会社2007年版，第30页。
② 同上。

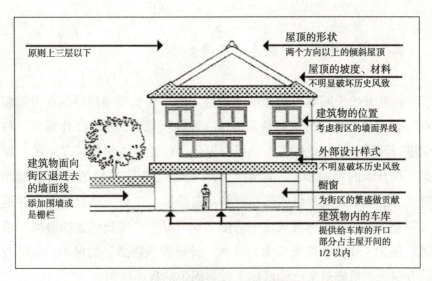

图 2.4　有田市"传统建造物群保存地区"许可基准①

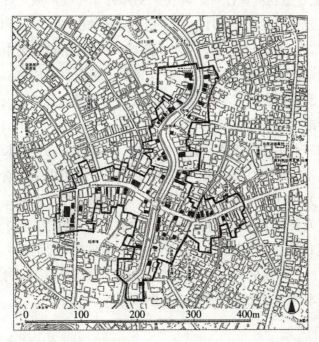

图 2.5　日本佐原市"传统建造物群保存地区"范围和特别指定传统建造物分布②

①　日本建筑学会编：《町並み保全型まちづくり》，丸善株式会社 2007 年版，第 31 页。

②　日本文化厅编：《歴史的集落・町並みの保存》，第一法规 2000 年版，第 33 页。涂成黑色的为特别指定传统建造物位置。

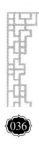

二 传统建造物群保存对策调查

正式开始于昭和四十九年（1974）的"传统建造物群保存对策调查"是保证上述"传统建造物群保存地区"指定、选定工作顺利、科学进行而需首先完成的工作，可以说是"传统建造物群保存地区"保护工作开展的第一步，同时也为指定选定工作完成后的保护条例制定、保护规划编制提供依据和资料。它是日本"传统建造物群保存地区"制度落实的具体方式之一。图2.6为日本"传统建造物群保存地区"保护工作的一般流程图。日本"传统建造物群"的保护，从调查研究到保护措施落实已经形成了较为固定的程序机制。

"传统建造物群保存对策调查"工作并非一朝形成。日本文化财保护委员会（现在的文化厅）为了历史环境的保护，从昭和二十九年（1954）起已经开始对主要的民宅（主要指日式住宅）集中地区进行民宅预备调查研究①。另外关于西式建筑，在东京、神户、长崎等地也实施了预备调查研究。基于这些调查研究结果，开始了民宅、西式建筑的指定工作②。

昭和三十年代（1955）后半期开始，日本经济高速增长，致使民宅、西式建筑急剧消失。这一问题引起各界对于历史文化遗产保护问题的高度关注。昭和四十一年（1966）起依靠文化厅的补助由都道府县实施了对民宅的紧急调查研究，此举一直持续到昭和五十二年（1977）。基于紧急调查研究，从昭和四十年至五十年的前半期，日本在短期内把大量民宅指定为"重要文化财"加以保护。同时蓬勃进行的还有日本国内西式建筑的指定工作。

---

① 日本的调查研究活动（不仅局限于历史文化遗产保护）一般都是分阶段、带着阶段目标完成。预备调查研究是在真正的调查研究开始前，作为准备工作而进行的调查研究。基本内容是在现场踏勘的基础上，观察现场情况，记述视觉感性结果，是连外行人也易懂，甚至可以操作的调查研究工作。

② 依据日本《文化财保护法》有关规定，将有形文化财中的高价值者指定为"重要文化财"，再将"重要文化财"中价值特别高者指定为"国宝"。

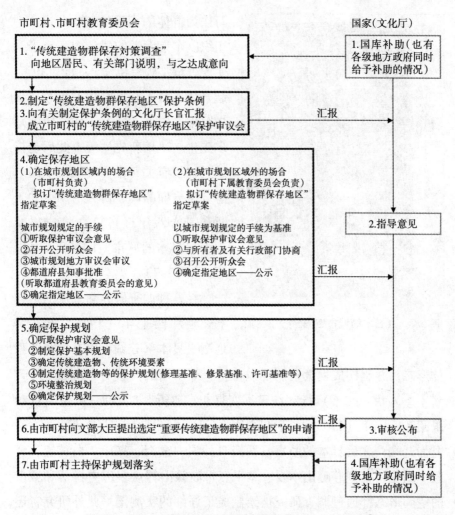

图2.6   日本"传统建造物群保存地区"保护工作流程①

与上述从文化财保护立场出发的官方调查研究工作不同，从建筑设计、城市设计的立场出发的调查研究活动也逐渐兴起。首开先河的是由伊藤郑尔②等人成立的调查研究组织。这一组织引领了日本国内的调查研究新潮流，即一边从事建造物单体的历史调查研究，一边进

---

①　参见阮仪三、王景慧、王林《历史文化名城保护理论与规划》，同济大学出版社1999年版，第101页。

②　日文为："伊藤鄭爾"，日本著名建筑史学家，建筑评论家。

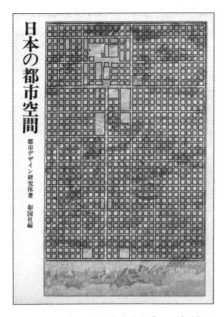

图2.7 《日本的城市空间》一书封面

行作为群体的街区的调查研究。此组织以东京大学的建筑史研究者为主要力量，从昭和三十一年（1956）起开始进行了奈良县橿原市今井寺内町地区的调查研究工作。伊藤郑尔先生、矶崎新先生等人此后也持续进行了有关日本传统城市空间形态分析方面的调查研究活动，并于昭和三十八年（1963）将成果整理为《日本的城市空间》① 一书出版。（图2.7）

在这种调查研究新潮流的引导下，昭和四十年（1965）起，实地测量日本部分城市以及村落的整体形态，并制作成视觉资料加以分析，即所谓的"设计—测量"（デザイン・サーベイ）行动在日本变得非常盛行。"设计—测量"行动以昭和四十年（1965），俄勒冈大学在日本金沢市幸町进行的调查研究为开端，之后日本的爱媛县西海町外泊、金沢、高山、白莲寺、仓敷、馬龙、五個莊町山本乡、琴平、丹波篠山等众多历史村落和城市的空间形态都通过调查研究被绘制成了详细的实测图。此外研究者还在建筑杂志上发表了特集和调查研究报告书等。这种做法大大提高了建筑等相关专业人员对于日本传统城市、村落的关心。

"设计—测量"行动是从建筑设计、城市设计的立场开始的调查研究工作。在以往民宅调查研究中不太被重视的建造物外部空间，甚至较大范围的周边空间的实测图制作等都对之后日本"传统建造物群保存对策调查"的调查研究内容和调查研究方法产生了很大的影响。

受学术界调查研究思潮的影响，日本文化厅从昭和四十五年

① ［日］《日本の都市空間》，都市デザイン研究体著，彰国社出版发行。

（1970）起开始对传统建造物周边的土地及地区的保护手法等展开讨论。昭和四十七年（1972）由学者设立了"村落街区保存对策协会"，开始了关于历史街区、历史村落保护的具体讨论。讨论中的重要内容之一就是：选定应该实施调查研究工作的村落、街区实施调查研究，再由文化厅出示村落、街区保护对策的初步方案①。依此，昭和四十八年（1973）为了有助于获得保护对策制定的相关资料，日本文化厅选定了高山市（负责人：奈良文化财研究所）、仓敷市（负责人：伊藤郑尔）、萩市（负责人：石井昭）实施了调查研究工作。工作内容要点如下：

（1）对象地区自然及社会条件的调查研究和资料完成

（2）对象及周边地区的基本地图的绘制（1/30000—1/2500）

（3）建造物等地区构成因素中，必要因素和重要因素的图纸、照片等资料的完成

（4）全部各资料分析和保护对策的展望

此时的调查研究工作还是由日本文化厅直接主导进行。翌年，即昭和四十九年（1974）开始，调查研究工作被当成文化厅的一项辅助性事业。文化厅给予市町村以国库补助，由市町村作为主体自行运作实施调查研究工作。虽然这一年"传统建造物群"的概念和"传统建造物群保存地区"制度尚未被引入《文化财保护法》，但实际上，"传统建造物群保存对策调查"工作体系已经正式建立。一系列的调查研究工作也一定程度地促进了昭和五十年（1975）日本"传统建造物群保存地区"制度的建立。图2.8为日本"传统建造物群保存对策调查"的历史沿革示意。

当前，日本各地开展的"传统建造物群保存对策调查"通常要花费两年左右的时间，它依靠日本文化厅、地方自治体的补助，在那些期望不断推动指定及保护工作的地区，以市町村为主体，开展就历史

---

① 初步方案是在真正的保护规划方案制定之前的基于基本性考虑的方案。它侧重于考虑方针性、原则性的问题，或是一些理想化的设想。日文中常称之为"素案"。

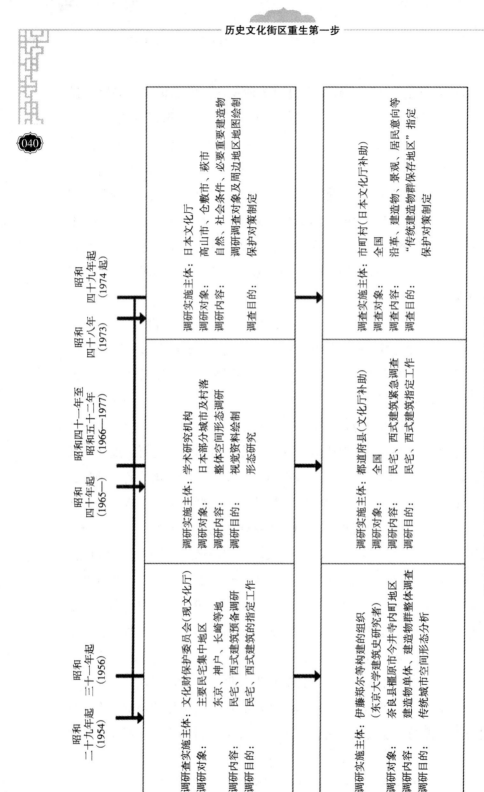

图 2.8 日本"传统建造物群保存对策调查"历史沿革示意

沿革、文化财价值、建造物特质、景观现状，以及社会实态等诸多方面的系统、详细的调查研究工作，并制作完成调查研究报告书。以这些调查研究成果为基础，在市町村层级不断推动"传统建造物群保存地区"的指定工作，在国家层级不断推动"重要传统建造物群保存地区"的选定工作。该调查研究的成果也将成为将来市町村制定"传统建造物群保存地区"保护条例、编制保护规划的重要依据。

至平成十四年（2002）末，日本全国有 127 个地区，共计 177 项调查研究工作被实施。表 2.2 为平成十三、十四年进行"传统建造物群保存对策调查"的街区名称。当前，日本每年都有 7 个左右的"传统建造物群"由所在市町村主持开展"传统建造物群保存对策调查"。

表 2.2　　　　日本"传统建造物群保存对策调查"实施地区名单
（平成十三、十四年）①

年度	调查研究工作实施地区
平成十三年 （2001）	1. 青森县弘前市仲町；2. 兵库县出石町内町；3. 石川县加贺市桥立；4. 岐阜县高山市下町；5. 滋贺县近江八幡市；6. 德岛县东祖谷山村落合；7. 京都府伊根町伊根浦
平成十四年 （2002）	1. 石川县嘉和市桥立；2. 岐阜县高山市下町；3. 滋贺县近江八幡市；4. 京都府伊根町伊根浦；5. 德岛县东祖谷山村落合；6. 山口县阿知须町阿知须；7. 长崎县国见町神代小路；8. 佐贺县盐田町盐田

由 1975 年开始的"重要传统建造物群保存地区"选定工作，也在此工作的促进下，经过 31 年到 2006 年为止选定了 79 个"重要传统建造物群保存地区"（图 2.9）。此外，不论指定和选定工作是否成功，这些"传统建造物群"的调查研究报告书都被陆续刊行出版。

---

① http：//www.docin.com/p－80894780.html.

选定地区数

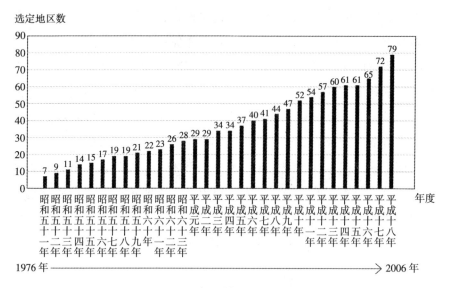

图 2.9　1976—2006 年间日本"重要传统建造物群保存地区"数量发展①

第二节　体系架构

一　资金补助

对于"传统建造物群保存地区"的保护事业，日本政府投入了较大力度的资金扶助。单就保护对策制定工作，文化厅每年都给予了相当大数额的国库资金支持。表 2.3 为日本国库对"传统建造物群"保存对策制定方面资金补助的规定。文化厅扶助的事业主体为市町村。保存对策制定工作中，补助的事业包括："传统建造物群保存对策调查"工作开展和"重要传统建造物群保存地区"防灾规划制定。

针对"传统建造物群保存对策调查"的扶助又具体分为以下三方面：①历史沿革及自然、社会、经济概况调查研究；②传统建造物群

---

① ［日］苅谷勇雅、林良彦、下間久美子、西山和宏编：《日本の町並み調查報告書集成22（中部地方の町並み7）》，海路书院 2007 年版，第 512 页。截止到平成二十三年（2011）十一月二十九日，日本的"重要传统建造物群保存地区"已经达到 93 个。

及其一体环境的保护状况调查研究；③传统建造物群及其一体环境的保护对策的制定。补助的主要费用名目是：①主要的事业经费。它包括调查研究经费，保护对策制定经费，测量、图纸化经费，调查研究报告书印刷经费。②工作开展所需的事务经费；给予补助金的额度上，通常给予被补助事业者（即市町村）所需费用的二分之一。对于"传统建造物群保存对策调查"，除文化厅方面的国库补助之外，地方自治体也给予一定的资金支持。

表2.3   日本国库对传统建造物群保存对策费用的补助要点①

> 文化厅长官裁定
>
> 昭和五四年五月一日
>
> 国库对传统建造物群保存对策费用的补助要点
>
> 一 宗旨
>
> 本要点是，国家对传统建造物群所在的市町村进行的该传统建造物群保护状况的调查研究工作，及基于此的保护、防灾对策的制定工作，及对以上这些重新认识的事业开展，等等这些方面给予经费补助时，制定的必要事项。
>
> 二 给予补助的事业者
>
> 给予补助事业者为市町村
>
> 三 给予补助的对象性事业
>
> 给予补助的对象性事业，就是在传统建造物群所在地区开展的以下事业
>
> (一)"传统建造物群保存对策调查"
>
> - 历史沿革及自然、社会、经济概况调查研究
> - 传统建造物群及与其一体的环境保护状况的调查研究
> - 传统建造物群及其一体环境的保存对策的制定
>
> (二)"重要传统建造物群保存地区"防灾规划制定
>
> - 重要传统建造物群保存地区的防灾规定制定方面必要的水系、地质、房屋调查研究
> - 重要传统建造物群保存地区防灾规划制定

---

① ［日］苅谷勇雅、林良彦、下間久美子、西山和宏编：《日本の町並み調査報告書集成22（中部地方の町並み7）》，海路书院2007年版，第517页。

四 经费补助对象

经费补助对象是指接下来提到的各类经费

（一）主要的事业费

    a 调查研究经费

    b 保护对策、防灾规划制定经费

    c 测量、图纸化等经费

    d 调查研究报告书印刷经费

（二）其他的经费

    事务经费

五 补助金的额度

补助金的额度，除去接下来提到的情况之外，一般给予补助事业者所需经费的二分之一

（一）暂时性的，补助事业者是冲绳县内所在的市町村的情况下，给予补助事业者所需经费的五分之四

（二）对于当前年度之前的三个年度的"财政力指数"① 总和的三分之一超过 1 的指定城市，实际补助金额为补助金的发给数额乘以财政力指数的倒数（调整率）得到的数额

二 运作流程

（一）调查研究委员会

日本"传统建造物群保存对策调查"工作在实施过程中牵涉人员众多。在调查研究工作的控制和管理方面，一般通过成立调查研究委员会实现。调查研究委员会的组成人员有：

专家（包括建筑史、城市规划、建筑设计等多方面）——代表技术力量。

---

① 日本地方交付税（昭和二十五年法律第二一一号）第十四条及第二十一条规定的估算后基准财政收入额除以同法第十一条及第二十一条规定的估算后基准财政需用额后得到的数值称为"财政力指数"。

当地人员（通常是当地市民组织，如自治会、保存会中的人员）——代表社区。

行政部门（包括教育委员会、规划部门、建设部门、工商旅游部门、消防部门等）——代表政府。

按照被调查研究地区的各自需要，在具体调查研究工作开展之前，由市町村下属的教育委员会负责，组织以上三方人员，成立调查研究委员会。地方教育委员会还需将调查研究委员会的组织设置原则和纲要公布于众，听取公众意见。表2.4为日本轮岛市教育委员会公布的日本轮岛市黑岛地区"传统建造物群保存对策调查"调查研究委员会设置纲要。地方教育委员会是"传统建造物群保存对策调查"开展的最主要"领导者"。它作为市町村的下属部门，成为调查研究中组织、管理、控制上述三方力量的核心机构。同时，教育委员会还负责确定调查员人选并委托调查研究实施。

表2.4　　　日本轮岛市黑岛地区"传统建造物群保存对策调查"
调查研究委员会设置纲要①

轮岛市黑岛地区"传统建造物群保存对策调查"调查研究委员会设置纲要
平成十九年（2007）十一月十九日教育委员会告示13号
（设置）
第1条　为了在轮岛市门前町黑岛地区（以下称"黑岛地区"）开展传统建造物群及与此成为一体的环境（以下称为"传统建造物群"）的保存对策调查，设置轮岛市黑岛地区"传统建造物群保存对策调查"委员会（以下称"委员会"）。
（地方掌控事项）
第2条　委员会，需实施黑岛地区下面所列的事项，并把结果向轮岛市教育委员会（以下称"教育委员会"）报告。
（1）历史沿革及自然、社会、经济概况的调查研究
（2）传统建造物群等的保护状况的调查研究

---

① http：//www.city.wajima.ishikawa.jp/reiki/act/frame/frame110000903.htm.［日］《輪島市黑岛地区伝统的建造物群保存对策调查委员会设置要綱》。

（3）传统建造物群等的保护对策制定相关调查研究

上述三个事项之外的，教育委员会认为有必要调查研究的事项。

（组织）

第3条　委员会由10名以内的委员组织形成。

委员，由教育委员会从专家及本地有关人员里面加以委托。

委员会，可以将有关机关的工作人员设为观察员。

（委员长及副委员长）

第4条　委员会设置委员长及副委员长各一人，由委员选举制定。

委员长，总管会务，代表委员会。

副委员长，辅助委员长，委员长有事或缺席的时候，代理其职务。

（会议）

第5条　委员会的会议，由委员长按需要招集。但新组织成立委员会的最初阶段需要召开的会议，由教育委员会进行招集。

委员会的会议，委员长担任会议长。

委员会的会议，过半数的委员如果不能出席，则会议不得召开。

（工作会议）

第6条　委员，可为了必要事项的专门调查研究安排工作会议。

（事务局）

第7条　委员会的事务局，在教育委员会文化科内设置。

（补充规则）

第8条　此告示的相关事务之外的有关委员会营运的其他必要事项，由委员长在委员会中磋商决定。

附则

1. 此告示，自公布之日开始施行。

2. 此告示，至平成二十一年（2009）三月三十一日失效。

调查研究委员会通常设委员长一名（由地方教育委员会委任或通过委员选举产生。一般由行政官员或资深专家担任）。在调查研究开展的整个过程中，委员会按需要组织召开委员会议（一般由委员长负责召集主持）。会议内容一般为：总结前一阶段的调查研究成果并向教育委员会进行书面汇报，同时研究下一阶段的调查研究方针和内容，并引导下一步调查研究工作的具体展开。另外，调查研究委员会还负责向当地居民宣传调查研究的目的和意义，并将阶段性调查研究成果定期反馈于当地居民。得到居民对于指定工作的认可和合作也是推进"传统建造物群保存对策调查"顺利进行的重要手段。

　　调查研究委员会的专家在调查研究内容设定和调查研究方法使用上起关键的技术指导作用。表2.5为日本茨城县樱川市真壁町"传统建造物群保存对策调查"调查研究委员会中的专家人员构成。从中我们可以发现其专家构成的学科综合性较强。涉及的专业领域虽以城市规划和建筑史为主，但还很重视建筑技术、地理学、乡土史、民俗学、都市环境学、社会工学、艺术学等其他学科的参与。各学科专家在具体调查研究工作中，对涉及本专业的调查研究内容及方法进行把控，有针对性地指导调查员履行调查研究工作甚至直接参与到具体的调查研究工作中去。

表2.5　　日本茨城县樱川市真壁町"传统建造物群保存对策调查"
调查研究委员会专家统计①

调查研究委员会中的专家人员构成		
姓名（中文）	姓名（日文）	单位/职务
河东义之	河東義之	千叶工业大学工学部建筑都市环境学科教授
藤川昌树	藤川昌樹	筑波大学社会工学②系副教授
野中胜利	野中勝利	筑波大学艺术学系副教授

---

　　①　［日］苅谷勇雅、林良彦、下間久美子、西山和宏编：《日本の町並み調査報告書集成20（関東地方の町並み3）》，海路书院2007年版，第4—5页。
　　②　日本的社会工学是依靠理工学的方法（如分析的、数理的、计量的等方法）阐明社会问题（社会经济、经营、城市、地域、国际关系等诸方面问题）的学科。

续表

调查研究委员会中的专家人员构成		
姓名（中文）	姓名（日文）	单位/职务
斋藤茂	斎藤茂	前真壁町史编专门委员会委员
片冈义	片岡義	前真壁町史编专门委员会委员
宫内贵久	宮内貴久	御茶水女子大学人类生活和环境科学学部副教授
上远野公一	上遠野公一	藏造①研究会
加藤诚洋	加藤誠洋	藏造研究会
铃木正德	鈴木正德	登录文化财活用会
公文晓	公文曉	千叶县立市川工业高等学校建筑科讲师
中野茂夫	中野茂夫	筑波大学生命环境科学研究科候补研究员
李锡贤	李錫賢	筑波大学大学院②人类综合科学研究科

当地人员在调查研究委员会中作为街区居民的代表，及时传达居民的需求和意见，以便调查研究委员会及时调整调查研究工作。

行政各部门代表，依据部门自身职责，积极配合调查研究工作的开展。

通过调查研究委员会这一机构的设置，可使各有关人员间信息共享，同时增进彼此理解，进而推进形成一致的保护意见。

（二）调查员

在调查研究工作的具体落实上，一般建造物、庭园等的实地测量、调查、分析，以及设计基础资料的制作，保护规划初步方案的讨论等具体的实践操作工作，由教育委员会出面委托大学的研究室或本地的建筑师会进行。调查员的人选倾向于和委员会中的专家人选保持

---

① 日本建筑本来以木造为主，讲求简朴、实用，但在江户时期，住宅密集，每次发生大火都殃及全区，损失惨重；因此政府开始鼓励民间采用以土造墙，以瓦覆顶，过去用以建仓造库，被称为"藏造"或"土藏造"（"藏"即仓库之意）之形式来建屋。"藏造"采用编竹泥墙，表面涂抹多层白灰（有的涂黑色）。——［日］西村幸夫：《再造魅力故乡——日本传统街区重生故事》，王惠君译，清华大学出版社 2007 年版，第 14 页。

② 相当于我国大学中的研究生院。

一定的联系性,即专家来自某所大学或建筑师会,则调查人员也相应考虑从该所大学或建筑师会中抽取。使这二者间保持一定的连带性是为了便于今后工作的开展。因此,调查研究工作也较少委任给一家单位进行。通常由多家单位按专业特长分工。表2.6所示为日本茨城县樱川市真壁町开展"传统建造物群保存对策调查"时的调查员团队。在调查员的人选上,主要以筑波大学、千叶工业大学的老师和学生为主,这主要是由于真壁町调查研究委员会中的学者专家也多来自筑波大学和千叶工业大学的缘故。这样的人员设置方便了调查研究委员会和调查员之间信息的共享和彼此的联系。另外调查员的专业构成上,常见的专业包括:规划学、建筑学、环境学、历史学、人文社会学、地域学、社会工学等。各学科都依据自己的专业特长进行相应内容的调查研究工作。例如景观色彩的调查研究工作主要由艺术学的调查员进行,而民俗学的相关调查内容则由历史学、人文社会学的人员完成。

表2.6 日本茨城县樱川市真壁町"传统建造物群保存对策调查"调查员统计①

调查研究内容项	调查员	
	姓名	单位/职务
民俗学调查研究	古家信平	筑波大学历史人类学系教授
	武井基晃	筑波大学博士特别研究员
	柏木亨介、林圭史、渡部圭一等5人	筑波大学大学院人文社会科学研究科
	汤惠玲、山村恭子等4人	筑波大学大学院地域研究研究科
	石本敏也	圣德大学人文学部专任讲师
	藤原洋	新潟县立历史博物馆
	荒木里美、武市香奈等4人	御茶水女子大学人类生活和环境科学学部
景观资源调查研究	中岛伸、藤原京子等5人	筑波大学大学院环境科学研究科
	江黑晃	筑波大学社会工学类

① [日]苅谷勇雅、林良彦、下間久美子、西山和宏编:《日本の町並み调查報告書集成20(関東地方の町並み3)》,海路书院2007年版,第5页。

调查员		
调查研究内容项	姓名	单位/职务
景观色彩	樱井真树、牛肠将史	筑波大学大学院艺术研究科
调查研究	原绫乃	筑波大学艺术专门学群
建造物	土佐和歌子	千叶工业大学工学研究科研究生
实地测量	青木隆、太田圭亮等8人	千叶工业大学大学院工学研究科
调查研究	吉川政宏	千叶工业大学工学部

（三）调查研究事务局

"传统建造物群保存对策调查"开展的过程中，一般会在教育委员会中（通常是教育委员会下属的文化科内）设置专门服务于"传统建造物群保存对策调查"日常事务的事务局。事务局通常帮助处理整个调查研究过程中的各种杂务、财务管理，以及调查研究报告书的最终汇编和出版发行工作等。

（四）调查研究内容

由于各"传统建造物群"情况不同，具体调查研究的内容需依靠专家及调查员因地制宜的设置。"传统建造物群保存对策调查"通常通过调查研究委员会委员（以专家为主）的讨论，再结合调查员团队的实际操作经验，确立被调查研究地区的调查研究内容框架。通常每个"传统建造物群保存对策调查"的内容框架都包含以下五方面内容：

（1）地段历史调查研究——地段整体的历史和构成。

（2）建造物历史调查研究——传统建造物的历史和构成。

（3）景观调查研究——景观要素构成和现状景观。

（4）社会调查研究——地段和地段间社会关系。

（5）保护规划初步方案制定——地段保护构想。

（五）调查研究成果

"传统建造物群保存对策调查"的成果以调查研究报告书的形式
呈现。各地区的调查研究报告书又被以《日本街区调查报告书集》①
系列丛书的形式出版发行。该丛书是将历年来完成的"传统建造物群
保存对策调查"调查研究报告书（部分报告书已经独立发表过）按照
区域位置分类，集合成册后再次出版发行。调查研究报告书以"传统
建造物群"的实际状态作为调查研究的中心，将互相关联的详细的地
段信息集积起来进行记录和分析，具有很强的实用性和参考价值。同
时，将报告书出版也是对历史进程中地段环境和景观状况所作记录的
公开和共享。（图 2.10、图 2.11）

　　日本最近出版的调查研究报告书内容更翔实，拥有更多的调查和
研究视角。报告书中还包含了大量图表示意、景观模拟等可视性极强
的表达手法，使其不仅具有学术性，也容易被地区居民理解。（图
2.12）

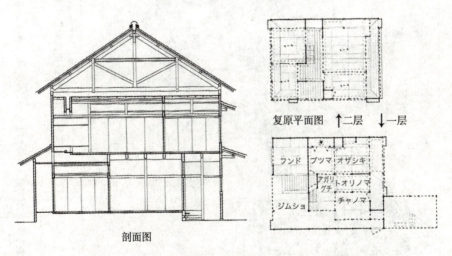

图 2.10　建造物历史调查研究中绘制的复原平面及剖面②

①　［日］《日本の町並み调查报告书集成》。
②　日本建筑学会编：《町並み保全型まちづくり》，丸善株式会社 2007 年版，第 39 页。

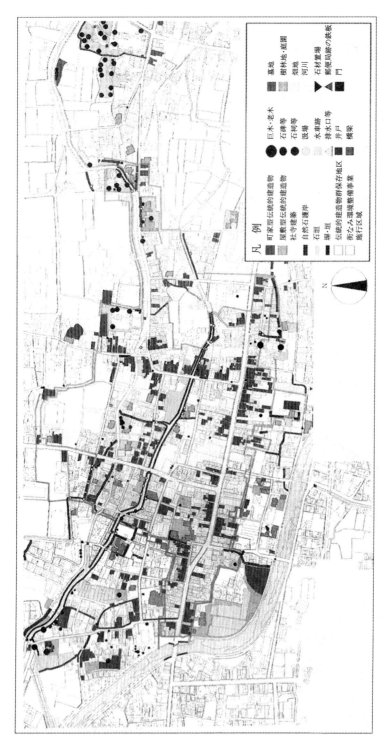

图 2.11 日本筑后吉井"传统建造物群保存对策调查"景观调查研究中绘制的景观要素分布图①

① 日本建筑学会编:《町並み保全型まちづくり》，丸善株式会社 2007 年版，第 41 页。

上图　现状图
下图　模拟图

图2.12　日本茨城县樱川市真壁町"传统建造物群保存对策调查"景观调查研究中的街区景观模拟①

三　实例——以日本茨城县樱川市真壁町"传统建造物群保存对策调查"为例

上述有关运行机制的阐述为"传统建造物群保存对策调查"较为常见的运行模式。现以日本茨城县樱川市真壁町开展的具体调查研究过程为例，一览"传统建造物群保存对策调查"具体的落实过程。

（一）调查研究的目的和概况

日本茨城县樱川市真壁町开展"传统建造物群保存对策调查"的目的，是希望通过调查研究工作明晰该"传统建造物群"的历史沿革和实际状态，阐明其特色和价值所在，从而为"传统建造物群保存地

---

① ［日］苅谷勇雅、林良彦、下間久美子、西山和宏编：《日本の町並み调查报告书集成20（関東地方の町並み3）》，海路书院2007年版，第192—193页。

区"的指定和"传统建造物群保存地区保护规划"的编制工作提供设计依据和设计资料。同时也为将来的城市建设工作中能更加有效地利用地域资源提供帮助。

真壁町的"传统建造物群保存对策调查",开始于平成十五年（2003）四月。起初，它是作为真壁町町一级的自治体自行筹措费用进行的工作。到平成十六、十七年度因为申请获得了文化厅的资助，所以以"传统建造物群保存对策调查"的形式被继续下去。除了文化厅的补助之外，该调查研究工作还受到了茨城县县一级自治体的资助。调查研究工作一开始由真壁町教育委员会（平成十五年四月一日开始至平成十七年九月三十日期间）主持，因为中间经历了真壁町被划入樱川市这一事件，所以合并后①又将此工作转交给樱川市教育委员会（平成十七年十月一日开始至平成十八年三月三十一日），由后者继任主持调查研究工作继续实施。

（二）调查研究组织设置

在调查研究开始时，真壁町教育委员会组织成立了"真壁町传统建造物群保存对策调查研究委员会"（以下简称"调查研究委员会"）。调查研究委员会中的委员，选任了政府行政人员、学者专家及地区团体代表。除此之外，还设置了专门的指导小组为调查研究委员会提供建议和意见。在调查员的人选上，主要以筑波大学、千叶工业大学的老师和学生为主。另外，真壁町的"传统建造物群保存对策调查"中还在樱川市教育委员会内设置了调查研究事务局来处理调查研究过程中的日常事务。（表2.7—2.10）

---

① 2005年10月1日真壁町、大和村、西茨城郡岩瀬町三个地方合并为樱川市。

表 2.7　真壁町"传统建造物群保存对策调查研究委员会"人员构成①

调查研究委员会委员		
姓名（中文译）	姓名（日文）	单位/职务
河东义之	河東義之	千叶工业大学工学部建筑都市环境学科教授
藤川昌树	藤川昌樹	筑波大学社会工学系副教授
野中胜利	野中勝利	筑波大学艺术学系副教授
斋藤茂	斎藤茂	前真壁町史编专门委员会委员
片冈义	片岡義	前真壁町史编专门委员会委员
宫内贵久	宮内貴久	御茶水女子大学人类生活和环境科学学部副教授
上远野公一	上遠野公一	藏造研究会
加藤诚洋	加藤誠洋	藏造研究会
铃木正德	鈴木正德	登录文化财活用会
吾妻周一	吾妻周一	"发现真壁"组织成员
川岛利弘	川島利弘	真壁町商工会
公文晓	公文曉	千叶县立市川工业高等学校建筑科讲师
中野茂夫	中野茂夫	筑波大学生命环境科学研究科候补研究员
李锡贤	李錫賢	筑波大学大学院人类综合科学研究科
石川稔	石川稔	樱川市教育委员会教育长
饭岛康一	飯島康一	文化财保护审议会代表委员
沼田重夫	沼田重夫	市长公室次长兼规划科科长
山田澄男	山田澄男	财政科科长
渡边秀夫	渡辺秀夫	都市整备科科长
白井典章	白井典章	商工观光科科长
宇田昭美	宇田昭美	真壁町教育委员会教育长
柴山荣一	柴山栄一	真壁町教育委员会副教育长
刘部幸男	刘部幸男	规划科科长
古桥忠	古橋忠	商工科科长

---

①　［日］苅谷勇雅、林良彦、下間久美子、西山和宏编：《日本の町並み调查報告書集成 20（関東地方の町並み3）》，海路书院 2007 年版，第 4—5 页。

表2.8　　真壁町"传统建造物群保存对策调查"指导小组人员构成①

指导小组人员	
姓名	单位/职务
江面嗣人	文化厅文化财部副参事官（平成十五、十六年度）
坊城俊成	文化厅文化财部副参事官（平成十七年度）
藤田雅一	县文化科（平成十五、十六年度）
泉水正和	县文化科（平成十七年度）

表2.9　　真壁町"传统建造物群保存对策调查"调查员人员构成②

调查员		
调查研究 内容项	姓名	单位/职务
民俗学 调查研究	古家信平	筑波大学历史人类学系教授
	武井基晃	筑波大学博士特别研究员
	柏木亨介、林圭史、渡部圭一等5人	筑波大学大学院人文社会科学研究科
	汤惠玲、山村恭子等4人	筑波大学大学院地域研究研究科
	石本敏也	圣德大学人文学部专任讲师
	藤原洋	新潟县立历史博物馆
	荒木里美、武市香奈等4人	御茶水女子大学人类生活和环境科学学部
景观资源 调查研究	中岛伸、藤原京子等5人	筑波大学大学院环境科学研究科
	江黑晃	筑波大学社会工学类
景观色彩 调查研究	樱井真树、牛肠将史	筑波大学大学院艺术研究科
	原绫乃	筑波大学艺术专门学群
建造物 实地测量 调查研究	土佐和歌子	千叶工业大学工学研究科研究生
	青木隆、太田圭亮等8人	千叶工业大学大学院工学研究科
	吉川政宏	千叶工业大学工学部

① ［日］苅谷勇雅、林良彦、下間久美子、西山和宏编：《日本の町並み調查報告書集成20（関東地方の町並み3)》，海路书院2007年版，第5页。

② 同上。

表 2.10　真壁町"传统建造物群保存对策调查"调查研究事务局人员构成①

事务局人员	
姓名	单位/职务
白田直吉	文化科长兼历史民俗资料馆长
星龙象	科长助理兼文化财股长
仲田惠美子	调查研究主任兼文化财负责股长
寺崎大贵	樱川市历史民俗资料馆主任

（三）调查研究过程

调查研究工作，依具体的调查研究内容不同而分开进行。各调查研究内容项，由相关专业的调查研究委员会委员确定并指导调查员开展调查。为了达到各相关内容间的互相调整和信息共享，委员会要定期召开调查研究委员会议（表 2.11）。会议一方面就调查研究的时间、方法等事宜进行相互协商。另一方面，也进行调查研究成果的中间汇报。同时，调查研究委员会行政方面的工作人员，负责召开有关调查研究成果和"传统建造物群保存地区"指定工作的居住者说明会。居民代表、专家、行政负责者就指定工作以及今后的保护工作反复探讨以求达成共识。

---

① ［日］苅谷勇雅、林良彦、下間久美子、西山和宏编：《日本の町並み調査報告書集成20（関東地方の町並み3）》，海路书院 2007 年版，第 5 页。

表 2.11　　　真壁町"传统建造物群保存对策调查"开展经过①

时间		事件
平成十五年	四月一日	调查研究委员会设置
	五月十五日	调查研究负责人事前说明会
	五月二十六日	第一回居住者说明会
	五月二十七日	平成十五年度第一回调查研究委员会议
	七月十一日	工作小组会议
	七月十七日	保存地区调查研究预备会议
	十一月十四日	平成十五年度第二回调查研究委员会议
	十二月七日	调查研究报告会
平成十六年	三月二十六日	平成十五年度第三回调查研究委员会议
	七月二十二日	平成十六年度第一回调查研究委员会议
	十月二十四日	平成十六年度第二回调查研究委员会议
	十二月二十七日	平成十六年度第三回调查研究委员会议
平成十七年	二月二十五日	居住者说明会的事前说明会
	三月十日	平成十六年度第四回调查研究委员会议 有关"传统建造物群保存地区"指定工作的居住者说明会
	七月二十日	平成十七年第一回调查研究委员会议
	八月二十六日	居住者说明会
	八月二十七日	居住者说明会
	八月二十八日	居住者说明会
	九月二十八日	平成十七年度第二回调查研究委员会议
平成十八年	一月二十七日	平成十七年度第三回调查研究委员会议
	三月二十七日	平成十七年度第四回调查研究委员会议

（四）调查研究报告书制作

调查研究报告书按照各调查研究内容由相关调查研究委员和调查员执笔（表 2.12），然后由樱川市教育委员会下设的调查研究事务局汇编成册并予以发行。

---

① ［日］苅谷勇雅、林良彦、下間久美子、西山和宏编：《日本の町並み调查报告书集成20（関東地方の町並み3）》，海路书院 2007 年版，第 6 页。

表 2.12　真壁町"传统建造物群保存对策调查"调查研究报告书执笔人员构成①

	负责的调查研究报告书内容	人员
卷首插图	02 建筑照片 1－4 以及 6－13	小野吉彦
	03－05 制图、组织	李锡贤、野中胜利
	07 制图、组织	中野茂夫
	08	青木隆、不破正仁
开卷		石川稔
正文	第 1 章 第 1、2 节	事务局
	第 2 章 第 1 节 1－3（3）	斋藤茂
	3（4）	寺崎大贵
	第 2 节 1	宫内贵久、寺崎大贵
	2	渡部圭一
	3	山村恭子
	4	柏木亨介
	5	渡部鲇美
	第 3 章　第 1 节	寺崎大贵
	第 2 节	藤川昌树
	第 3 节	中野茂夫
	第 4 节	片冈义、不破正仁
	第 5 节	野中胜利、李锡贤
	第 4 章 第 1－3 节	河东义之
	第 2 节	上远野公一、加藤诚洋
	第 5 章	河东义之
	第 6 章 第 1 节	事务局
	第 2 节	公文晓
	第 7 章 第 1 节 1、2	藤川昌树
	3	野中胜利
	4	河东义之
	5	青木隆
	第 2 节	河东义之、藤川昌树
町史料	1、2	寺崎大贵
	3	中野茂夫

①［日］苅谷勇雅、林良彦、下間久美子、西山和宏编：《日本の町並み調査報告書集成20（関東地方の町並み3）》，海路书院 2007 年版，第 6 页。

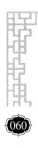

第三节　内容框架及调查研究方法运用

日本"传统建造物群保存对策调查"的具体内容，依据被调查研究"传统建造物群"的特性不同而有差异，但是从总体把握，主要包含以下五部分内容：

（1）地段历史调查研究。

（2）建造物历史调查研究。

（3）景观调查研究。

（4）社会调查研究。

（5）保护规划初步方案制定。

一　地段历史调查研究——地段整体的历史和构成

地段历史调查研究的关键内容是通过对该地段已有研究文献，以及文字史料、绘图史料、照片史料、遗构史料①、地图史料②等的收集，将地段从建立和发展的过程与地段的场所、空间的演进结合起来并加以明晰。

图2.13、图2.14为地段历史调查研究中的一般性内容分层级框架和对应于各内容所使用的调查研究方法和调查研究目的。

日本"传统建造物群保存对策调查"中的地段历史调查研究通常从以下几方面着手展开：

首先，通过对地段成立发展过程的调查研究，记述地段的历史沿革。那些作为显示地段特性依据的历史、事件等要详细明晰。在历史沿革的记述中常常按历史分期分开阐述。一般采用的是日本史学界通

---

① 遗构史料是指成为了解从前城市、建造物形态及构造线索的历史残留物。在考古学领域，常指住宅遗迹、仓库遗迹、稻田遗迹等。

② 本章中将已有研究文献、文字史料、绘图史料、照片史料、遗构史料、地图资料等统称为文献史料。

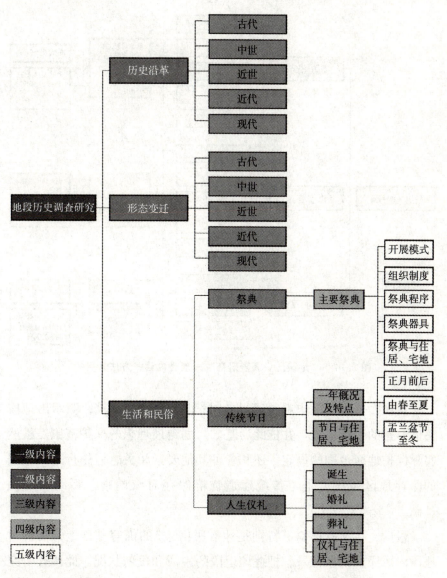

图 2.13　"地段历史调查研究"一般性内容分层级框架

用的历史分期方法，即把日本的历史分为古代、中世、近世、近代和
现代五大历史时期。每个时代又按朝代分述。地段历史调查研究和一
般历史调查研究不同，它不仅是对地段历史的记述，由于和今后的保
护条例、保护规划有关联，该调查研究还具有寻找"传统建造物群"
场所、空间构成上的历史根据这一重要特征。

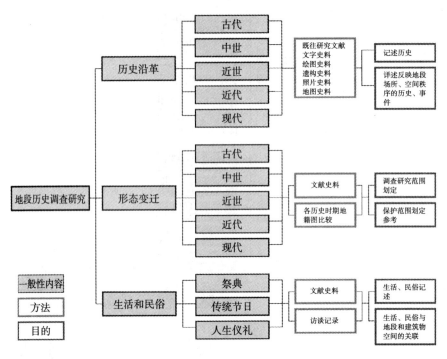

图2.14 "地段历史调查研究"一般性内容、方法、目的

其次，依据文献史料，通过各时期地籍图①的比较，明示出地段整体形态的变迁情况，并依此为基础，划定最理想的保护范围。虽然实际保护地区范围的设定，还和各种其他要素相关，但先行划出理想的保存地区范围，是"传统建造物群保存对策调查"后续研究的基础。

最后，在文献史料，特别是地区民俗志②的内容基础上，结合对地段内居民的访谈记录，把握该地段的生活和民俗状况。此调查研究同对历史沿革的调查研究一样，不仅是对居民生活、民俗活动的记述，更重在发现它们与建筑空间、宅基地空间布局的关联。

---

① 记录了土地的位置、形态、特性以及所有权关系的图纸。

② 日本的民俗志（并不是地方志，日本也有地方志），以柳田国男1909年（明治四十二年），根据自己在宫崎县椎叶村边听边写的记录所写的有关狩猎的《后狩词记》作为开端。同时，1922年（大正十一年）的小池直太郎所著的《小谷口碑集》也被认为是日本民俗志中的经典古籍。

上述三部分为一般情况下地段历史调查研究的内容设定，具体到实践中，又会根据被调查研究对象的具体情况而设定更为具体的内容分项。

　　以日本茨城县樱川市真壁町"传统建造物群保存对策调查"中的地段历史调查研究为例①：

　　历史沿革这一内容的调查研究中，将真壁町建立和发展的过程依据所收集的文献史料，按照中世、近世、近现代这三个历史时期分开进行记述。

　　在中世和近世前半段的记述中偏重领主政权的接替，这其实也是该地段领地、格局演变的主要原因。15 世纪中期至末期时，中世纪武士真壁氏建设城郭，即真壁城，同时开始建设城下町。1602 年，真壁氏被新入城的诸侯浅野氏接位，浅野氏在中世真壁氏城下町的基础上进行了改造，将城下町改造为阵屋町，即町内的中心为阵屋（衙门或藩主住处），用城寨包围城市，通过居住于町内的武士实施管理。而此时的真壁城不再使用。这样的历史记述方式实际也在传达地段场所空间历史演变之依据。

　　在近世的历史发展中特别交代了天保八年（1837）地段内发生大火这一带来街区景观改变的事件。大火导致 300 栋左右的建筑被烧毁，街区中心遭到损坏。灾后进行了重建。处于街区中心的阵屋在重建中从草顶变成瓦铺歇山顶。居民也很多将家宅建设成土藏造结构（厚土墙）以求防火。建筑物形式由此发生了较大的转变。

　　在近世后半段和近现代历史的陈述中，叙述重心放在商业和产业方面。这是因为从近世后半期开始，真壁的商业活动复兴，商业的发展带动了近代以后真壁町酿造业和纺纱业兴起。而这些产业的工场并非建设在真壁町内部，而是建设在町周边的村庄中，因此此时的真壁

────────────

　　① 在真壁町"传统建造物群保存对策调查"的调查研究报告书中没有直接列出以上五部分内容的标题，笔者根据其报告书中的内容目录和详细内容的整理、分析，将其内容纳入上述五个部分之中。其他的实例中，笔者也采用了同样的归纳总结方法。

町与周围的村庄间形成了连续的区域。在商业发展和产业发展的影响下，街区的场所、空间秩序也出现了较大的变化。产业发展史是说明街区场所、空间特色的重要依据，因此受到了报告书特别的重视。近现代历史的陈述中，还包括有关工场名称、所在地等信息的文字描述和图表统计，铁道铺设和产业发展的文字描述，石材业的发起与兴盛的文字描述等内容，除了陈述历史这一目的外，也为街区空间特色、建筑特色的找寻以及空间演变原因的发现提供依据。例如，该段历史陈述中提及了产业兴盛后部分农家转变为半农半商的情形，这就为后续调查研究内容中提到的地段内介于商家和农家中间形态的传统建筑物的出现提供了很好的佐证。

形态变迁这一内容在真壁町的调查研究报告书中并没有作详细展开。书中没有将各时期地籍图的比较过程明确提出，但阐明了选择近代地域作为调查研究范围的原因：一是在近代，形成了城市农村结合的一体化的市区，这和该历史街区的现状布局基本吻合。二是就传统建筑物的年代分布而言，真壁的大部分建筑物都属于近代建筑。所以依据史料：明治三十五年（1902）《家屋台账》[①]一书中记述的街区内单体建筑物资料和有关图纸，调查人员拼合出明治三十五年地段整体总图（图2.15），依此划定出"传统建造物群保存对策调查"的主体调查研究范围。在此基础上，全部的调查研究范围还在近代地域范围之上略作扩展，包括了周边的小范围区域（图2.16）。当然，在调查研究范围划定上依具体对象的不同也会采取其他方式。例如在日本楢川村木曽平泽区块的"传统建造物群保存对策调查"中，因为该地块就物质形态而言，难以划定出清晰的年代界限，于是调查研究人员选择了全局性的调查研究，即调查研究全部平泽区块的方式。选择这种方式进行全面的调查研究和平泽区块本身规模不大也有一定关系。

---

① 日文为《家屋台帳》，明治三十五年。

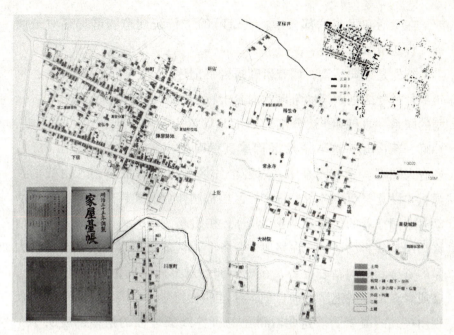

图 2.15　明治三十五年真壁町布局①

图 2.16　真壁町"传统建造物群保存对策调查"研究范围②

---

　　① ［日］苅谷勇雅、林良彦、下間久美子、西山和宏编：《日本の町並み調査報告書集成 20（関東地方の町並み3）》，海路书院 2007 年版，第 xvi—xvii 页。
　　② 同上书，第 4 页。

在生活和民俗这部分中，真壁町的"传统建造物群保存对策调查"设定有如下内容：

首先是祭典活动，调查研究报告书记述了真壁町的大型活动：每年7月举行的祇园祭。祭典的内容中特别强调了祭典和真壁町片区分割的联系。真壁町①被分割为若干片区：上宿町、下宿町、高上町、仲町、新宿町（这五个片区构成真壁町的主体，又称"五町内"），还有大和町。在祇园祭中，以各个片区为单位拦上禁止入内的稻草绳，并设立祭奠事务所，每个片区也都制作自己式样的山车（祭典活动时巡回拖着的像房子造型的车）。在山车游行时，没有各个町的允许，山车就无法通行。在祭典中，各个片区的祭典事务所都会花费大量的资金和时间精心准备，在规模和创意方面与其他片区进行竞争，又或者在山车的巡游方面自创本片区的独特做法，竞争中片区内部表现出极强的凝聚力。这些看得见的事件或象征性的精神都表明了一点：各片区有形的地理边界和无形的精神边界的存在，而这种精神界限也必然反映于历史街区空间秩序、建造物的特色上。祭典活动作为说明这一特色的有利依据，在有关真壁町祭典的记述中特别强调出来。依此，后续调查研究内容中也采用了分片区的做法，如景观调查研究的内容部分，这也是为了能获得更为精确的街区信息。

有关传统节日的内容，调查研究报告书中没有采用笼统叙述的方式，而是从以下分项内容依次阐明：第一，关于"传统节日"②的整体状况，将时间选定在战后，结合民俗志等资料和居民的访谈记录，

① 日语的"町"意为城镇，日本的县（相当于我国的省）下面，和市平级的"町"就相当于我国的镇。真壁町的"町"就是这个意思。而"市""町"里面再次出现的"××町"就不再是镇的概念，而是指一个"片区"，这时的"町"不是一级行政单位，"××町"是合在一起称呼的，完全是一个专名（专名指地名中用来区分各个地理实体的词，而通名指地名中用来区分地理实体类别的词），而不是专名＋通名。这里提到的上宿町、下宿町、高上町、仲町、新宿町、大和町为真壁町下属的"片区"，不具有行政意义，只是地理上的区分。

② "传统节日"对应于日语的称法为："年中行事。"指日本人在一年的日常生活中，定期举行的各种各样的节日仪式和庆典活动。例如正月、盂兰盆节等与生活密切相关，自古以来就存在着的传统节日。

把城内和周边农村①共同的节日，按照正月前后、由春至夏、盂兰盆节至冬这三个时段分别加以记述。对其中现仍在进行的和不再进行的节日加以标注。至此得到真壁町全年传统节日的概览。陈述中特别关注了节日中房间布置方面的内容。譬如有关春年糕节②，特别提到了摆设年糕等供品的场所，虽然位置由每家自行安排，但神龛往往是第一位的，还有在佛龛、"床之间"③、玄关等处也要供奉。在节分④这一日（现仍在进行的节日）的陈述中，也指出房间内装饰的场所有神龛、佛龛、床之间。这些都是表明建筑空间等级的依据。第二，记述周边农村所特有的"传统节日"，并将城市和农村的传统节日进行对比，总结二者差异。这也是真壁町与众不同的特点，反映出空间总系统中包含的两个子系统。第三，将传统节日结合住所和宅基地进行深入的讨论研究。特别选取了地段中的中村修一家，在节分日中详细探讨"座敷"⑤ 空间的使用方式。通过对中村修一家节分日撒豆路线的陈述和图纸示意，指出这一家把平日里贵客才能进入的"座敷"作为撒豆起点，由户主围绕宅基地撒豆的事实，表明对于宅基地全体，"座敷"作为至高点的秩序安排，是要谋求一种庄严的仪式。同时也进一步证明了这样的结论："座敷"是在仪式中具有优势地位的场所，是宅院布局的中心（图2.17）。

除了上述两个常见的有关生活民俗的内容设定外，真壁的"传统

---

① 如前所述，真壁町在近代由于产业发展，使得原有城市部分和周边农村联系起来，形成一个整体。所以该调查地区中心部分属于城市，而周边则理解为农村。

② 日文为："餅搗き。"12月末舂年糕的节日。通常制作扁年糕和供奉用的年糕。制作日期为25、26、30日等并不固定。

③ 日文为："床の間。"指一种壁龛。是日式住宅的榻榻米房间中常出现的一种装饰。

④ "节分"指立春前一日，是驱除邪气，迎接新春、祝愿幸福的节日。活动主要是在寺院和神庙，同时也在一般家庭中进行。在寺院和神社里举行特殊的驱鬼仪式，以示把恶鬼赶出去，迎接福神到来。在一般家庭里，仪式比较简单。人们一边大声喊叫："请进福神，赶走恶鬼！"一边往地上撒豆。所以这一天又叫撒豆节。日本商店里有专门出售供节分用的"福豆"。据日本的民间传说，在这一天里，最后吃掉和自己年龄数目相同的"福豆"，就可以无病无灾。

⑤ 铺着席子的日式房间。通常指日本和式建筑的日本式客厅，是招待客人的场所。

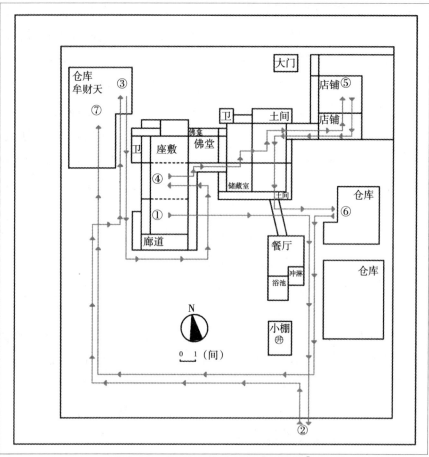

图2.17　中村修家节分日的撒豆路线①

建造物群保存对策调查"中还加入了人生仪礼②这个在其他地区的调查中不太常见的内容项。

---

　　① ［日］苅谷勇雅、林良彦、下間久美子、西山和宏编：《日本の町並み調査報告書集成20（関東地方の町並み3）》，海路书院2007年版，第30页。作者翻译整理。图中名词"牟财天"指家中供奉的神像。"牟财天"是日本江户时代盛行的女神，传说已婚妇女只要前来参拜就可怀孕。图中序号①—⑦表示路线顺序。
　　② 民俗学家把人生仪礼分为三种类型：一是脱离前状况的仪式，如从孕育到诞生是人生异常重要的变化，婴儿脱离母胎表明脱离了孕育状态，诞生礼就是脱离前状况的仪礼。同样，死亡标志着生的结束，因此丧葬礼也是脱离前状况的仪礼。二是过渡阶段的仪礼。如出生到成年之间、结婚到死亡之间所经历的各项有关仪式都属此类。三是进入新状况的仪礼。如成年礼、结婚礼等都表明进入新的人生阶段。

　　人生仪礼这一部分，是以人生仪礼（诞生、婚姻、丧葬）和房屋的关联为中心展开调查研究。譬如在丧葬这一分项中，以地段中的市塚政一家为例，记述了该户家中施行葬礼的情况，记述时将重心放在了葬礼流程和房屋使用方式上：葬礼使用的房间是设有"床之间"的房间。"床之间"就是在房间的一个角落做出一个内凹的小空间，通常在其中以主人收藏的古玩字画或盆景加以装饰（图2.18）。"床之间"和其中的摆饰是传统日本住宅内部必备的要素，同时"床之间"也是一种尊贵的象征，它是严格禁止踏入的。在江户时代，一般平民在房间中设置"床之间"被认定是禁止的奢侈行为，到明治时代之后才变得十分普遍。调查研究报告书中对于葬礼举行场所的陈述既显示出对于死者的尊重，也是说明日本传统民宅中"床之间"重要地位的良好凭证。报告书中还提到葬礼的流程：在将棺木送往火葬场火化之

"床之间"

图2.18　"床之间"示意①

---

　　① 维基百科，床の間词条：http：//ja. wikipedia. org/wiki/％E5％BA％8A％E3％81％AE％E9％96％93weblio。

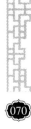

时，为避免从正门玄关处直进直出，棺木不能过玄关，而需从廊道中直接取下。从火葬场返回家中时，骨灰盒也不从玄关入房，同样从廊道里进入，摆放于设有祭坛的"床之间"后，开始由僧人主持丧礼仪式。僧人进入房间的方式和棺木、骨灰盒不同，显示主人对外客的尊敬，需从玄关入，绕廊而行，进入房间（图2.19）。种种陈述都表明调查研究的目的是在建立空间秩序和民俗葬礼的关系，而不仅是对仪礼过程的叙述。

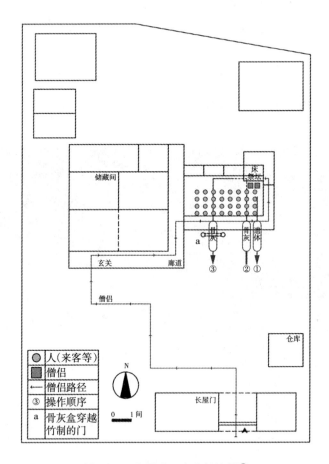

图 2.19　市塚政一家葬礼流线①

---

① ［日］苅谷勇雅、林良彦、下間久美子、西山和宏编：《日本の町並み调查报告书集成20（関東地方の町並み3）》，海路书院 2007 年版，第 35 页。

二 建造物历史调查研究——传统建造物的历史和构成

这一部分内容是"传统建造物群保存对策调查"五部分内容的中心。它以历史街区重要构成要素的传统建造物为调查研究对象,将建造物的历史和建筑特色明晰。更重要的是,建造物历史调查研究强调要在历史的背景下解读建造物的建造特色,寻找历史和建筑特色的关联。它通过文献史料的收集,结合访谈记录,获取和实测传统建造物的布局、平面、立面、剖面、历史痕迹等,阐明地段内建造物的历史沿革、建造特色,为将来可能要进行的修理、修景工作准备资料。

图 2.20、图 2.21 为建造物历史调查研究中的一般性内容分层级框架和对应于各个内容所使用的主要调查研究方法和主要调查研究目的。

此项调查一般分成两个步骤展开:首先是抽出传统建造物,其次是对抽取物进行深入调查。

(一) 抽出传统建造物[1]

该步骤调查采用的一般方法是:首先,大概掌握历史街区中,建造年代可追溯到"战前"的建筑分布状况。除了建筑物外,大门、围墙、石垣、石桥等战前的手工制作物[2]也要掌握。其次,以上这些"战前"的建造物之中建造年代可以追溯到江户[3]、明治[4]时期的建造物的全部,以及建造年代可以追溯到大正[5]、昭和[6]前期的,较为具有

---

[1] 日文的"建造物"相当于建筑物、构筑物和其他土木设施的总和。一般是指住宅,寺院神社等"建筑物"和大门、围墙、石桥等"手工制作物"的总称。即:建造物 = 建筑物 + 手工制作物。

[2] 日文为:"工作物。"

[3] 江户时代是江户幕府统治日本的年代,由 1603 年创立到 1867 年的大政奉还。

[4] 明治时期是指公元 1868 年(明治元年)——公元 1912 年(明治四十五年)。

[5] 大正时期是指公元 1912 年(大正元年)——公元 1926 年(大正十五年)。

[6] 昭和时期是指公元 1926 年(昭和元年)——公元 1989 年(昭和六十四年)。昭和前期指公元 1926—1945 年。

072

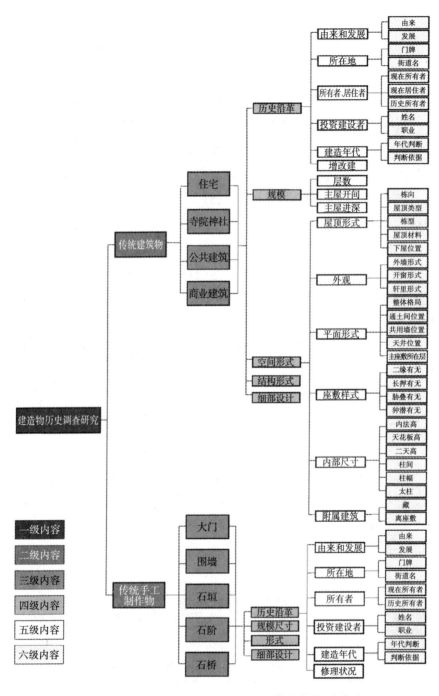

图2.20 "建造物历史调查研究"一般性内容分层级框架

（框架中有关建造物部位的专有名词释义见附件二）

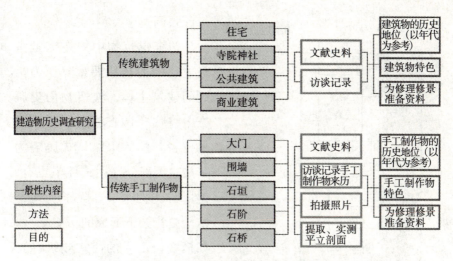

图 2.21　"建造物历史调查研究"一般性内容、方法、目的

代表性的建造物①都被抽出作为传统建造物。此外，建筑形式较好保留传统式样的建造物也被抽出作为传统建造物，进行接下来的深入调查。按上述原则实行但抽出的传统建造物较少的地段，则将"战前"建成的全部建造物都作为调查研究对象，这种情况也相当常见。以上这种抽出传统建造物的原则越来越普及，它不仅体现在"传统建造物群保存对策调查"中，现在日本大多数的保护案例，学术研究等都将 20 世纪上半叶以前，即"战前"修建的建造物视为传统建造物，这是达成共识且在日本全国通用的标准。② 另外，需要特别指出的是，这里所抽出的建筑物并不是指某幢建筑物的单体，而是指在每户的宅基地内按照一定的空间格局布置的各建筑物和庭院的整体。

　　将传统建筑物抽出后常按功能对其进行分类。构成日本历史街区的建筑类型主要为住宅、寺院神社、公共建筑和商业建筑，因此各类"传统建造物群保存对策调查"常常以这四种建筑类型为主体分别进

---

　　①　对于那些通过上梁记载（传统日式建筑在上梁的时候，常常将工程的渊源、开工年月日、设计者、工匠等记录下来，标记在大梁上）或其他资料也不能确定年代的房屋，可以从这个建筑的特征出发，大概的指定出建造物的年代。这种方式是允许的。

　　②　［日］藤川昌树：《当前日本的历史城市保护——以茨城县樱川市真壁町为例》，旷薇译，载《国际城市规划》2008 年第 2 期。

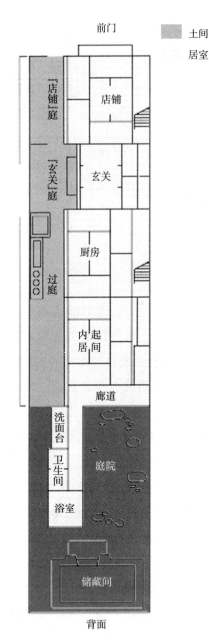

| | 土间 |
| 前门 | 居室 |

店铺庭

店铺

"玄关"庭

玄关

过庭

厨房

内起居间

廊道

洗面台

卫生间

浴室

庭院

储藏间

背面

图2.22　"町家型"住宅一般布局示意①

行深入调查。

传统建筑物中的住宅是占最大比例的构成要素。作为街区的建筑主体，建造物历史调查中将住宅调查放在了很重要的位置。住宅中以日式民宅为其最主要部分（西式住宅也有，但所占比例很少，除了一些特殊历史背景下形成的历史街区，如横滨市山手的西式建筑群）。日式民宅包含"町家型"和"屋敷型"两个最主要的类型。"町家型"民宅是城镇中平民的住宅。特指江户时代开始至昭和初期形成的商家住宅（既作铺面，又作手工作坊的商人和匠人的家）。其狭窄的长方形基地的短边与街道相接，是一种内部进深很大的独立式住宅形式。其内部空间的一般构成，从道路开始依次为：商店、玄关、厨房、内起居间、庭院，最里面是储藏间②（图2.22）。与此不同，"屋敷型"民宅就是面向前面道路，设置大门、垣墙、仓库等，通过前庭等的介

---

① 京都町家资料馆网页：http：//craft. kyoto - np. co. jp/beginner/machiya. html。

② 日文为："蔵。"

入，让主屋退后于道路（图2.23）。

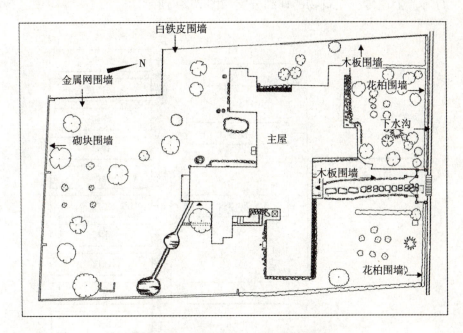

图2.23 "屋敷型"住宅布局示意①

　　寺院神社是寺院和神社的总称。信奉神道教者称之为神社，信奉佛教者称之为寺院。日本的寺院神社很多是散布于普通民宅群落中，与民宅形成了统一的地段整体。除了因其文物价值而引起的重视外，基于精神信仰，日本政府和民众也十分重视对寺庙神社的保护。所以寺院神社不仅是地段重要物质构成的要素，同时也是地段民众重要的精神寄托物。这种特殊身份决定了"传统建造物群保存对策调查"中对其的重视。

　　除了住宅和寺院神社以外，公共建筑以及商业建筑也是"传统建造物群保存对策调查"中较为重视的建筑类型。在日本，历史街区中的公共建筑常包括：历史上或现在作为官厅、邮局、学校等使用的建

---

　　① ［日］村上訒一、亀井仲雄、苅谷勇雅、江面嗣人编：《日本の町並み調査報告書集成1（北海道、東北地方の町並み1）》，海路书院2004年版，第174页。

筑物。商业建筑主要包括历史上或现在的一些大型的商店、商会、银行等。上述传统建筑物的详细分类如图 2.24 所示。

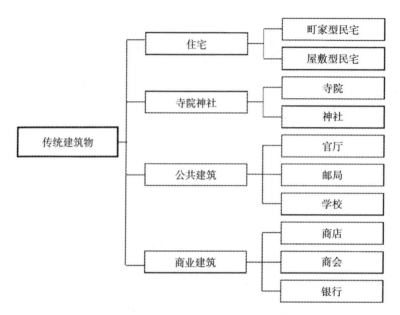

图 2.24　"传统建筑物"分类

抽出的传统手工制作物一般也按通用的分类方式分为大门、围墙、石垣、石桥等后再分别进行深入调查。其中大门和围墙由于是构成街道立面和地段景观的重要元素而常被给予特别的重视。传统手工制作物的详细分类如图 2.25 所示。

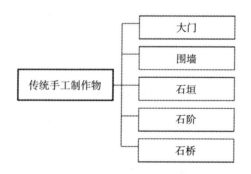

图 2.25　"传统手工制作物"分类

（二）传统建造物深入调查

接下来的步骤是对上述抽出的传统建造物实施深入调查。

传统建造物在抽出和分类之后的深入调查步骤一般包含以下内容：建造物的历史沿革、规模、空间形式、结构形式、细部形式等。它把建造物在时间上由古至今的历程和空间上由整体到局部的特点，有条理地进行深入调查和归纳总结。

在上述一般性内容的基础上，大多数"传统建造物群保存对策调查"对应于各个一般性内容项，又设定了下一层级的分支内容。日本八女市教育委员会开展的"八女市福岛传统建造物群对策调查"，对于传统建筑物深入调查中下一层级分支内容的设定方式，基本可以代表日本"传统建造物群保存对策调查"中传统建筑物历史沿革、规模、空间形式、结构形式及细部设计这些大的内容系统的通用子系统分类方式。分支内容包括以下几方面：来历、历史发展、所在地、所有者及居住者、投资建设者、建造年代、增改建、层数、主屋开间、主屋进深、屋顶形式、外观、规模、平面形式、座敷样式、内部尺寸、附属房屋等。另外，八女市的"传统建造物群保存对策调查"为使内容系统更深入细致，又以一般性内容、分支内容为基础，设定了更为深入的、能反映出地方性传统建造物建筑特色的下一级分支内容，例如针对该地段的宅基地布局中离座敷、藏比较常见的情况，在附属建筑这一分支内容下加入了对这二者的内容设定。图2.26为传统建筑物深入调查时的一般性内容框架，图2.27为前一框架下常见的再深入内容框架。

这种分类分层级、细致全面的内容设定方式，有利于通过对多个建造物建造方式的统计，深入归纳总结出地段的建造特色。当然，建造物历史调查的目的，不仅是要通过所获多个单体建造物的详细信息，归纳提炼出地段的建造特色。更重要的是要求"传统建造物群保存对策调查"人员必须站在历史的高度，阐明这些建造特色形成的依据，用动态的视角审视伴随着历史的发展，建造特色发生了怎样的演变。

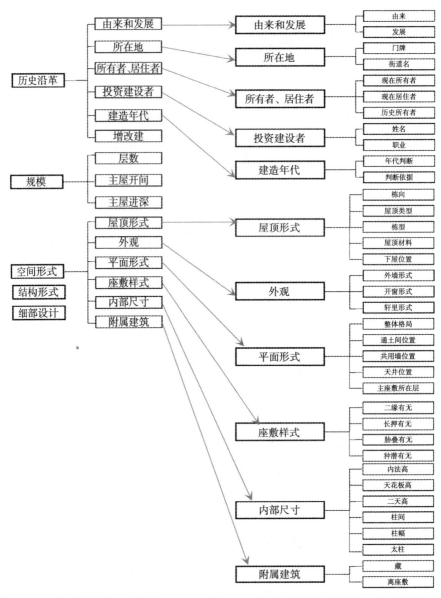

图 2.26　传统建筑物深入调查
一般性内容框架

图 2.27　传统建筑物深入调查一般性内容再
深入框架（以日本八女市为例）

　　以日本楢川村木曾平泽区块的"传统建造物群保存对策调查"为
例。通过对抽出的多个传统建筑物的深入调查和所获信息的归纳统
计，发现该地段的传统建造物在宅基地布局、主屋的平面形制等多方

面都体现出与其他历史街区不同的建造特色。调查报告书中不是将这些特色简单的予以陈述，而是将其与历史的发展相结合进行了更为深入的解析，做到知其然也知其所以然。

例如就宅基地布局这一点上，报告书就以地段的发展历史为背景进行阐述。木曾平泽作为一个以"町家型"住宅为主体的历史街区，在宅基地布局上的一个重要特点就是，在主屋和道路之间留下一小块空地，这种方式和日本町家型历史街区中常见的、将主屋紧贴道路布置的方式不同。为阐明这一特点，调查研究报告书结合地段的历史由来和发展作出了说明：木曾平泽处于一个比较特殊的地理位置，前有河后有山。地形的限制促使木曾平泽形成弯曲带状的整体格局和道路设置。另外，在历史上乃至现在，该地段都因制造并销售漆器著称。它是一个以居民生活为基础，同时承载漆器产业的历史街区。由于商家聚集，该地段宅基地的划分呈现出以下特色：与普通町家住宅一样，短边朝向道路，方便开店，但进深较普通町家住宅更大，方便将作为手工作坊的"土藏"放在宅基地内部（图2.28、图2.29）。弯曲的道路、宅基地的形状，以及二者不规则的位置关系，导致每家建房时都在主屋和道路之间留下了一定距离的小块空地。这是地形所致，同时也和地段的历史功能密不可分。因为通过统计发现，即使那些道路不太弯曲，宅基地和道路成直角，主屋可以贴路而建的地方，各家也还是留有空地将主屋退后道路建设。这是因为作为一个生产和销售漆器的街区，这小片空地的设置方便了材料运送、漆器运输时的停放。另外它也被用作民众生活中腌制咸菜这一日常活动开展的场所。时至今日，这种历史特征仍然被继承了下来，在一些新建的建筑布置时，仍然在主屋和道路之间留下这样的空地，这和该地段仍然以漆器业为主导产业不无关系，同时也体现出民众对营造统一街景的积极响应。

宅基地布局上另一个特点就是在主屋和邻家的宅基地之间留有一定的空地，设置可直接通往宅基地内部的作为手工作坊的"土藏"的通道。这点也和日本常见的两户町家的主屋紧密相连的布局方式不

同。调查报告书在阐明这个特点时，同样站在历史的角度来分析这种
布局特点出现的渊源：因为近代以后，随着漆器产业的蓬勃发展，生
产和销售并不完全由家庭成员独自完成，店主往往还需要再聘请一些
周边地区或本地的匠人作为员工。外地员工常常是居住在店主家中，
而本地员工因为上下班的需要，因而设置了这样一条独立的员工通
道。另外，作为连接手工作坊和街道的重要通道，也方便了制作材料
的运入和制作完成的漆器制品的运出。随着时代发展，因为手工制作
漆器的方式逐渐被工业化生产所取代，雇员工进行漆器生产的家庭也
变得越来越少，所以这些通道面向街道的入口也渐渐被屋主用木门或
百叶窗等形式遮蔽起来。这种论述方式在说明前因后果的同时，也为
保护中新建建筑布局对传统格局的沿袭与否提供了理性思考的根据。

图 2.28　木曽平泽总体格局①

建造物历史调查的这种将建造特色放在历史发展的过程中探讨的
方式，既分别明晰了历史沿革、建造特色，又使二者结合，理清哪些
建造特征是在历史发展过程中没发生改变的，而哪些建造特色又是随
时代发展、生活方式演变而变化的，这将为今后历史街区的保护中传

---

① ［日］苅谷勇雅、林良彦、下間久美子、西山和宏编：《日本の町並み調査報告書集成22（中部地方の町並み7）》，海路书院2007年版，第368—369页。

统建造特色继承上的理性思考提供依据。最后，对于建造物建造方式的历史演变的把握也有助于进行传统建造物因增改建等而被破坏的历史原貌的图纸复原工作。而这一复原成果为保护事业中的"修理"工作提供了重要的设计资料，同时也为已有非传统建造物或新建建造物的"修景"工作开展提供了重要设计线索。

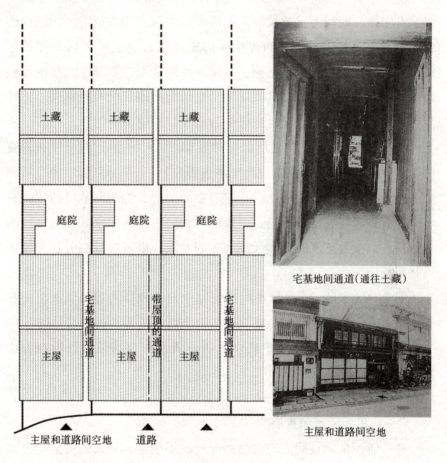

图 2.29　木曾平泽宅基地布局示意①

　　① ［日］苅谷勇雅、林良彦、下間久美子、西山和宏编：《日本の町並み調查報告書集成22（中部地方の町並み7）》，海路书院 2007 年版，第 181—183 页。

三　景观调查研究——景观要素构成和现状景观

这一部分的具体内容是：通过现场踏勘，召开公听会等手段，抽出地段及其周边的景观构成要素（传统建筑物、传统手工制作物、传统环境要素），把握其分布状况，将其作为景观构成的主体在今后予以重点保护，同时通过对被抽出景观要素的深入调查研究，归纳提炼出地段景观的构成特色，为保护中历史性景观的延续和恢复提供依据。之后通过历史街区总平面、连续立面的获取、实测，乃至地段整体的三维模型建立，分析景观现状，总结阻碍现状景观整体性、连续性和历史性维持的原因，提炼出今后地段景观建设的任务。

在日本，"传统建造物群保存对策调查"中的前述两个调查研究（地段历史调查研究和建造物历史调查研究），主要是依靠历史、城市史、建筑史的专家，追溯地段和建造物的历史，为阐明地段的空间秩序、建造特色寻找历史依据。而景观调查研究的对象则是当前地段的整体景观，主要依靠规划和景观方面的专家，以现状景观分析为主体展开调查研究。

图 2.30、图 2.31 为景观调查研究中的一般性内容分层级框架和对应于各个内容所使用的主要调查研究方法和主要调查研究目的。

景观调查研究一般从景观要素调查研究和现状景观分析两方面展开。

（一）景观要素调查研究

这一阶段的调查研究内容是：通过现场踏勘，并以公听会等方式加以配合，抽出地段内部及其周边的历史性景观要素，了解它们的残存分布状况并进行深入调查研究，所获信息通过图纸标注或数理统计等手段处理，最终依托所获信息归纳总结出地段景观构成上的主要特色。

一般而言，"传统建造物群保存对策调查"中将景观要素分为：

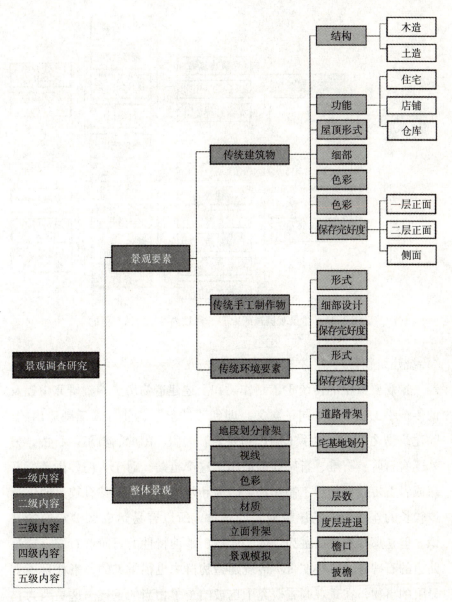

图 2.30　"景观调查研究"一般性内容分层级框架

传统建筑物、传统手工制作物、传统环境要素这三大类型分别抽出。
这是日本最为通用的景观要素分类方式。

　　景观要素中的传统建筑物和前述建造物历史调查研究中提及的传
统建筑物是同一含义。即将 20 世纪上半叶以前修建的建筑物视为

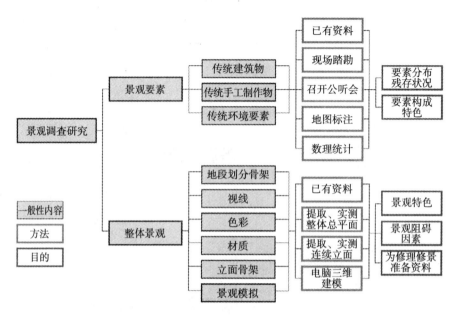

图2.31 "景观调查研究"一般性内容、方法、目的

"传统建筑物"。

　　景观要素中的传统手工制作物和上述建造物历史调查研究中提及的传统手工制作物是同一含义。即到"战前"为止，人工制造出的，除建筑物之外的其他手工制作物要素。大门、围墙、石垣、石桥，另外还有石阶、石堆、石碑等都适用于这个范畴。对于大门、围墙、石垣或者石桥这样的手工制作物，因为和建筑物一样，具有较大的体量或较长的连续面，是比较显眼的事物，所以容易达成保护它们的共识。但是那些和地面融为一体，营造出地面特性的石阶、石堆，或是路边的石碑等，这些在日本传统建造物群中也很常见的，素朴且不太显眼的事物，在景观调查研究中也被给予了相当的重视。这是因为它们对历史性景观以及景观整体性的维持也起着重要的作用。所以作为景观要素被一并抽出。

　　景观要素中的传统环境要素指"战前"开始就存在于地段内或周边的自然要素。树木、池塘，河流、土地（山谷洼地等）都属于这个范畴。就树木而言，能够见证地段发展历程的巨木、古树等作为点性景观要素被抽出自不必说，那些持续存在且反复更新的竹林、果林等，还有那些作为面性景观要素存在的庭园，以及作为线性景观要素的树篱等这样一些普通景观要素被抽出进行深入调查研究也很有必要；在土地特性上，对于那些在街道空间中拥有重要意义的山体、土垒（日本特有的一种防御工事），还有地段中的河流、池塘等起到维持景观历史性、连续性和整体性的要素，"传统建造物群保存对策调查"也很重视，并将它们划入传统环境要素的范畴加以抽出。上述传统环境要素的详细分类如图 2.32 所示。

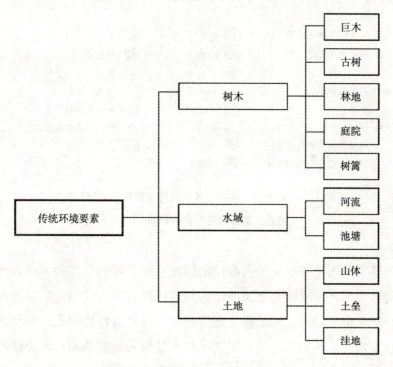

图 2.32 "传统环境要素"分类

上述景观要素的分类和抽出原则在日本是被普遍认可的（图 2.33）。分类抽出后的景观要素需进行深入调查研究，这和建造物历史调查研究中对传统建造物的深入调查研究有一定的相似，但不完全一致。传统建造物深入调查研究的内容设定偏重于建造特色的挖掘，而

086

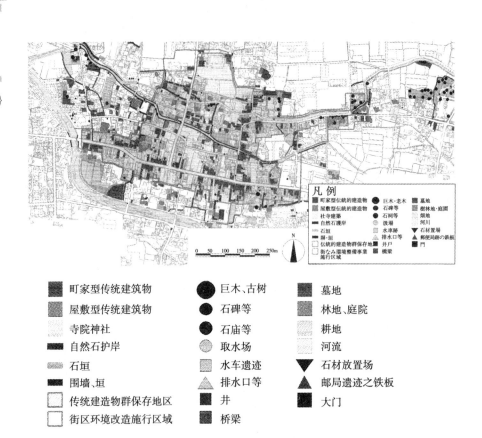

凡例

町家型伝統的建造物	巨木・老木	墓地
屋敷型伝統的建造物	石碑等	樹林地・庭園
社寺建築	石祠等	畑地
自然石護岸	汲場	河川
石垣	水車跡	石材置場
塀・垣	排水口等	郵便局跡の鉄板
伝統的建造物群保存地区	井戸	門
街なみ環境整備事業施行区域	橋梁	

0 50 100 150 200 250m

N

■ 町家型传统建筑物	● 巨木、古树	■ 墓地
▨ 屋敷型传统建筑物	● 石碑等	▩ 林地、庭院
▨ 寺院神社	◉ 石庙等	▨ 耕地
▬ 自然石护岸	◎ 取水场	▨ 河流
▨ 石垣	▨ 水车遗迹	▼ 石材放置场
■ 围墙、垣	▲ 排水口等	▲ 邮局遗迹之铁板
□ 传统建造物群保存地区	■ 井	■ 大门
□ 街区环境改造施行区域	■ 桥梁	

图 2.33 日本筑后吉井 "传统建造物群保存对策调查"
景观要素分布图及图例详解①

景观要素深入调查研究的内容设定偏重于景观特色的挖掘，可以理解为前者的深入调查研究更关注建造物本体的营造和建构，后者的深入调查研究则更强调人们的视觉直观感受；而建造特色和景观特色之间的联系常常不可割裂，这使得景观要素的深入调查研究和传统建造物的深入调查研究，在内容和结论上常存在一定程度的重叠性。以真壁町 "传统建造物群保存对策调查" 中的景观要素深入调查研究为例，通过对抽出景观要素的统计发现，木造建筑物在各类传统建造物中所占比例最大，因此，木造建筑物是景观构成的主体，其呈现出的木质

① 日本建筑学会编：《町並み保全型まちづくり》，丸善株式会社 2007 年版，第 41 页。

特征成为该地段重要景观特色之一。而木造这一建构形式也成为该地段的重要建造特色之一。

景观要素深入调查研究一般包含的内容按照景观要素的分类而有所区分。传统建筑物一般包括：建筑功能、结构形式、屋顶形式、影响外观的细部设计、外观色彩、外部材料、保存完好度等。传统手工制作物一般包括：样式、细部设计、保存完好度。传统环境要素因其特征各异，而在深入调查研究时较少涉及，多数是停留在对其留存状况和分布状况的把握中。总之，深入调查研究的目的是要把景观要素在视觉上呈现出来的尺度、形式、材料、颜色等特点，通过有条理的归纳、对比等手段进行提炼，这也是上述内容设定的基本出发点。

现通过实例来探讨景观要素调查研究的具体展开。

在真壁町的景观要素调查研究中以获得景观构成上的特色为目标，对抽出的304件传统建造物景观要素进行了分类统计，分别为：①木造住宅（这里的住宅指单纯只有居住功能的住宅。真壁町的住宅除了"屋敷型"民宅之外，还包括由"町家型"民宅改建而成的住宅）；②土藏造（编竹厚土墙）住宅；③木造店铺（真壁造①店铺）；④土藏造（编竹厚土墙）店铺；⑤涂屋造店铺（为了防火而在所有木结构部件的表面涂抹上泥和灰浆）；⑥土藏（厚土墙仓库）；⑦石藏（石墙仓库）；⑧纳屋（屋外独立建造的小型存储间）；⑨西式建筑；⑩其他（寺庙神社、旧校舍）；⑪大门。上述建造物的分类方式采用了结构形式和建筑功能组合的类型划分方法。这种分类方法体现了景观要素深入调查研究须强调视觉感受的原则——因为功能和结构是建筑物形式的两个最主要决定因素，功能对应于空间界面，结构对应于材料构造，而空间界面和材料构造则共同构成了视觉感受的绝大部分内容。

通过对上述11个大类进行分类件数统计，得到了真壁町传统建造物现存状况的统计表。统计数字显示：被抽出的传统建造物中所占

---

① "真壁造"就是木结构建筑中，建筑物的柱子不做隐藏，在柱子之间建造墙壁的形式。

比例最大的为木造住宅（71 栋），占全体传统建造物件数的 23% 以上。其次是木造店铺（52 栋），占全体的 17%。木造住宅和木造店铺这两类建造物的数量占传统建造物总数的 40% 以上，因此，从规模上看，传统的木造建筑构成了该地段的景观主体。另外，真壁町的传统建造物景观要素统计中大门有 43 件，占了全体传统建造物总数的 14%，具有相当大的比重，因此大门是真壁町景观的重要特征之一。此外该地段内还有许多其他类型的建造物，包括土藏 50 栋（16%），纳屋 48 栋（16%），石藏 15 栋，土藏造店铺 12 栋，涂屋造店铺 2 栋，西式建筑 1 栋。该地段所展现出的较为丰富的景观面貌，是真壁町景观的另一个重要特征（表 2.13）。

表 2.13　　　　　　　传统建造物（含大门）现存状况统计①

木造住宅	土藏造住宅	木造店铺	土藏造店铺	涂屋造店铺	土藏	石藏	西式建筑	纳屋	其他	大门
71 (20)	3 (2)	52 (14)	12 (7)	2 (2)	50 (28)	15 (5)	1 (1)	48 (1)	7 (3)	43 (21)

合计：304 栋（104 栋）

备注：括号内为其中登录文化财的栋数

进一步的归纳总结提炼出真壁町的三个景观特色：①丰富多彩的地段景观；②木造建筑是地段的景观主体；③大门是重要的景观元素。这些特点都将成为将来地段景观营建时需加以考虑的传承点。它们为景观建设的可能方向提供了依据。除此之外，为把握真壁町景观的个性色彩和材质，真壁町的景观要素调查研究中还就传统建造物的色彩和用材特点展开了深入调查研究。调查研究以抽出的传统建造物中较好地继承了历史特征的建造物为对象，即抽出了保护状况良好，以登录有形文化财为主体的 19 栋传统建筑物作为色彩和用材调查研究的对象（图 2.34、表 2.14）。对这 19 栋建筑物的主要建筑构成部

---

① ［日］苅谷勇雅、林良彦、下间久美子、西山和宏编：《日本の町並み調查報告書集成 20（関東地方の町並み3）》，海路书院 2007 年版，第 98 页。

位：围墙、建筑墙面、屋顶、门，分别进行了色彩和材质的提取。色彩的提取按色彩构成三要素：色相、明度、饱和度这三个方面分别记录数值。在日本，一般使用孟塞尔颜色系统①的颜色标识方法记录颜色。使用该方法，可以使颜色的各项指标数值化。通过色彩三要素的数值统计和用材类型的统计，总结出各建筑构成部位色彩和用材特色。譬如说，通过统计归纳得出，围墙（院墙）部位因为使用的材质主要为木材，所以以 Y、YR 的色相系统居多。其他的一些涂装材料：白色灰浆、黑色灰浆、砂石灰浆、厚土院墙等也有少量存在。另外，因为被涂抹成黑色的围墙（院墙）较多，所以在饱和度、明度上，整体呈现出偏低的倾向；建筑墙面的基调色彩方面，主体为高明度的明灰色的 N 色相系统，和黑色灰浆涂抹后的低明度的 N 色相系统，还有木材墙面以 5YR、7.5YR 为主的色相系统。另外，石藏（石墙仓库）的存在，使得高明度、低彩度的 2.5Y 色相系统也偶尔可见。所以对于建筑墙面而言，呈现出较为宽广的基调色色相分布。饱和度的分布全体都是 4.0 以下的低彩度分布。而明度方面则因为明度 6.0 以上的建筑墙面占总数的 70% 以上，从而显示出高明度的明度倾向（图2.35、彩插图1）；综合这些按部位的基调色调查研究结果，调查人员得到了一张有关传统建造物整体基调色的用色统计表（彩插图2）和传统建造物基本用材统计图（彩插图3）。同时也总结出以下有关传统建造物整体的色彩特征：宽广的色相分布、宽广的明度分布、狭窄的饱和度分布；用色表、用材图和这些结论可作为今后景观色彩、材质维持所应遵循的基本原则，为今后新建和改建建筑的色彩、材质设计提供了参考依据，这也是景观要素调查研究的根本目标。

---

① 孟塞尔颜色系统是由美国教育家、色彩学家、美术家孟塞尔创立的色彩表示法。

图 2.34　真壁町景观个性色彩和材质调查研究对象分布①

表 2.14　　　　　　真壁町景观个性色彩和材质调查研究对象统计②

调查研究对象 （日文）	特色	测色部 位数量	调查研究对象 （日文）	特色	测色部 位数量
1. 塚本清家	传统民宅	5	11. 木村家	登录有形文化财	7
2. 塚本和二郎家	传统民宅	7	12. 入江家	登录有形文化财	5
3. 猪濑家	登录有形文化财	7	13. 仲町休憩所	传统民宅	4
4. 土生都家	登录有形文化财	7	14. 川岛书店	登录有形文化财	4
5. 村井酿造	登录有形文化财	3	15. 根本家	传统民宅	5
6. 石藏	传统民宅	7	16. 中村家	传统民宅	3
7. 伊屋旅馆勢	登录有形文化财	5	17. 関根家	传统民宅	5
8. 高久家	登录有形文化财	4	18. 安達家	传统民宅	5
9. 潮田家	登录有形文化财	7	19. 橋本旅館	登录有形文化财	5
10. 塚本茶舗	登录有形文化财	4	合计：19 栋传统建筑物（登录有形文化财共 11 个）		

① ［日］苅谷勇雅、林良彦、下間久美子、西山和宏编：《日本の町並み調査報告書集成 20（関東地方の町並み3）》，海路书院 2007 年版，第 86 页。

② 同上。

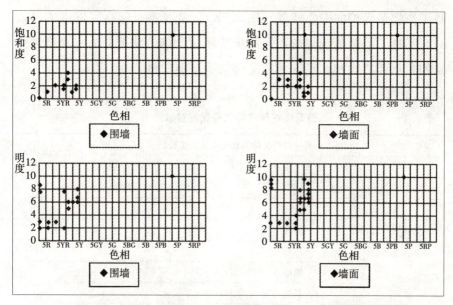

图 2.35　真壁町传统建造物色彩特点数理分析（以围墙和墙面为例）①

　　在景观要素保存完好度上，真壁町的"传统建造物群保存对策调
查"中同样做了细致调查研究。因为沿街传统建筑物保存完好度的好
坏与否对地段整体视觉感受的影响较大，所以保存完好度的调查研究
对象只选择了面向街道的 154 栋传统建筑物。现场踏勘时，对它们的
各主要部位都由调查员给予评价，最终综合各部位的评价结果，给出
各传统建筑物的保存度等级。调查研究时使用了如表 2.16 所示的保
存完好度诊断卡。保存度等级的评价标准为：各主要部位保存特别好
的为 A 级。通过轻松改造、修复就能使主要部位复原的被评为 B 级。
各主要部位大部分已经破损严重，需大幅度改造、仔细修复的为 C
级。调查研究结果显示，这些传统建造物中，A 级有 49%，B 级有
40%，整体的保存度较好。C 级只占约 10%，其中以木造店铺和土藏
造店铺居多，主要集中于地段中心部位，即阵屋路和周边地块，而这
一区块也是登录文化财较多的地区，将来对这些 C 级建筑物的修理修

　　① ［日］苅谷勇雅、林良彦、下間久美子、西山和宏编：《日本の町並み調査報告書集成
20（関東地方の町並み3）》，海路书院 2007 年版，第 87 页。

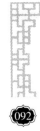

景工作将是保护的中心任务（图2.38）。景观要素保存完好度的调查研究明晰了沿街传统建造物保存从整体到个体的状况，为将来修理修景的重点建造物和重点区域划定提供了基础资料。

表2.16　　　　　　　真壁町传统建筑物保存完好度诊断卡①

真壁町传统建筑物保存完好度诊断卡				
NO.		名称		
地址				
一层正面	开口部			
	门窗			
	外墙			
	檐口			
	其他			
二层正面	开口部			
	门窗			
	外墙			
	檐口			
	其他			
侧面	一层外墙			
	一层窗			
	二层外墙			
	二层窗			
备注			种类	评价

（二）现状景观分析

该阶段的调查研究主要是通过现场踏勘，并结合现场照片、总平面图（也包括总体一层平面图）、连续立面图，甚至是三维模型等建

---

① ［日］苅谷勇雅、林良彦、下間久美子、西山和宏编：《日本の町並み調査報告書集成20（関東地方の町並み3）》，海路书院2007年版，第116页。

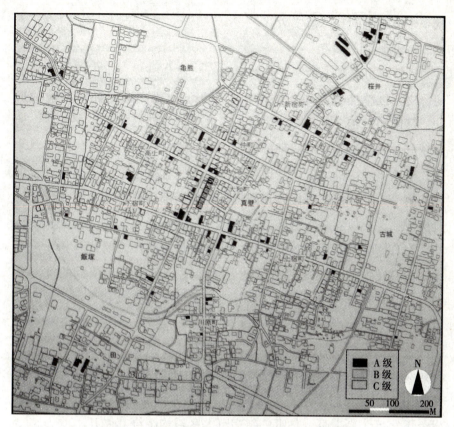

A 级
B 级
C 级

50 100 200
M

图 2.38 真壁町传统建造物保存度各等级分布①

筑图纸，就地段景观整体的尺度、形式、材料、颜色等状况进行定量或定性分析，明晰景观历史性、整体性、连续性被很好保留的区域和未被很好保留的区域，总结景观营建时应该延续的和应该纠正的方面，同时结合前一阶段通过景观要素的抽出和归纳而总结出的地段景观特点，提炼今后地段景观营建的任务和方向。

　　日本"传统建造物群保存对策调查"中现状景观分析的一般性调查研究内容包括：地段划分骨架、立面骨架、色彩和材质、周边景观、保护前后三维模拟等。现通过实例来说明日本对历史街区进行现

　　① ［日］苅谷勇雅、林良彦、下間久美子、西山和宏编：《日本の町並み調查報告書集成20（関東地方の町並み3）》，海路书院 2007 年版，第 117 页。

状景观分析时的具体落实方式。

1. 地段划分骨架

地段划分骨架一般分为道路骨架和宅基地骨架。可以说，它是决定历史街区整体景观风貌的最根本原因。地段内道路和宅基地的形状，尺度和其相互关系决定了该地段的外部空间形态及景观特征。地段划分骨架表达了城市肌理的概念。对一座城市而言，保住肌理，才保住了这座城市的风貌。同样，对于肌理的尊重也是历史街区景观维持的第一要义。由此可见，在现状景观分析部分把对地段划分骨架的分析放在首要位置是十分准确的。

在真壁町的景观现状分析中，调查人员将从江户时代开始发展至今，没有发生重大改变的地段划分骨架视为地段景观构成的重要资源，对此骨架进行特点分析，期望对今后的景观建设和景观传承有据可依。

首先，就道路骨架而言，主要道路基本是从江户时代初期就形成并延续至今的，基本没有改变（图2.39、图2.40）。以四条东西向道路为中心（南北向道路主要起到连接四条东西向道路的作用），上宿町、下宿町、高上町、仲町、新宿町等区域均围绕其展开。

其次，宅基地的划分骨架在形状和尺度上自江户时代基本没有改变。依据文献史料《家屋台账》上有关町内各栋建筑物占地面积、总平面图的记载，可以对宅基地的骨架从城市——建筑的角度展开分析。通过对各块宅基地开间与进深的统计发现，就真壁町整体而言，开间在10—20米，进深在30—50米左右的长方形宅基地居多（图2.41）。再进行更为深入的分片区统计，发现各片区也都有各自的特色。例如，下宿町呈现出两种主要类型的宅基地划分方式。第一种是延下宿路的宅基地，多划分为长方形，短边面街。一般标准尺寸为开口10—15米，进深30—50米。有些开口较大的宅基地被土地主人将基地的一半租借给他人建造房屋，所以常常一块宅基地内出现两栋建筑，所以此类沿街的宅基地形状狭长。第二种是下宿町内不沿街的川原部分，宅基地规模相对第一种变大，宅基地的形状也各异。这是因为下宿町内的川原部分过去的居住者多为农民，农家的"屋敷型"住宅居多。作为农村聚落，宅基地的划分展现出与"町家型"宅基地不一样的形状和尺度特征（图2.42、图2.43、图2.44）。

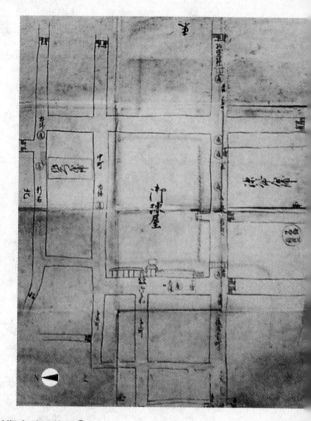

图2.39　江户时期真壁町格局①

----

① ［日］苅谷勇雅、林良彦、下間久美子、西山和宏编：《日本の町並み調査報告書集成20（関東地方の町並み3）》，海路书院2007年版，第xiv—xv页。图1为《真壁町屋敷絵図》（江户时代后期，塚本清家藏）。图2为《祭礼踊場一件二付御裁許請書写》附属絵図（寛政八年（1796），大関さた家藏）。

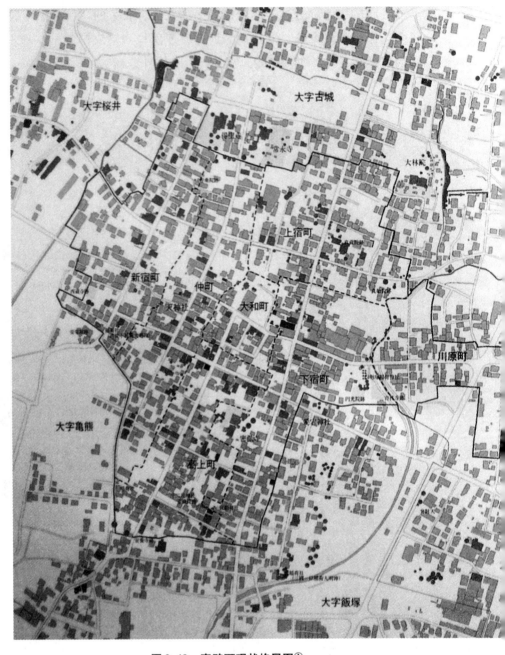

图2.40 真壁町现状格局图①

① ［日］苅谷勇雅、林良彦、下間久美子、西山和宏编：《日本の町並み調査報告書集成20（関東地方の町並み3）》，海路书院2007年版，第 xvi—xvii 页。

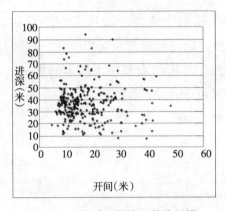

图 2.41　真壁町整体宅基地规模
数理分析①

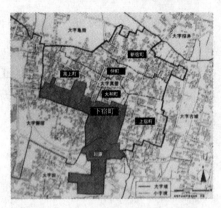

图 2.42　下宿町在真壁町中的区域
位置示意②

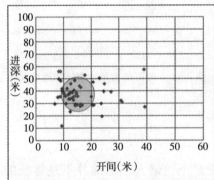

图 2.43　下宿町沿下宿路宅基地
规模数理分析③

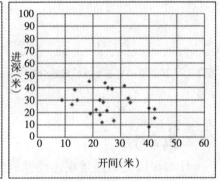

图 2.44　下宿町不沿下宿路宅基地
规模数理分析④

　　高上町的宅基地划分则以长方形为主，开间一般在 8—20 米，进深在 30—40 米。就宅基地整体而言，规模要小于下宿町。同下宿町一样，有些开口较大的基地也被土地主人将基地的一半租借给他人建造房屋。宅基地呈现出狭长的特征（图 2.45）。

---

　　① ［日］苅谷勇雅、林良彦、下間久美子、西山和宏编：《日本の町並み調査報告書集成 20（関東地方の町並み3）》，海路书院 2007 年版，第 65 页。
　　② 同上书，第 4 页。
　　③ 同上书，第 66 页。
　　④ 同上。

(098)

　　仲町同样存在两种类型。延阵屋路的中央部分是长方形的宅基地。这是因为"町家型"的住宅居多。而仲町路的东端和西端，相对而言宅基地面积变大。这是由于过去在这里的农家住宅居多的缘故。从仲町的宅基地规模来看，基本为开间 10—20 米左右，但是进深则从 15—55 米都有，幅度变化很广（图 2.46）。

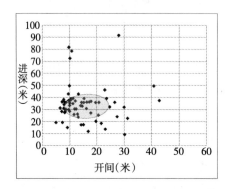

图 2.45　高上町的宅基地规模数理分析①

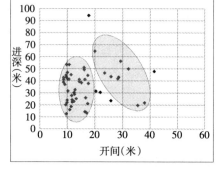

图 2.46　仲町的宅基地规模数理分析②

2. 立面骨架

　　日本在历史街区景观连续性的维系上，最先考虑的并不是传统的细部样式和做法，而是将由历史发展至今，各时代所共有的传统建造物立面骨架放在了第一位，将这个经调查研究提炼出的骨架视为今后景观建设时应加以继承的基本点。立面骨架得以保护，街道连续性也就容易维持。新建或改建设计中如能遵循这一骨架的基本特点，则即使有其他设计元素加入也不至于对整体风貌有所破坏。这一原则正是日本历史街区保护中强调景观历史性、整体性、连续性思想的重要体现。在日本楢川村木曾平泽历史街区"传统建造物群保存对策调查"中，通过现场踏勘并结合之前建造物历史调查研究的成果，归纳提炼

---

① ［日］苅谷勇雅、林良彦、下間久美子、西山和宏编：《日本の町並み調查报告書集成 20（関東地方の町並み3）》，海路書院 2007 年版，第 67 页。

② 同上。

出构成街区街道景观的"町家型"住宅（该街区中沿街建筑物的主体建筑类型）的立面骨架。该骨架（图2.47）有以下几个的特点：

- 一二层的墙面前后一致（一层没有后退），或者二层相对一层略有挑出。一般挑出为1尺5寸左右。
- 正面的两端使用通天柱（一二层连成一体的柱子），通天柱间用横梁相连。其他场合使用管柱（和通天柱相对，即一二层被断开的柱子）（图2.48）。
- 两坡顶、平入型（建筑正脊平行于街道）。屋顶坡度约为3/10。二层相对一层挑出时，屋檐的挑出距离超出1米且屋顶垂木（椽）前端设置挡板。
- 二层相对略有挑出的场合，不设披檐。一二层墙面前后一致时，则不受限制。
- 沿街面采用"真壁"形式，即柱子外露，柱间砌墙的形式。柱间为土墙或木板墙。侧面的一部分墙体外包木板。开口部为木质的门窗。
- 建筑内部设通土间①，或者利用和邻家的空地设置通往宅地内部的通道。
- 建筑物入口一般设在南面。北面有小胡同或小巷时，则不受限制。

这一立面骨架的提取是对木曾平泽地区"町家型"住宅共性的总结。而这些分析得出的立面骨架特点，也是今后景观建设时或者建造物的修理修景时需要重点参考的。

---

① 日语为："通土間。"所谓"土間"就是日式传统建筑物内部不铺地板，而直接露出地面的房间。有时候也铺上三合土、石头等。通土间就是建筑内部为了各房间之间的交通联系而设置的作为通道的土间。

100

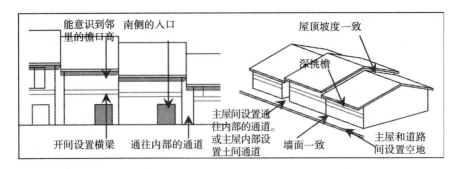

图2.47　日本木曾平泽"町家型"住宅立面骨架提炼示意①

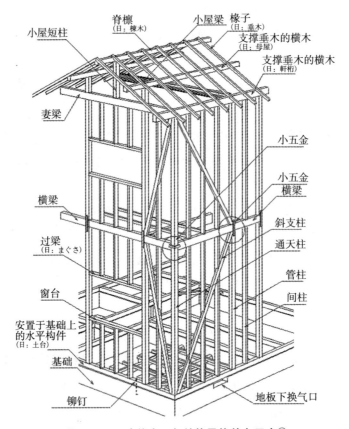

图2.48　日式住宅一般结构及构件名示意②

————————————

① ［日］苅谷勇雅、林良彦、下間久美子、西山和宏编：《日本の町並み調査報告書集成
22（中部地方の町並み7）》，海路书院2007年版，第274页。

② http：//www.weblio.jp/img/dict/fkkck/fcmweb/daijiten/dimg/40.gif.

3. 色彩和材质

日本的"传统建造物群保存对策调查"十分重视对街道的色彩和材质整体连续性的调查研究，并在严谨的数据统计基础上做定量化分析，以期准确地描述街道的整体色彩和用材特征。

在真壁町的现状景观分析中，调查人员就现状街道景观色彩的连续性进行了深入的调查研究。调查研究对象选取的是地段内传统建造物留存较多的八条主要街道：仲町路、公民馆前路、阵屋前路、上下宿路、见目路、新宿上横町路、新宿路、樱井路①（图2.49）。

首先，通过现场踏勘，从下述五点内容把握各条街道的基本状况，对于各街道景观构成要素的分布进行基本的整理和记录。值得注意的是，看板（公告牌、广告牌等）、屋顶的色彩倾向、空地、停车场这些会直接影响到景观连续性的事物，在踏勘时也得到了关注，作了记录和说明。这五点内容为：

图 2.49 街道色彩连续性调查研究对象分布②

- 传统建造物及其中登录文化财的建造物状况。

- 建造物的保存完好度状态。

- 街道的空间特征——视野的状态。

- 和周边道路的视觉联系。

① 日文名称分别为："仲町通り"、"公民館前通り"、"御陣屋前通り"、"上宿下宿通り"、"見目通り"、"新宿上横町"、"新宿通り"、"桜井通り"。

② ［日］苅谷勇雅、林良彦、下間久美子、西山和宏编：《日本の町並み調査報告書集成20（関東地方の町並み3）》，海路书院2007年版，第90页。

- 街道内传统建造物的基调色概况并利用折线图分析连续性变化（图2.50、图2.51）。这里色彩提取的对象以墙面、屋顶为主，还包括一些色彩特殊的其他部位，如柱子等。

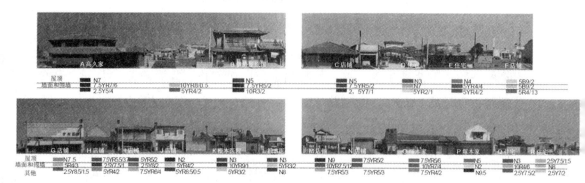

图2.50 真壁町道路连续立面及基调色提取（以上下宿路北侧为例）①

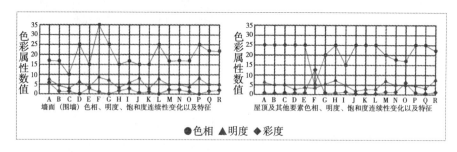

图2.51 真壁町色相、明度、饱和度连续性变化及特征数理分析
（以上下宿路北侧为例）②

上述内容是对街道色彩连续性概况进行最基本的把握，对每条街道的基本特色作初步了解。

然后更进一步，针对色彩连续性这项内容，调查研究将街道两个界面的色彩连续性状况进行定量。方法是，对沿街道两边的建筑物的

---

① ［日］苅谷勇雅、林良彦、下間久美子、西山和宏编：《日本の町並み調査報告書集成20（関東地方の町並み3）》，海路书院2007年版，第 xii—xiii 页。

② 同上。

外墙和围墙（院墙）所提取的颜色进行评价。因为绝大多数情况下，在街道上行走时，无法看见屋顶，所以该量化调查研究中不对屋顶进行测色。和前述景观调查研究中的传统建造物基调色的色彩调查研究不同，该调查研究中街道里所有的建筑物都被涵盖进来，其目的是为了掌握当前街道中配色的整体状况，而并不是对地段个性色彩的求证。

色彩连续性调查研究中，色彩的量化方法同样是通过色彩三要素的数值反映。通过标准差原理，计算各条街道两个面的色相、明度、饱和度分别的标准差。将各条街道配色连续性变化用标准差[①]值表达出来。

将计算获得的某个街道面的三个色彩要素的标准差相加即得到该街道面色彩总的变化值——总标准差。将8条街道16个面的三个色彩要素标准差和总的变化值（总标准差）进行比较，数值越大，则表明该街道面的景观色彩连续性越差。数值越小，则表明连续性越好（表2.17、表2.18）。然后再结合沿街建筑色彩各要素连续性变化折线图的数理分析以及现场实景踏勘，分析其中连续性好坏产生的原因，为将来的景观色彩营建指明方向。

真壁町的色彩连续性调查研究中，通过标准差计算发现，阵屋前路的西侧、上下宿路的北侧、见目路的西侧、新宿路的南侧，总标准差值相对小，表明相对色彩变化较少，街道色彩的连续性较好。分析发现，这是因为这些街道两边的传统建造物多进行了较为周密的维修，维修时自然材料的使用比例也很高，景观色彩的连续性因而比较高。而仲町路南侧、公民馆前路西侧、新宿路北侧、樱井路的两侧，

---

① 标准差是一组数值自平均值分散开来的程度的一种测量观念。一个较大的标准差，代表大部分的数值和其平均值之间差异较大，反映在本案例中说明街道景观色彩的该项色彩要素起伏性较大，则该色彩要素连续性较差；一个较小的标准差，代表大部分数值较接近平均值，数值起伏不大，反映在本案例中则说明街道景观色彩的该项色彩要素连续性较好。标准差的计算公式如下：

$$\sigma = \sqrt{\frac{1}{N}\sum_{i=1}^{N}(x_i - \bar{x})^2}$$

其中 x_i 表示建筑物单体测量获得的某项色彩要素数值，$\bar{x}$ 代表某个街道面的某项色彩要素平均值。σ 表示某个街道面某项色彩要素的标准差。

和其他的街道面相比，总的变化值相对大，色彩变化多，多种多样的色彩混杂其中，这是受到店铺以及一些新建住宅的影响导致的。另外，对于同一条街道的两个面而言，仲町路、阵屋前路、新宿路，道路两侧的配色倾向差异较大。

表 2.17　　　　　　　　真壁町被调查研究对象道路配色变化①

对象道路		基调色分布
①	北	2.5Y8.5/1.5，7.5YR8/4，5Y8.5/0.5，7.5Y8/2，5Y9/1，10YR8/3，5GY8.5/0.5，10YR9/1，7.5YR5/2，10R3/3，5PB9/1，5G8/0.5
	南	5GY8/4，7.5YR5/6，10YR8/1.5，5PB2.5/2，5GY7/5，2.5Y8.5/1.5，N7，7.5YR6/2，2.5Y8.5/1.5，5PB8/2.5，5R4/3，5R3/1，N9.5
②	东	2.5Y8.5/1.5，10R4/6，5B8/2，2.5Y8/4，7.5YR6/4，10YR8/1，N8，10YR8/3，N7.5
	西	2.5Y8.5/1.5，5YR4/2，7.5YR5/6，10YR8.5/0.5，7.5R4/6，2.5Y8.5/1，5Y9/1，5Y9/1，7.5YR5/6，5R3/3，2.5Y8.5/1，2.5Y8.5/1
③	东	5GY8/4，10R3/3，5R4/8，2.5Y7/1，2.5Y7.5/2，2.5Y7/1，5G9/0.5，2.5Y8.5/1.5，2.5Y7.5/1，7.5YR6/4，10YR9/0.5，2.5Y8/4，5B9/1，5Y8/1
	西	10YR8.5/1.5，N8.5，7.5YR5/3，7.5YR6/4，5YR9/1.5，7.5YR8/1，2.5Y8/1.5，2.5Y9/4，10YR8/1，5YR3/3，10YR8.5/0.5，7.5YR6/4，5YR3/2，10YR8/1.5，10YR8/1.5，5YR2/2，5YR4/2
④	北	7.5YR8/6，2.5Y8.5/2，7.5YR8.5/1，2.5Y8/6，5B9/2，N7.5，7.5YR5/2，2.5YR7/2，5YR8.5/0.5，7.5YR8.5/1，10YR7/1.5，10YR8.5/1，10R5/3，10YR7.5/2，2.5Y8.5/1.5
	南	2.5Y9/1.5，5GY8.5/1，10YR9/2，10YR6/1，7.5G9/0.5，10YR4/2，2.5Y8.5/1，2.5Y7/2，5YR7.5/1，5YR4/2，2.5Y8.5/2，7.5Y8.5/1，2.5Y8/2
⑤	东	5Y9/1，2.5Y7/1.5，7.5YR5/2，2.5Y7/1，2.5Y8/1，7.5R4/8，2.5Y8/1，2.5Y8.5/1
	西	N8，10YR8/6，10YR7/0.5，5YR1/1，5YR2/1，10YR9/1，2.5Y8.5/1.5
⑥	东	5YR8/1，7.5YR5/8，10YR7/1，10YR8.5/0.5，5YR8.5/0.5，2.5Y7.5/2，2.5Y8/1
	西	5YR8/1，10YR7/3，2.5Y8.5/2，10YR8/0.5，5YR4/2，10YR8.5/1

　　① ［日］苅谷勇雅、林良彦、下間久美子、西山和宏编：《日本の町並み調查報告書集成20（関東地方の町並み3）》，海路书院2007年版，第95页。

续表

对象道路		基调色分布
⑦	北	5YR4/2，7.5YR7/5，10YR8/2，10YR6/3，5B8/2，2.5B5/10，7.5YR5/2，10R7/2
	南	2.5Y8.5/1.5，N8，7.5R7/3，10YR7.5/2，7.5YR8/2，7.5YR7/2，5YR4/2，10YR8/1.5，2.5Y8.5/1
⑧	东	5YR4/1，2.5Y8.5/1，2.5Y9/1，5YR2/1，2.5Y8.5/1，7.5R7/3，5YR6/2，7.5YR6/2，5YR2/1，10YR8/1.5，10B6/6，10YR9/0.5，2.5Y8/1.5，7.5YR5/8
	西	5YR4/2，10YR8.5/1.5，5YR2/1，7.5YR5/6，7.5YR5/1，2.5Y8/1.5，7.5YR6/4，5GY8/2，10GY8/3，5YR4/4，5B8.5/1，5B9/1，10R7/2

表2.18　　　　　真壁町被调查研究对象道路连续性配色变化①

对象道路		配色的变化				
		差异值（标准差）			变化值	建筑物栋数
		色相	明度	饱和度	（总标准差）	
1. 仲町路	北	2.50	1.59	1.64	5.73	12
	南	3.08	2.65	1.42	7.15	14
2. 公民馆前路	东	3.06	1.63	1.69	6.38	9
	西	1.55	2.73	2.77	7.05	12
3. 阵屋前路	东	2.85	1.62	2.31	6.78	14
	西	0.47	2.53	1.31	4.31	17
4. 上下宿路	北	1.32	1.21	1.46	3.99	15
	南	1.79	2.25	0.83	4.87	13
5. 见目路	东	1.21	2.21	2.29	5.71	8
	西	0.42	2.58	1.08	4.08	7
6. 新宿上横町路	东	0.50	1.33	2.83	4.66	7
	西	0.80	2.30	1.40	4.50	6
7. 新宿路	北	1.71	1.86	3.43	7.00	8
	南	0.63	1.38	0.25	2.26	9
8. 樱井路	东	2.50	3.08	1.69	7.27	14
	西	2.75	2.67	1.83	7.25	13

---

① ［日］苅谷勇雅、林良彦、下間久美子、西山和宏编：《日本の町並み調査報告書集成20（関東地方の町並み3）》，海路书院 2007 年版，第 96 页。

除进行了上述量化的比较外，考虑到调查研究取色方式的局限，还进行了较为细致的现场踏勘，发现面向街道设置的较长的停车场也导致仲町路、上下宿路、樱井路的景观整体性被损害，在色彩的连续性维持上是一个破坏因素。量化计算和现场踏勘这两种方式相结合的分析方法，较为客观地反映出街道景观色彩的连续性状况及其原因。这为今后保护中景观色彩的营建工作，提供了不可缺少的依据。

调查人员还对真壁町各街道面的外墙、围墙（院墙）的使用材料现状进行了调查研究。统计自然材料、金属材料、无机系材料（砂浆类）的使用状况。总体来说，呈现出历史性特征的自然材料，如木质材料、厚土墙使用的比例多少，与呈现出现代特征的金属材料使用的比例多少，也从侧面反映了街道景观历史性维系的好坏。例如公民馆路东侧各建筑物的墙壁和屋顶，多数使用了金属材料和无机材料。西侧虽然木材使用量上占了约24%，但街道两侧合起来评价，还是以水泥、灰浆等无机材料居多。历史性景观的维系情况并不好（图2.52）。

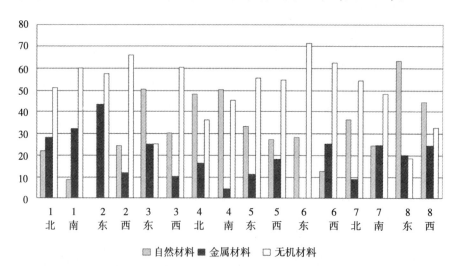

图 2.52　真壁町各主要道路材料使用状况统计①

①　[日] 苅谷勇雅、林良彦、下間久美子、西山和宏编：《日本の町並み調査報告書集成20（関東地方の町並み3）》，海路书院2007年版，第93页。其中，1代表仲町路；2代表公民馆前路；3代表阵屋前路；4代表上下宿路；5代表见目路；6代表新宿上横町路；7代表新宿路；8代表樱井路。

4. 周边景观

如果历史街区周边存在有特色的景观资源，那么也会在现状景观分析中对其有所涉及。

例如在真壁町的"传统建造物群保存对策调查"中，由于真壁町所处地理位置的特殊性，调查人员就地段街道空间和周边山体景观的相互关系这一调查研究视角展开了现场踏勘，并在总平面图上进行了视线和山体景观的现状关系分析。真壁町周边的山体景观是地段景观的重要组成部分。构成筑波山系的各个山体由北至东再至南彼此相连，环绕真壁町（图2.53）。从真壁町内的道路上行走并眺望这些

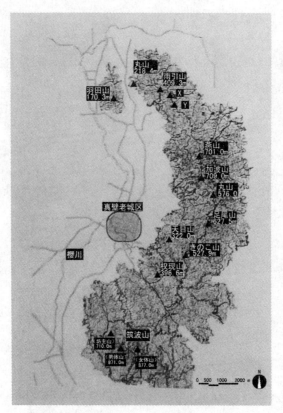

图2.53　真壁町与周边山体的位置关系①

---

① ［日］苅谷勇雅、林良彦、下間久美子、西山和宏编：《日本の町並み調査報告書集成20（関東地方の町並み3)》，海路书院2007年版，第84页。

山体时，会因所处街道位置不同而展现出不同特色的山体景观。调查研究中，以地段内的主要道路作为调查研究实施场所，让调查员在各条街道上行走并远眺群山，将所看的结果在总平面图上记录下来，记录的要点包括：街道上的哪些位置可以眺望多座山体；街道上行走时可以看见山体的路段范围；街道上哪些范围可以看见山顶。通过此分析把握街道空间和山体的视觉联系（图2.54）。这些街道路段或街道中的位置点成为维持山体景观不可忽视的注意点，为今后不破坏山体景观，而控制这些路段内和位置点附近建造物高度、体量等提供了参考依据。

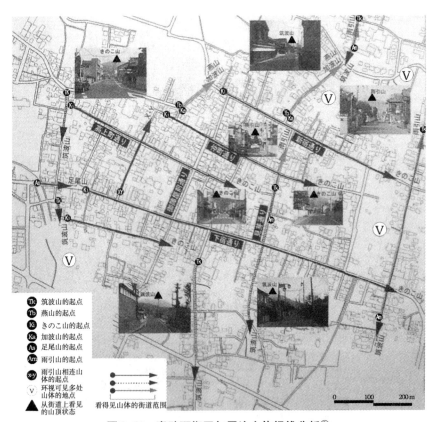

图2.54　真壁町街区与周边山体视线分析①

————————

① ［日］苅谷勇雅、林良彦、下間久美子、西山和宏编：《日本の町並み調査報告書集成20（関東地方の町並み3）》，海路书院2007年版，第85页。

5. 保护前后对比

日本的"传统建造物群保存对策调查"中，就街道景观中的若干问题常常会通过对景观保护前后对比的方式进行分析判断。对于保护后的景观假想状态一般会利用电脑虚拟技术进行三维模拟。通过现状和虚拟实景的对比，对现状景观中存在的问题及可能的解决方案进行分析总结（图2.55）。

总之，日本的"传统建造物群保存对策调查"中，景观调查研究部分的现状景观分析主要是站在整体的视角对地段的景观现状作出评判。它不只分析现状景观中的问题，还要求发现现状景观中的优势。景观调查研究是为了将来的保护中，景观向维持历史性、整体性和连续性的方向发展，发扬优势的同时纠正不足提供客观而详实的依据。

上图　传统建造物的现状
下图　除去建造物前电线杆后的模拟图
模拟评价：清晰展示传统建造物的全体容貌，提供人知其文化价值的更佳线索。

上图　街区现状
下图　用木质块状墙板替换原有墙面后的模拟图
模拟评价：一方面可提升传统建造物的景观价值。另外，也起到遮蔽背后非传统建造物形态的效果。

上图　传统建造物的商店
下图　变更屋外广告牌的位置和形状后的模拟图
模拟评价：除去路灯上的广告，在建造物的披檐上方安置木质广告牌，能引导景观一体感的形成。

上图　街区的现状
下图　假想多层集合住宅建设后的模拟图
模拟评价：街区的统一感被破坏，也阻碍了对山体的远眺。将来的保护条例中要求对建筑物高度进行限制。

图2.55　"真壁町传统建造物群保存对策调查"景观保护模拟①

① ［日］苅谷勇雅、林良彦、下間久美子、西山和宏编：《日本の町並み調査报告书集成20（関東地方の町並み3）》，海路书院2007年版，第192—193页。

四　社会调查研究——地段和地段社会间关系

这一部分的调查研究主要是通过召开公听会、访谈记录和问卷调查等方式，明晰地段和地区社会间的关系。社会调查研究一般包含两点内容：地段保护方面已有的成果，地段居住者的意识状态（部分调查研究还加入了来访者，如游客的意识调查）。社会调查研究开展时需就调查研究的意义、地段保护的意义对居民给予充分说明，得到他们的合作。"传统建造物群保存对策调查"中常结合社会调查研究召开讨论会、研究会等，让专家、行政人员和居民之间交流信息、交换意见。

图2.56、图2.57为社会调查研究中的一般性内容分层级框架和对应于各个内容所使用的主要调查研究方法和主要调查研究目的。

（一）已有保护成果调查研究

"已有保护成果"调查研究是要通过召开和地段已有社区营建活动、保护活动相关联的主要人物的公听会来掌握保护相关的行政部门、市民组织的资料，掌握已经开展的社区营建活动、地段保护活动的内容并进行整理记录。依据活动内容分析社区营建、地段保护的基本动向，分析判断在社区建设、地段保护方面的成熟度，以及对于地段保护方面政府和居民的认知度。因为此项调查研究带有明显的个体差异，所以常依据被调查研究"传统建造物群"的自身情况而设定符合其自身情况的更为深入的内容。

以真壁町为例，此项调查研究主要从以下四方面进行深入：①真壁町历史民俗资料馆的相关信息（建设渊源、开馆及运营、各展览活动开展状况）；②真壁町史编事业（类似于我国的地方志编写工作）进展；③真壁城遗址改造工程；④各种市民组织的相关信息（发起渊源、活动开展状况、今后计划）。通过对上述四方面的深入调查研究发现，真壁町内以历史街区为核心开展的活动、事业是非常丰富多彩

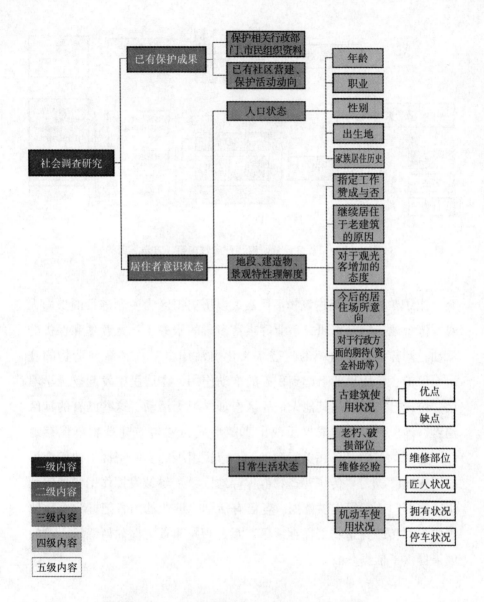

图 2.56　"社会调查研究"一般性内容分层级框架

的。如历史民俗资料馆以居民身边的事物为内容，一年举行三到四次的历史、民俗展；真壁城遗址改造完成后，作为中小学生的学习场所，在每年 8—10 月开设真壁城历史讲座。同时也有为观光、参观学习、视察等服务的常设项目；作为町内市民组织之一的"发现真壁

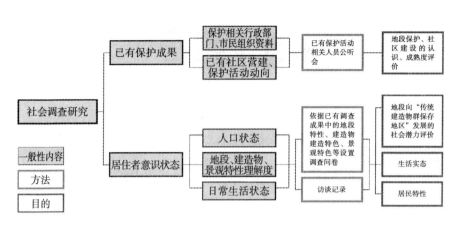

图 2.57 "社会调查研究"一般性内容、方法、目的

会"组织策划的传统建筑物活用展、以历史街区为主题进行的摄影大赛、传统建造物调查研究事业等丰富多彩的服务于社区营建和保护的活动；同样是市民组织的"登录文化财活用会"在传统建造物的登录、保护、活用事业上起到积极的推动作用，在居民中发起登录学习会、讨论会，并前往其他先进地区参观学习等活动。这些已有的社区建设、地段保护上的成果反映出真壁町成为"传统建造物群保存地区"时机的成熟。各相关行政部门、市民组织的实态把握为他们今后能否在地段成为"传统建造物群保存地区"后继续发挥作用和如何利用这些部门、组织提供依据。各已有活动、事业的内容把握为今后地段成为"传统建造物群保存地区"后，保护事业方向如何继承之前的成果提供了依据。

（二）居住者意识状态调查研究

就"居住者意识状态"这一内容，需要从以下三方面展开调查研究：①把握历史街区居住者的人口状态；②依据到目前为止的调查研究内容和结果，对已经比较清楚的地段特性、建造物建造特色、景观特色的理解度、依恋度向被调查研究历史街区内的居住者（包括营业者）展开问卷调查或访谈调查；③就历史街区内居住者（包括营业者）的日常生活状态展开问卷调查或访谈调查，把握居住者实际生活质量的好与坏。有些调查还对地段周边的居民也实施了"居住者意识状态"这项调查研究。

上述"居住者意识状态"调查研究所包含的三点分项内容，即人口状态，地段、建造物、景观特性理解度，日常生活状态，在"传统建造物群保存对策调查"的实际实施中，又会根据地段的实际需要而设定出各分项内容下的更为详尽的内容项。下面就这三点内容展开阐述。

1. 人口状态

居住者人口状态这项内容最常见的分项内容包括：居住者年龄、职业、性别、出生地、家族居住历史等（图2.58）。通过人口状态的调查研究可以初步把握历史街区中居住者的基本属性，掌握地段老龄化程度、经济收入程度、原住居民保有程度等多方面的信息，从而提炼出地段居住者人口构成上的特点，为后续两方面调查研究以及今后保护措施的制定提供基本依据。

如在日本茨城县真壁町的"传统建造物群保存对策调查"中，就居住者年龄、职业等问题进行了问卷调查（表2.19）。

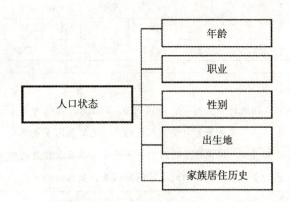

图2.58　人口状态调查项内容框架

表 2.19 真壁町"传统建造物群保存对策调查"中"人口状态"问卷调查及结果①

表 2.19 - 1　　　　　　　　"人口状态"——居住者年龄

登录状况 ＼ 年龄	70 岁以上	年过 60 岁	年过 50 岁	年过 40 岁以上	未满 40	无回答
登录/31 人	12	7	7	2	1	2
	38.7%	22.6%	22.6%	6.5%	3.2%	6.5%
非登录/32 人	16	8	4	3	0	1
	50.0%	25%	12.5%	9.4%	0%	3.1%
合计/63 人	28	15	11	5	1	3
	44.4%	23.8%	17.5%	7.9%	1.6%	4.8%

表 2.19 - 2　　　　　　　　"人口状态"——回答者职业

登录状况 ＼ 职业	商工观光业自营业者	民宿旅馆	农林渔业	公司职员	公务员	无职业	其他	无回答
登录/31 人	10	2	4	3	0	6	4	2
	32.3%	6.5%	12.9%	9.7%	0%	19.4%	12.9%	6.5%
非登录/32 人	13	0	0	3	1	11	1	3
	40.6%	0%	0%	9.4%	3.1%	34.4%	3.1%	9.4%
合计/63 人	23	2	4	6	1	17	5	5
	36.5%	3.2%	6.3%	9.5%	1.6%	27%	7.9%	7.9%

调查研究结果：

通过调查问卷的统计数据可知，地段内 60 岁以上的居住者占了 7 成。职业方面也以商业、手工业、观光业等自营业人员居多。无职业人员也不少。所以对一个人口老龄化程度高、收入稳定性差的历史街区而言，在保护措施的制定时不得不考虑地段保护上的资金问题、老龄者的生活问题以及产业振兴的问题。

① ［日］苅谷勇雅、林良彦、下間久美子、西山和宏编：《日本の町並み調査報告書集成 20（関東地方の町並み3)》，海路书院 2007 年版，第 183 页。

2. 地段、建造物、景观特性理解度

对地段、建造物、景观特性理解度这项内容常见的分项内容包括：①对于指定工作赞成与否；②继续居住于老建筑的原因；③对于观光客增加的态度；④今后的居住场所意向；⑤对于行政方面的期待等（图 2.59）。居住者对于"传统建造物群"特性的认知理解有助于掌握居住者对于地段保护的态度。也为发挥人的能动性制定出"以人为本"的保护策略提供了依据。

表 2.20 为真壁町的"传统建造物群保存对策调查"中针对地段、建造物、景观特性理解度这一内容的各分项内容的问卷统计表及分析结果。

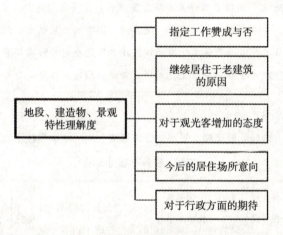

图 2.59　地段、建造物、景观特性理解度内容框架

表 2.20　真壁町"传统建造物群保存对策调查"中"地段、建造物、景观特性理解度"问卷调查及结果。①

---

① ［日］苅谷勇雅、林良彦、下間久美子、西山和宏编：《日本の町並み調查報告書集成 20（関東地方の町並み3）》，海路书院 2007 年版，第 184—186 页。

表 2.20-1 "地段、建造物、景观特性理解度"——"传统建造物群保存地区"
指定工作赞成与否

登录状况 / 对于指定	非常赞成	赞成	基本赞成	随便	略微反对	反对	非常反对	弃权
登录/31 人	11	9	4	5	1	0	0	1
	35.5%	29%	12.9%	16.1%	3.2%	0%	0%	3.2%

注：（只调查研究了登录文化财的所有者）

调查研究结果：

　　关于指定工作赞成与否的问卷调查中，回答者中有77.4%都表示出不同程度的赞成，所以对于指定工作，居住者整体表现出积极的态度。可见在真壁町，"传统建造物群保存地区"的指定工作是有群众基础的，是值得推进的。（作者注：因为回答者中没有未登录文化财的所有者，使得问卷调查的结果带有局限性。笔者认为可能是因为在日本，成为登录文化财的建造物在地区指定工作实现后，建设行为受到诸多限制，所以才重点对登录文化财所有者施以指定工作赞成与否的问卷调查。）

表 2.20-2 "地段、建造物、景观特性理解度"——继续居住于老建筑的原因
（多选，最多不超过3项）

登录状况 / 意见	常年居住于此产生的爱恋	喜欢过去样式的建筑物	不知道为什么	因为是从长辈那里继承而来的建筑物	家庭成员的希望	已经新建/改建好了	因为钱的原因而无法改建	租的房子	作为店铺，传统的样式更加有利	其他
登录/28 人	50	32.1	10.7	82.1	14.3	7.1	17.9	0	14.3	0
非登录/28 人	28.6	17.9	25	64.3	7.1	21.4	17.9	0	3.6	7.1
合计/56 人	39.3	25	17.9	73.2	10.7	14.3	17.9	0	8.9	3.6

单位:%

调查研究结果：

　　对于继续居住于老建筑的原因这一问题统计发现，就登录文化财的所有者而言，回答"常年居住于此产生的爱恋"、"喜欢过去样式的建筑物"、"因为是从长辈那里继承而来的建筑物"的人数居多，显示出了对于自宅的强烈爱恋。"因为钱的原因而无法改建"的回答者也不少。因此今后的保护，行政方面合理的资金补助是不可缺少的，否则将无法使建造物得到有力的保护。

表 2.20 - 3　　　"地段、建造物、景观特性理解度"——对于观光客增加的态度

意见 登录状况	是对地段的活力激 发有益处的好事	没怎么想过	没有用 （不能忍受）	不太喜欢	对生活产生 影响而反对	其他
登录/31 人	80.6	12.9	12.9	0	6.5	3.2
非登录/29 人	72.4	24.1	6.9	3.4	6.9	3.4
合计/60 人	76.7	18.3	10	1.7	6.7	3.3

单位:%

注：（只调查研究了机动车拥有者）

调查研究结果：

　　对观光客增加一事所持态度的调查研究结果发现，无论是否为登录文化财，"是对地段的活力激发有益处的好事"的回答者很多。说明大家对于今后地段发展旅游业一事基本是不反对的。不过从事与旅游业无关联职业的居住者意见为："没有用"、"对生活产生影响而反对"的人也有少量存在，所以在今后的保护中，虽然是少数人的意见，也不可忽视。对于旅游发展的强度问题要审慎对待。

表 2.20 - 4　　　"地段、建造物、景观特性理解度"——今后的居住场所意向

部位 登录状况	原有宅基地			别的宅基地		其他	
	维持现状	想增建	想改建	本地段内的 其他地方	其他地段	无回答	已经住在别 的地方了
登录/31 人	54.8	19.4	3.2	0	0	12.9	9.7
非登录/32 人	71.9	0	15.6	3.1	3.1	6.3	0
合计/63 人	63.5	9.5	9.5	1.6	1.6	9.5	4.8

单位:%

调查研究结果：

上述统计表显示就居住者整体而言，想继续留在现有自宅中的居住者还是占多数的。回答"在原有宅基地内维持现状"的居民中，登录文化财所有者有5成。非登录文化财者有7成。这主要是因为非登录文化财者多数已经将自家住宅改建过了。而登录文化财因为增改建需要申请获得行政许可的缘故，所以改建的相对较少。而今后的保护中，在不破坏街区景观的前提下，有必要加强对登录文化财的增改建工作。另外，就登录文化财所有者约两成多希望增建，而非登录文化财所有者也有约两成希望改建的问卷调查结果也需要引起重视。

表2.20－5　　"地段、建造物、景观特性理解度"——对于行政方面的期待

登录状况 ＼ 对于行政方面的期待	有		没有	无回答
	建筑物老朽，必要的改建修理补助	其他		
登录/31人	13	5	7	6
	41.9%	16.1%	22.6%	19.4%

调查研究结果：

对于行政方面的期待，回答"有"的占6成，其中过半数是为了维持建筑物而希望获得增改建等的费用补助。希望能够从行政方面得到与登录文化财相称的保护修理的样本提示，修理匠人的介绍等的居住者也不少。

3. 日常生活状态

对和地段、建造物、景观相关联的居住者的日常生活状态这一内容的把握，社会调查研究中最常见的是从四点分项内容进行把握：①古建筑使用状况；②老朽、破损部位有无；③过去的维修经验的有无；④机动车的使用状况（图2.60）。此项内容的调查研究主要是为了掌握居住者的实际生活状态，期望从中找到今后具体保护措施制定的切实依据，避免设计人员盲目的、主观的设计，体现了传统建造物群保护中"以人为本"的宗旨。下面以真壁町"传统建造物群保存对策调查"中上述各分项内容的问卷统计表及分析结果来详细阐述（表2.21）。

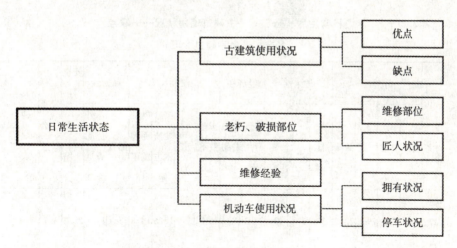

图2.60　日常生活状态内容框架

表2.21　真壁町"传统建造物群保存对策调查"中"日常生活
状态"问卷调查及结果。[1]

表2.21－1　　"日常生活状态"——古建筑使用状况——优点

（多选，最多不超过5项）

优点评价\登录状况	舒适性		健康性			便利性			心理性					安全性	
	夏凉	冬暖	向阳	通风换气	没湿气	室内空间大	收纳空间大	用惯了	很美	有趣	惬意	充满爱恋	充满敬慕	耐自然灾害	其他
登录/28人	71.4	10.7	10.7	32.1	7.1	32.1	17.9	14.3	17.9	67.9	35.7	53.6	71.4	7.1	3.6
非登录/29人	51.7	6.9	24.1	31.0	6.9	24.1	0	31	3.4	34.5	27.6	44.8	31	3.4	6.9
合计/57人	61.4	8.8	17.5	31.6	7.00	28.1	8.8	22.8	10.5	50.9	31.6	49.1	50.9	5.3	5.3

单位：%

---

① ［日］苅谷勇雅、林良彦、下間久美子、西山和宏编：《日本の町並み調査報告書集成
20（関東地方の町並み3）》，海路书院2007年版，第184—186页。

表2.21－2　　"日常生活状态"——古建筑使用状况——缺点

（多选，最多不超过5项）

缺点评价 / 登录状况	舒适性				健康性			经济性		便利性					私密性		安全性	没有什么缺点	其他缺点
	夏热	冬寒	昏暗	漏雨	缺日照	通风换气	有湿气	修理费用大	光热费用大	房间数不够	厨房小	浴室便所不方便	席地而坐的不便	漏音	从外面能看见内部	老朽化		
登录 27人	3.7	51.9	29.6	22.2	37	7.4	0	33.3	18.5	7.4	11.1	18.5	14.8	11.1	11.1	22.2	3.7	7.4
非登录 26人	11.5	46.2	53.8	23.1	26.9	3.8	3.8	3.8	7.7	3.8	15.4	7.7	19.2	11.5	15.4	11.5	0	7.7
合计 53人	7.5	49.1	41.5	22.6	32.1	5.7	1.9	18.9	13.2	5.7	13.2	13.2	17	11.3	13.2	17	1.9	7.5

单位:%

调查研究结果：

夏季凉爽、通风换气性好是居住者对真壁町内老建筑功能性方面给出的好的评价；趣味性、惬意、爱恋心、敬慕心等心理侧面的好评比例也很高。这种评价的倾向，登录文化财的所有者比非登录文化财的所有者表现的更高；"舒适性"方面的问题则表现在冬天寒冷，较昏暗等方面，"健康性"方面的日照不够等都是很难和老建筑分开的缺点，因此有此共识的居住者不少，反映出建筑物需要修缮这一实际问题；漏水、老朽化现象更甚。但对修缮等带来的费用支出会感到压力的居住者也不在少数，特别是对登录文化财的所有者而言，这种倾向更加明显。所以保护中的修缮资金问题，特别是对登录文化财的补助仍是不得不考虑的方面。此外，这些针对老建筑优缺点的评价，为今后建造物修缮提供了不可缺少的设计依据，例如，维修时要特别重视补漏工作，在建造物的物理性能上，须尽可能地改善冬季的采暖问题。

表 2.21 – 3 "日常生活状态"——老朽、破损部位（多选）

部位 建造物类别	屋顶 （含屋架）	外墙	内墙	柱子	地板 （含床组）	排水设备 （雨棚等）	门窗
店铺/31 人	85	40	10	5	20	40	10
纯住宅/26 人	60.9	52.2	21.7	4.3	26.1	26.1	13
仓房/19 人	56.3	56.3	18.8	0	12.5	37.5	6.3

单位:%

表 2.21 – 4 "日常生活状态"——维修记录（多选）

部位 建造物类别	屋顶 （含屋架）	外墙	内墙	柱子	地板 （含床组）	排水设备 （雨棚等）	门窗
店铺/31 人	64.5	51.6	41.9	22.6	32.3	32.3	25.8
纯住宅/26 人	69.2	57.7	38.5	19.2	42.3	46.2	30.8
仓房/19 人	73.7	57.9	31.6	15.8	31.6	15.8	15.8

单位:%

调查研究结果：

　　就老朽、破损部位的调查研究统计发现，店铺、住宅、仓库等各类建造物的共通点是，屋顶、外墙、雨水管等排水设备、床组腐朽、破损最多。同样的，有维修记录的建筑部位也以屋顶、外墙、雨水管等排水设备、床组居多。对建造物的结构补强，是老建造物长期维持下去不可缺少的保障，也是居住者生活环境维系、地段可持续发展不可缺少的要求。因此，在今后的保护中，应该参照上述易腐朽破损部位，由专家、行政方面人员进行现场确认。其他未修缮的历史建造物的腐朽破损部位，也应及时对其进行整修。

表 2.21 – 5 "日常生活状态"——机动车的拥有状况

拥有状况 登录状况	拥有			无	无回答
	1 辆	2 辆	3 辆以上		
登录/31 人	16.1	19.4	54.8	3.2	6.5
非登录/32 人	25	21.9	40.6	9.4	3.1
合计/63 人	20.6	20.6	47.6	6.3	4.8

单位:%

表 2.21 - 6 　　　　　　　"日常生活状态"——停车状况

停车场 登录状况	自家宅基地内	借用他人用地		无	无回答
		他人的宅基地	私营停车场市营停车场		
登录/28 人	82.1	3.6	7.1	7.1	0
非登录/28 人	82.1	10.7	3.6	0	3.6
合计/56 人	82.1	7.1	5.4	3.6	1.8

单位:%

> 调查研究结果:
>
> 　　对于机动车的拥有状况显示,约9成的居民有私家车,大约4成有3辆以上的私家车。另外,在有车的家庭中,8成以上在自己的宅基地内有停车场。仅一成是使用借用停车场的,如一些市营或私营的停车场。所以该地段的汽车化程度很高,道路、停车等配套设施也很完善,所以常见的步行化保护措施并不适用于该地段。保护应该从地段整体和建造物单体这两个层面尽量维系这种良性状态。譬如道路尺度,建造物布局中的车库设置等。同时,对于将来的旅游开发,也尽量减少旅游人群的进入对地段居住者道路使用时的影响。

　　在日本的"传统建造物群保存对策调查"中,对那些已作为观光地、接纳了一定量外来客人的历史街区而言,对于访客特别是游客的问卷调查也一样受到密切关注。例如,将对于地段居住者而言是重要的景观点以及希望展示魅力的地方,和与此相对应的,实际游客们所欣赏的地方进行综合性比较分析,这种分析对于地区将来保护方针的制定是非常重要的参考。

　　值得注意的是,对于居住者而言,因为不了解"传统建造物群保存地区"制度的人很多。所以在日本,和真壁町的问卷设置不同,专家在调查问卷问题的设计上,一般会尽可能避免设置如"对于地区指定工作是赞成还是反对"这样一类过于直接的问题。"传统建造物群保存对策调查"中一般只要对地段特性、建造物建造特色、景观特色的理解度和依恋度,以及日常生活状态等内容进行调查研究,就可以通过分析,较为客观的评判出居民对地段保护、社区建设的认知度、成熟度怎样,评判出街区向"传统建造物群保存地区",乃至"重要传统建造物群保存地区"发展的社会潜力如何。往往这些具体的问题反而比直接询问居民赞成还是反对来的更有价值。日本"传统建造物群保存对策调查"社会调查研究中较为详细的调查问卷设计见附件三中的案例示意。

五 保护规划初步方案制定——地段保护构想

在日本，如果是市町村指定为"传统建造物群保存地区"的场所，其保护规划是通过其所在地的教育委员会在宣布这一决定时以通告的形式表达出来。通告一般由保护基本方针、保护建造物（得到居住者同意，今后的建设行为要受到一定的约束限制的，将来需要正式落实保护措施的传统建造物。它往往包括调查研究中抽出的传统建造物全部）和环境物件（传统环境要素中被抽出作为今后真正落实保护措施的要素）的确定、建造物的保护规划、保存地区的环境改造规划、对建造物所有者的补助措施等内容构成。这些都是将来具体落实保护措施之前必须首先明确的事项。

在"传统建造物群保存对策调查"中，如果有关上述这些内容的初步方案能够被先期讨论研究的话，那么调查研究结束后，针对地区指定的居民方面的说明工作、行政内部的调整工作、修理修景基准的细致深入工作等都将更加易于进行。基于此，当前日本"传统建造物群保存对策调查"中，保护规划初步方案的讨论研究成为一项必不可少的内容。

"传统建造物群保存对策调查"在其制度形成之初，保护规划初步方案的讨论研究工作是调查结束后由市町村下属教育委员会另行组织开展的。此项内容在"传统建造物群保存对策调查"中一般不被重视，少有提及。可是逐渐的，为了在调查实施后能更快地进行"传统建造物群保存地区"的指定工作和"重要传统建造物群保存地区"的选定工作，相关人员逐渐认识到其实在调查研究的同时，结合调查研究成果进行初步方案的讨论研究是不可缺少的，也是相当有效的。最

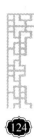

近日本实施的"传统建造物群保存对策调查"中对保护规划初步方案的讨论工作注入了相当的精力，几乎每一个"传统建造物群保存对策调查"都设置了这项内容。

参照上述正式保护规划包含的内容，"传统建造物群保存对策调查"的保护规划初步方案，一般围绕着以下几点展开：①保存地区的预设定；②对于保护建造物、环境物件抽选方针的讨论以及具体抽出；③成为"传统建造物群保存地区"后现状变更行为需遵循的许可基准方案的制定；④对于"修理"、"修景"基准初步方案的研究制定；⑤"修理"、"修景"事业上资金补助标准初案的讨论制定；⑥展示设施、指南设施、交流设施等保护相关设施的规划初案编制；⑦地区综合性防灾设施的规划初案编制；⑧道路和桥梁等公共设施的规划初案编制等。

值得指出的是，日本将"传统建造物群保存对策调查"视为严谨的学术调查研究。所以在保护规划的初步方案构想上，由于并不是对将来实际操作的绝对性规定，因此调查研究报告书的此部分内容，在现实的基础上加入了更多的理想化内容。

图2.61为保护规划初步方案制定中的一般性内容和对应于各个内容所使用的主要调查研究方法和主要调查研究目的。

实际操作中，每项"传统建造物群保存对策调查"又会根据被调查研究"传统建造物群"自身特色和前期调查研究中已取得的成果而有所差异。初步方案往往在上述一般性内容中，选择与调查研究地段自身特色相符的，将来保护规划正式编制时最应首先考虑的内容，而并不要求盲目的面面俱到。例如，真壁町的"传统建造物群保存对策调查"中主要是从保存地区设定，景观保全，建造物的修理、修景这三方面内容来对将来保护规划提出初步方案设想的。

首先，在保存地区设定这一内容上，真壁町"传统建造物群保存对策调查"中结合已有调查研究成果明确提出地区设定时应该考虑的条件、地区设定的方针、地区初步设定方案这三方面内容。

地区设定时，必须考虑的条件有以下三个。

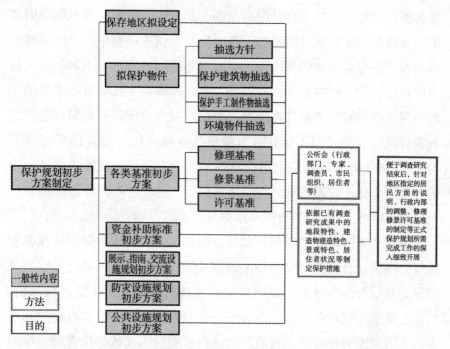

图 2.61　"保护规划初步方案制定"一般性内容、方法、目的

　　第一个条件是各种各样的历史资源以什么样的状态存在着。就真壁町传统建筑物的分布而言，虽然并非没有若干传统建筑物集中分布的地区，但密度较高的区域范围并不大，整体而言传统建筑物的分布较为零散。但从历史性景观营建这一点上看，与其说建筑物的高密度分布营造出历史性景观，不如说除建造物之外的其他历史资源与建造物的共同组合才营造出地段内丰富的历史性景观。例如，地段外部的真壁城遗址，周边的山体资源，地段内的参天古木，地段路边残留的和人们信仰相关的石佛石塔等。因此，一方面，对于建筑物的控制应该避免大型新建筑的出现；另一方面，更重要的是对于上述多样丰富的历史资源，都应该避免对它们进行大规模的破坏。所以在地区设定上不得不考虑这多样性的历史资源在町内外的存在状态。也就是说，为了维持和营造地段整体的景观魅力，应将包含这些历史资源的大范围的景观划定为保存地区才更加合适。

　　第二个条件是对由上述各类景观资源构成的地段整体而言，在将

来的保护工作中，应该将其保持在哪个具体历史时期，体现哪个时期的风貌特色是需要加以明确的。在地段历史调查研究中，已经明确现在的真壁町带有历史的多面性。它起源于战国时期的城下町，进入江户时代后，依不同的时期，又以城下町、阵屋町、在乡町等不同的个性出现，明治时代之后又发展为一个商业城市。所以调查研究委员会和调查员团队都希望不应该将真壁町仅仅视为如"近世的阵屋町"、"江户的城下町"这些特定历史时间的地段来定位，而希望将该地段的复杂历史变迁过程作为一个整体来进行一种软性的评价，希望对15世纪至20世纪的悠长历史的多层叠加状态进行划定。

第三个条件是真壁町到目前为止的社区营建、地段保护的渊源和关联。根据社会调查研究的相关内容可知真壁町的社区营建是以登录有形文化财制度为基础，试图将很多建造物登录为文化财进行保护。当前，登录文化财的数量达104栋。这个数量在日本的市町村中属于多的，可以说真壁町所在行政机构进行了相当积极的保护管理，保护机制也相对成熟。但这些登录文化财并不只是分布于真壁町内，而是分散在町内外一个较为广泛的范围。而继登录之后的保护政策是力争将真壁町的旧城区部分申报为国家的"重要传统建造物群保存地区"。所以在保存地区设定时，如果采用不把全部的登录文化财包括进来的形式，则对于这些登录文化财在今后的保护中，不因其是否处于"传统建造物群保存地区"内而施行同样的保护政策就显得非常必要，这是对既有社区营建机制的积极维持的最基本方式。所以对未划入"传统建造物群保存地区"内的登录文化财在保护中共同考虑将会更加适合。

在上述条件支配下，初步方案将地区设定的方针拟定为：应实行两个阶段的保护，①将大范围的景观划为保存地区；②对较小范围地区的保护建造物、环境物件等进行重点保护。拟设定的大范围的景观保存地区范围如图2.62所示。

其次，是景观保存的规划初步方案。调查研究报告书中明确指出，为了实现景观保存就必须在将来的保护规划中引入具有限制性或

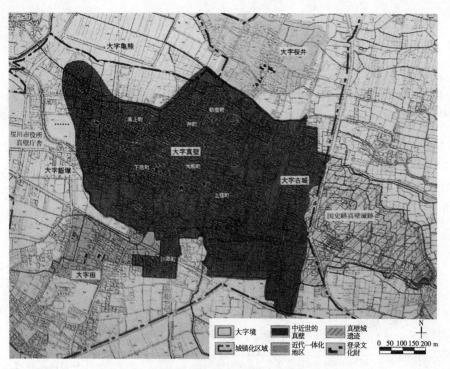

图 2.62　真壁町景观保存地区设定初步方案①

引导性的规范。在景观保存的初步构想中列举出如下一些可以为将来所用的保护手法：①将影响传统景观风貌的景观要素去除。例如将电线杆、电线等去除。地段的现状是沿路一定间隔设立电线杆。将其去除后，可以增加街道的开放性，使建造物的外观得以更好展现，对周边山体的视线也变得更加开阔了。②谋求景观协调的手法。例如，沿路的手工制作物，门、围墙统一性的维系。虽然说完全相同的设计是不现实的，但是都统一使用木材、石材等天然材料，立面高度上要确保基本一致这些大原则如果可以制定的话，那么既不排斥多样性的设计，也可以有一些背后共有的限制性规则来维系风貌的整体性。再例如道路边的一些对景观产生不利影响的局部空地或停车场，可考虑沿

---

① ［日］苅谷勇雅、林良彦、下間久美子、西山和宏编：《日本の町並み调查报告书集成20（关东地方の町並み3)》，海路书院 2007 年版，第 191 页。

路设置围墙来保证沿街景观的连续性，从而获得景观整体的协调。③纠正混乱景观要素的手法。例如屋外广告、招牌等的整齐序列化。对其材料、位置、大小、设计样式方面规范化，以和历史街区相协调。

最后，在传统建造物修理修景的大方向上，结合前述调查研究成果，阐明其必要性和初步的原则。表2.22为修理、修景基准的初步方案。

表2.22　真壁町"传统建造物群保存对策调查"中制定的修理修景基准的初步方案①

		修景基准 （建造面向道路，且对历史景观营造作出贡献的建造物的场合）	修理基准 （修理传统建造物的场合）
建筑物	位置、规模	建筑物的位置和规模，应尽可能地跟随传统建造物。特别沿道路侧的墙面，要谋求墙面线的上下整齐、协调	对于传统建造物，主要是其外观的维持或是恢复。对于保留了原有传统特征的地方，进行维持现状的修理。对于被改变的地方，要依据历史痕迹、文献史料，或真壁町内同类型的传统建造物进行复原性的修理
	高度	和周围的建造物等相对照，谋求地段的整体性和连续性	
	结构	继承传统施工方法的传统建造方式为最基本原则	
	样式 屋顶	两个方向的坡屋顶，一个方向要朝向道路侧。屋顶瓦用黑色或深灰色的日本瓦进行栈瓦②顶铺设	
	屋檐、披檐	和周围的传统建造物相协调，保持连续性	
	外墙、窗	白色灰浆、墙下包板等传统的建造样式为基本，原则上要和历史景观相协调	
	色彩	基本原则为不用上色，以材料色为基调，和地段相协调	
	门窗	和传统样式相接近。外部看得见的部分，原则上要使用木质的推拉移门，或者是格子门	
	建筑设备的位置及形态	非传统样式的设备尽量不要外露。不得已的情况下，可以用格子板等将其遮掩起来	

---

① ［日］苅谷勇雅、林良彦、下间久美子、西山和宏编：《日本の町並み調查报告书集成20（関東地方の町並み3）》，海路书院2007年版，第195页。

② 方形，横断面为波形的瓦。

续表

		修景基准 （建造面向道路，且对历史景观营造作出贡献的 建造物的场合）	修理基准 （修理传统建 造物的场合）
手工制作物	位置、规模	位置、规模尽可能和传统样式接近	原则上，采用维持现状的修理，或是进行复原性的修理
	结构、高度	结构、高度上保持传统样式，做到和历史相协调	
	形式、样式、色彩	和道路景观相协调	

　　为了配合修理、修景基准的初步方案，就传统建筑物的细部也给出了将来设计上的参考点：当前，真壁町现存的传统建造物有 304 栋。调查研究发现这些建造物由于老朽、空置等原因每年都在不停地减少。现存的这些建造物中，使用洋铁皮等新材料，或用自然材料但用非传统样式进行修缮的很多，原有的建筑风貌遭到了破坏。

　　报告书对于建筑细部设计的总结可以作为今后修理、修景时的基础资料。通过先前的调查研究可以发现，真壁传统建筑物的外观构成要素，大致可以分为屋脊①、屋顶、二层立面、披檐、一层立面这五个部分（图 2.63）。所以在今后的修理修景中，可以在外观的设计细节上参考这五部分的常见细节处理。例如在真壁町大多数建筑物第二层，设通长长窗的居多，而且窗户的两侧基本都设置户袋②。再例如就披檐来说，露出垂木（相当于我国传统建筑屋顶中的檩条）的形式最为常见（图 2.64、图 2.65）。

---

　　① 屋脊在日文中称为"栋"，它包括"栋"、"影盛"、"鬼瓦"。其中"影盛"是屋脊装饰的一种。它位于屋脊结束的端部，在鬼瓦的后面。"影盛"由数层灰浆砌筑而成，一般有 30 厘米厚；"鬼瓦"类似于中国的兽面瓦。兽面瓦是安装在屋顶四角（屋脊头）、上有兽面花纹的瓦，常见于东亚传统建筑，又称鬼瓦、鬼脸板、兽头瓦。古人相信它有辟邪、除灾的作用。在中国，兽面脊头瓦常见于唐代及之前的建筑，宋代以后逐渐减少使用。日本则一直普遍使用。日本江户时代以后，"鬼瓦"开始加入家族纹路及为了祈求防火而将水的文字图样加入，另外为了求富贵加入宝珠及福槌的也开始出现。
　　② 日文的"雨户"是指窗外另一层防盗、防台风的窗，有木制也有铝制，平日都收在"户袋"内，依窗户大小有两扇、四扇或六扇，甚至更多。关"雨户"时是自"户袋"内一扇一扇地拉出，往横向滑动。很多日式民宅房间的窗外都设置有"户袋"和"雨户"。

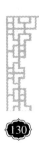

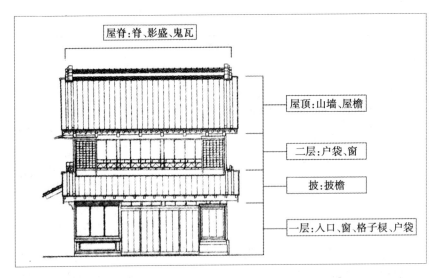

图 2.63　真壁町传统建筑物的外观构成五要素①

1. 砂石灰浆饰面的"户袋"(桥本旅馆主屋——新宿町)
2. 纵向木板饰面的"户袋"(关根家住宅店铺——新宿町)
3. "ささら子"木板样式的"户袋"(仲町休憩所——仲町)
4. 白灰浆饰面的"户袋"(三轮家住宅土藏造店铺——高上町)
5. 格子通长长窗(平井家住宅兼商店主屋——高上町)
6. 木制带格棂的玻璃窗(潮田家住宅涂屋——下宿町)
7. 白灰浆饰面的观音窗(左右对开的窗户)(中村家住宅兼土藏造商店——新宿町)

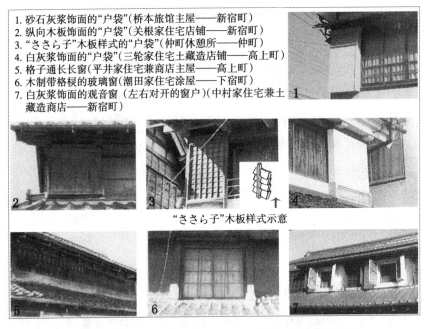

"ささら子"木板样式示意

图 2.64　真壁町传统建筑物二层"户袋"及开窗示例②

———————————

① ［日］苅谷勇雅、林良彦、下间久美子、西山和宏编:《日本の町並み調査報告書集成20（関東地方の町並み3）》，海路书院 2007 年版，第 196 页。

② 同上书，第 198 页。

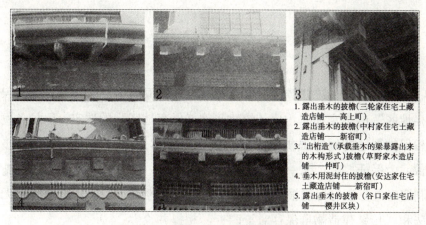

1. 露出垂木的披檐(三轮家住宅土藏造店铺——高上町)
2. 露出垂木的披檐(中村家住宅土藏造店铺——新宿町)
3. "出桁造"(承载垂木的梁暴露出来的木构形式)披檐(草野家木造店铺——仲町)
4. 垂木用泥封住的披檐(安达家住宅土藏造店铺——新宿町)
5. 露出垂木的披檐(谷口家住宅店铺——樱井区块)

图 2.65　真壁町传统建筑物披檐示例①

第四节　工作体系特点

一　成果独立把关

历史文化街区的保护有其特殊性——以现存的建(构)筑物群和既有的社会文化传承作为背景的既存事物的调查研究工作,在申报和保护规划编制中极其重要。调查研究的成果是各类保护工作开展的重要和必要依据,是需要审核鉴定其科学性后方可使用的。

日本"传统建造物群保存对策调查"的调查研究成果虽然并没有采用严格意义上的审批制度,但是因为调查研究委员会这一机构的设置,调查研究工作中居民的积极参与,使得对于调查研究的成果有了较为科学有效的把关。同时,在整个工作过程中,地方教育委员会这一政府机构接受调查研究成果汇报的过程,实质上也是一种审批的过程。此外,调查研究成果的出版是最好的接受公众监督鉴定的表现。

---

① [日]苅谷勇雅、林良彦、下間久美子、西山和宏编:《日本の町並み調查報告書集成 20(関東地方の町並み3)》,海路书院 2007 年版,第 199 页。

132

二 唯一性

日本的"传统建造物群保存对策调查"同时为"传统建造物群保存地区"的指定和"重要传统建造物群保存地区"的选定，保护条例和保护规划的制定提供依据。它成为保护体系中必不可少的首要步骤。为保证权威、统一，该调查研究具有唯一性。将来具体保护措施制定时虽然还有可能根据具体需求进行补充性调查，但其地位终究无法和"传统建造物群保存对策调查"相提并论。

三 学科综合性

日本"传统建造物群保存对策调查"中，体现在调查研究工作的监督者和实施者两个层面的学科综合性值得我国学习借鉴。特别是某些学科在资料分析处理上的优势地位值得推崇。以日本的社会工学为例，它是依靠理工学的方法（如分析的、数理的、计量的等方法）阐明社会问题的学科，所以成为调查中一个重要的学科支持。

在书中第三章有关我国历史文化街区保护调查研究工作现状的陈述中，可以发现我国历史文化遗产保护中的调查研究工作多由城市规划、建筑史专业的人员着手。受学科以及专业人员自身知识结构的局限，在操作中，多偏重于具体的物质资源层面，对其赖以生长的区域文化、历史传承、人地关系等都缺乏必要的关注。此外，在调查后数据资料的研究分析方法上也呈现出一定的学科弱势。当前我国建筑技术、管理学、地理学等学科在对资料的分析处理上显现出比城市规划和建筑史专业更多的优势，可以考虑在历史文化街区的调查研究工作中引入知识结构更加完善的专业机构或人士。

四　专项资金的设立

日本"传统建造物群保存对策调查"中，国家和地方政府两方面都有专项的资金支持，这是该项调查研究工作得以广泛开展不可缺少的基础条件。而我国各类调查研究工作存在一个共通的问题：专项的调查研究资金处于空缺状态。调查研究费用一般要从保护资金、设计费、课题基金中抽取，对于抽取的额度并无规定。这也是造成当前我国历史文化街区的调查研究工作无法独立有效开展的原因之一。

专项调查研究资金的设立有利于将保护的范围扩展到过去较少被注意的偏远历史街区或从主观判断上文化价值或经济价值不显著的历史街区。对于扩展保护的广度，宣传较少被注意的历史街区，提高专业人士和普通公众对它们的重视度等方面有重大意义。

五　范围的首先明确化

日本"传统建造物群保存地区"制度体现的基本观点是保护某个历史街区时，有必要提取特定时代进行评价。看其是作为"哪个时代的"、"什么类型的"的历史街区，例如"江户时代的城下町"之类。根据年代提取，选择作为街道景观标准的该年代的建筑风格，对个体建筑进行修理或修景。年代提取时的视角不同，所得的结果也将全然不同。基于这样的保护观念，"传统建造物群保存对策调查"开展之初，一般也会选择特定的年代，首先明确调查研究范围。例如前述真壁町的实例中，在现状城市布局和传统建筑物整体状况的双重视角下，调查研究人员将调查研究的主要范围划定为近代，而不是把它作为 15 世纪下半叶至 16 世纪的城下町进行范围划定。虽然这种保护观在日本被学术界提出质疑，有学者提出可以对悠长历史进行多层叠置状态的评价。① 但是就调查研究开始时的范围明确化以及今后保护规

①　［日］藤川昌树：《当前日本的历史城市保护——以茨城县樱川市真壁町为例》，载《国际城市规划》2008 年第 2 期。

划中建造物的修理、修景工作落实而言，这种明确的年代划定，也确实为调查研究工作以及将来建造物应该按照那个时代的风格特征进行改造提供了标准，有着较好的可操作性。当然，实际的调查研究工作可在年代划定的基础上进行适当扩大，通过接下来的调查研究不断精确定位街区边界。

六　内容设定系统规范

"传统建造物群保存对策调查"内容框架的设定体现出整体研究的系统论方法。

系统是由两个以上的相互联系、相互作用的部分（要素）所组成的、具有一定结构和功能的有机整体。系统论认为，世界万物皆系统。在系统论的观点指导下，历史文化街区同样可以被视为一个系统。它是由相互作用的物质要素（如建筑物、构筑物、环境要素等）和非物质要素（如历史渊源、生活民俗等）组成的，具有一定结构（社会结构和物质形态结构的综合体）和功能（居住、交通、游憩等的综合功能）的有机整体。根据系统论的观点，系统的整体性质和规律只存在于组成它的诸要素的相互联系和相互作用之中，而不等于各组成部分或要素的孤立的性质和活动规律的总和，即所谓的"整体大于部分之和"。因此，在研究系统时，必须从整体出发，立足于整体来分析部分以及部分之间的关系，再通过对部分的分析而达到对整体的深刻理解。

日本"传统建造物群保存对策调查"内容框架的设定，即体现出上述的系统论方法：将历史文化街区视为系统，立足系统整体来调查研究其中要素及要素间关系，通过对要素的调查研究更加深入地理解整体。它没有把历史文化街区的调查研究简单停留在历史文化街区的构成要素上。内容框架中的"建造物历史调查研究"、"景观调查研究——景观要素调查研究"等内容体现了从要素出发，进而把握整体的方法。而"地段历史调查研究"、"景观调查研究——现状景观分析"、"社会调查研究"等内容又体现了从各要素间的联系和作用出发，把握系统整体的方法。两方面相互联系，形成一个完整的内容整体。

总之，内容框架从时间、空间两个维度，从整体——部分和部分——整体，全面、系统地对历史文化街区进行了评价。有了这个系统全面的内容框架作为保障，今后在保护规划制定中产生各种各样疑问点的时候，就可以返回到对策调查报告书，对街区的价值原点进行重新探讨研究。那时，调查研究报告书就是不可缺少的"圣经"。

另外，内容框架也反映了日本对历史文化遗产保护的基本态度：体现于历史沿革和生活民俗调查研究中的对于街区的场所精神和空间形态联系的重视，体现于社会调查研究中的对于以人为本原则的坚持，体现于景观调查研究中的对于街区整体保护的意识。

虽然在实际操作过程中，上述内容框架会根据被调查研究对象的实际情况而作出因地制宜的调整。例如日本茨城县真壁町的"传统建造物群保存对策调查"中特别重视对景观部分的调查研究。这和真壁町所处自然地理环境（处于城市和农村的结合部，密度不高，视线较开阔，周边山体丰富）不无关系。而对日本横滨市山手洋馆群的调查研究中，则因为地处城市密集区以及较为特殊的西式建筑形式，而更多的偏重于建造物本身的调查研究。无论如何调整，规范化的内容框架总是对历史文化街区价值全面认识和深入发掘的保证，是完善历史文化街区保护制度所不可缺少的重要内容。

七 方法客观严谨

系统论认为系统方法并不是一种单一的方法，而是由许多方法融汇和综合在一起所形成的一种复合方法。它有着不同的表现形态、类型和特殊变种。最初，系统方法不过是对系统思想和系统理论的一般原则的运用，它只能对系统进行定性的研究和描述。随着系统理论的发展，人们不再满足于对系统的定性研究，对系统的定量研究越来越受到重视。于是，各种数学方法便成了系统方法的有机组成部分。特

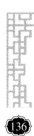

别是 20 世纪 40 年代以后，多种系统理论以常规数学、概率论、数理统计和运筹学等为工具，再加上对电子计算机的运用，形成了各种多样的对系统进行定量化研究和描述的方法。日本"传统建造物群保存对策调查"中的调查研究方法正是体现了系统方法的这一进步。这些调查研究方法结合内容框架，使调查研究工作更具操作性。

日本的"传统建造物群保存对策调查"中较少依据现场踏勘后的直接视觉感受给出较为主观的评价。其中最常采用的方法是将采集来的数据资料进行一定的数理统计分析。数理统计分析法是一种定量历史研究方法，要求将调查资料分类、整合，通过文献比较、图纸比较、统计数量比较等多种方法分析研究对象。它利用计算机软件（Exel、Spss、GIS、Photoshop、Vectorworks）对年代、距离、高度、类型、数量等多种数据进行记录、统计和对比，提供有用的解释和评价，以减少盲目臆测，使调查研究具有严密的科学性。这样的分类别、量化的统计分析方法，增加了调查研究结论的客观性。一些数值的获取也便于保护措施制定时参考。

另外，在调查研究成果的表述上，也常常采用文字结合图纸、表格和照片的方式，将多种信息形式同时呈现。例如在"景观调查研究——现状景观分析——地段划分骨架"这项内容中，对于宅基地尺度的调查研究最常采用图表化的成果表达方式，这基本已成为该项内容调查研究成果的一种规范化表达形式。（图 2.41、图 2.43—2.46）

再例如"建造物历史调查研究——传统建造物深入调查"对于深入调查获取的数十个甚至上百个建造物的信息，除了文字记述和图纸表达之外，还常常通过表格统计的办法，将部分可以表格化的信息以一览表的形式给出，以增加信息的条理和层级。例如，日本八女市教育委员会开展的"八女市福岛传统建造物群对策调查"中对于传统建筑物深入调查后完成的信息统计表代表了"传统建造物群保存对策调查"中建筑物历史调查部分常用的信息统计方式。统计表的内容包括以下几方面：所在地，所有者，投资建设者，建造年代，屋顶形式，外观，规模，平面形式，座敷样式，尺寸，细部做法，附属房屋，增改建等（见附件五）。

第三章

我国历史文化街区保护的调查研究工作现状

第一节　历史文化街区保护的现状

当前，我国历史文化街区的保护工作可以大致分为以下两种类型：一是实践型，指历史文化街区保护措施的落实。主要体现在历史文化街区称号的申报以及称号核定公布后的保护规划编制与实施等方面。二是学术型，指将保护停留在学术研究的层面。主要体现为由研究者个人和学术机构针对历史文化街区的保护理论和保护实践，或对某特定历史文化街区所开展的某一学术主题下的研究活动。

一　实践型保护

当前，我国历史文化街区保护的实践工作主要可以分为以下几类：称号申报，保护规划编制（包括由规划衍生出来的相关深化设计，或称保护规划实施方案。如城市设计、单体建筑物的设计等），保护规划的审批，保护规划的实施和后续管理。实践型保护工作的特点如下：

（一）蓬勃的旅游开发
在全球经济一体化背景下的现代经济体系中，旅游业已经成为促进地方经济结构调整、区域开发和社会发展的重要因子，并成为促进地方经济发展和创造就业岗位的活跃力量。在上述大背景下，历史文化街区也被作为一项旅游资源在全国各地广泛推出。特别是丽江、平遥、周庄等地旅游开发取得的巨大成功，在各地掀起了历史文化街区的旅游开发热潮。

以浙江省杭州市的 23 个历史街区为例。表面来看，这 23 个历史街区在保护模式的定位上不尽相同。且旅游产业为先导的保护模式占的比例并不很多（从保护模式评判，以旅游开发为主要保护模式的历史街区有 9 个，占总数量的 40%），但这种保护模式却是保护措施的落实效率最高的模式。而以居住为先导的保护模式往往保护目标美好，但少见成效。如西兴老街，2005 年已经完成了街区的保护规划编制，但时至 2008 年才开始进行部分危房（只限于公房）的小规模维修工作，保护措施的具体落实困难重重。而河坊街—大井巷历史街区，1999 年 8 月城市设计的方案阶段结束，2001 年 10 月就已经完成了一期的改造工程并对外营业。另外，一些采用居住为先导保护模式的历史街区实质上也加入了相当部分的旅游开发成分，如拱宸桥西历史街区、长河老街、小河直街。此外，商业为先导的保护模式也常常是商贸旅游开发，如留下历史街区、武林路历史街区。

表 3.1　　　　　　　　　杭州市历史街区保护措施制定状况

编号	历史街区名称	保护规划有无（编制年份）	保护模式	保护和利用目标
1	清河坊—大井巷	无规划阶段，直接进行城市设计	以商贸旅游为先导的保护模式	以清末民国初建筑风格为主，以商贸旅游功能为主、居住功能为辅，以传统商业、药业文化和杭州传统民居为特色，集旅游、商业、居住、文化、娱乐休闲、博览等功能为一体，具有杭州地方特色，真实传递历史信息的传统步行街区①

① 表 3.1 中编号 1—4、6—21 的内容出处：2008 年 12 月杭州市规划局《杭州市历史文化街区整合规划公示》。

续表

编号	历史街区名称	保护规划有无（编制年份）	保护模式	保护和利用目标
2	北山路	有（2004）	以观光、休闲旅游为先导的保护模式	以观光、休闲旅游为主，兼具旅游服务和文化展示功能，以秀美山水为载体，以历史文化为灵魂，以近代建筑为主体，集自然与人文景观为一体，具有杭州山水地方特色的区域
3	拱宸桥西	有（2004）	以居住为先导的保护模式	以居住、休闲旅游、商业、公共展示等功能，集中体现杭州清末至新中国成立初期依托运河而形成的平民居住文化、生产劳动文化和近代工业文化的重要历史街区
4	留下	有（2004）	以商业为先导的保护模式	以居住和商贸功能为主，以大街、西溪及其两侧的传统建筑为保护主体，集中体现江南水乡集镇商业街特色的区域
5	思鑫坊	有（2005）	以居住为先导的保护模式	保护其现有的风貌与格局，恢复沿街建筑的特色。着重改造和完善区内的基础设施，使其符合现代生活的要求①
6	小营巷	有（2005）	以居住为先导的保护模式	以居住功能为主，集中体现清末至民国初期江南典型院落式和天井院传统民居建筑群、具有杭州传统建筑风貌特色的历史街区
7	湖边邨	有（2005）	以商贸旅游为先导的保护模式	以居住和商贸旅游功能为主，以石库门里弄建筑和独立式西洋别墅建筑为特色，集中体现民国时期杭州历史风貌的近代民居建筑保护区
8	西兴老街	有（2005）	以居住为先导的保护模式	以西兴老街（上、下大街）、官河和传统民居为保护主体，集居住、商贸功能为一体，集中体现杭州清末至民国时期运河沿线江南水乡小镇商业及民居特色的街区
9	长河老街	有（2005）	以居住为先导的保护模式	以泽街、槐河街、长河和传统民居为保护主题，居住商贸、旅游功能，集中体现杭州清代至民国初期江南水乡商业小镇特色及具有浓郁宗族历史风貌特色的街区

---

① 杭州市历史建筑专题网页：http://www.hzfc.gov.cn/lb/index.php.

续表

编号	历史街区名称	保护规划有无（编制年份）	保护模式	保护和利用目标
10	笕桥路	有（2005）	以居住为先导的保护模式	以商贸居住功能为主，集中体现民国时期杭城近郊商贸城镇建筑和街巷风貌的历史街区
11	勾山里	有（2005）	以商业为先导的保护模式	以居住、休闲、游憩、商业等功能为主，集中体现清末至民国时期近西湖地区的建筑风貌和杭州名人居住文化的特色历史街区
12	武林路	有（2005）	以商业为先导的保护模式	以城市商业、居住和休闲为主要职能，集中反映近代民国时期石库门里弄建筑和独立式别墅建筑真实留存的近代建筑风貌特色区域
13	小河直街	有（2005）	以居住为先导的保护模式	以保持传统商住功能为主、延续杭州地方传统特色文化和运河航运文化、集中反映民国时期运河沿岸的城市平民居住生活、生产劳动和航运历史的重要历史文化街区
14	五柳巷	有（2005）	以居住为先导的保护模式	以保持传统居住功能为主延续杭州地方传统特色居住文化的历史街区
15	龙翔里	有（2005）	以商贸、旅游为先导的保护模式	以商业服务、文化观光为主要职能，集中体现杭州民国时期里弄住宅建筑的传统风貌街区，是具有相对完整的成片地方传统居住街区特征的特色区域
16	平远里/惠兴路	有（2005）	以居住为先导的保护模式	以居住、商业服务与公共建筑为主要职能，集中体现杭州民国时期里弄住宅建筑与独立式住宅传统风貌的特色区域
17	安家塘	有（2005）	以旅游、居住为先导的保护模式	以生活居住、文化活动、游憩观光为主要职能，以普通民宅群为主体，集中体现杭州传统村落住宅建筑风貌的特色区域
18	泗水坊	有（2006）	以居住为先导的保护模式	以生活居住、商业以及纪念为主要职能，并集中体现抗战时期杭州建筑风貌的特色区域
19	中山中路	有（2006）	以商贸、旅游为先导的保护模式	集中反映杭州独特的商业和市井文化，集购物餐饮、娱乐休闲、旅游观光、生活居住为一体的历史文化区域

续表

编号	历史街区名称	保护规划有无（编制年份）	保护模式	保护和利用目标
20	中山南路—十五奎巷	有（2007）	以居住为先导的保护模式	以居住为主，融商业、文物古迹保护与文化休闲等功能为一体，集中反映杭州南宋文化、民俗文化的具有地方特色的历史街区
21	梅家坞	有	以旅游、居住为先导的保护模式	以生活居住、休闲旅游为主要职能，集中体现西湖山水与茶文化、传统山地民居相融合，具有杭州地方特色的区域
22	韶华巷	有	以商贸、旅游为先导的保护模式	保留杭州的特色传统民居，并融合当今乃至以后时代特征的新颖建筑和配套设施，充分保持、发掘、深化、发扬景区个性，作为对杭州西湖景区的补充，将现存地块转换成一个面向国内外游客和当地居民的，充分体现西湖历史、传统特征的综合场所，改造成杭州市旅游娱乐和商业零售中心①
23	大兜路	有（2008）	以商贸、旅游为先导的保护模式	集历史文化遗产保护及居住、文化、旅游、休闲、商贸等多种文化旅游功能为一体，体现运河南端经济繁荣、文化发达的典型地域特色的历史文化街区②

　　在有条件的历史文化街区进行科学合理的旅游开发是无可厚非的。总体来说，我国历史文化街区发展旅游是取得了一定成绩的，如对苏州平江老街、乌镇东西栅、西递古村、西塘古镇等一批国内乃至世界"知名品牌"历史文化街区的打造。但是部分地方的历史文化街区在发展旅游业的过程中，由于浮躁和急功近利，导致本身文化发掘欠缺深度，以及对旅游发展的观念和发展的定位问题缺乏深度思考等原因，在旅游开发中也出现了很多问题。

　　基于上述现状，在本书的研究范围内，笔者期望达到的目标是：在历史文化街区保护的调查研究工作中，充分考虑我国当前历史文化

---

① 杭州市规划局主页：http://www.hzplanning.gov.cn/。
② 同上。

街区旅游开发的现状，基于历史文化街区保护和旅游开发相关理论，通过系统、科学的调查研究内容架构和调查研究方法运用，尽可能全面、科学的评价旅游产业与被调查研究历史文化街区保护协同发展的可行性。

（二）公众参与不足

历史文化街区的保护过程应该是一个公众参与的过程。

首先，历史文化街区的保护涉及社会公众利益，其保护目标、规划方案、土地征收、房屋拆迁补偿、原住居民安置、保护措施的落实、落实后的维护管理等诸多方面，均与居民的产权和生活居住权密切相关。随着维护自身权利意识的增强，市民也迫切需要参与到涉及自身切身利益的保护措施的决策和监督之中，如果没有公众参与，仅靠少数人掌握，就容易偏离正确方向。[1]

其次，只有让居民通过参与历史文化街区保护的诸方面，使他们体会到街区建设主人翁的地位，才能获得他们对保护措施制定与落实工作的积极配合和支持。

最后，对于历史文化街区的历史沿革、地方特色、生活环境状况的把握，居住者特别是居住年数较长的居民的记忆挖掘和生活现状把握，这些重要信息资源，对于保护措施的科学编制有重要帮助。

但在我国当前，对于公众参与的认识以及实践中的现状还是和上述的理想状态存有一定的差距。目前，我国历史文化街区的保护已有了一定程度的公众参与，但从具体实践过程来看，公众参与保护的广度、深度仍然不够。我国公众参与历史文化街区保护的主要形式有如下几类：

1. 称号申报的公众参与——基本缺席

历史文化街区称号申报的过程中，公众参与基本处于缺席状态。一般仅由行政部门组织专业人员编制申报材料，而公众不参与申报材

---

① 刘琼：《历史街区保护机制初探》，重庆大学硕士学位论文，2003 年。

料的编制和讨论过程。申报过程对公众的关注度较少，居住者对街区保护的意识状态也很少把握。

2. 规划编制前期的公众参与——未规范化

在历史文化街区保护规划编制前期的公众参与，主要体现为部分规划设计单位在设计前期以调查街区现状、分析街区现存问题为目的而进行的走访公众的行为。一般需要进行居民属性和市政基础设施相关的问卷调查和访谈调查。在黟县西递古村保护规划编制前期，就地段居民的性别、年龄、文化程度，以及对古建筑保护的态度、居住情况和居住愿望、市政基础设施状况等方面进行了问卷调查（见附件四）①。但是这种公众参与的方式，并不是所有历史文化街区保护规划的编制工作中都会采用。由于该项内容并没有规范化，在我国此项内容的施行与否取决于具体的操作人员，存在不确定因素。

3. 保护规划编制中的公众参与——途径少

《历史文化名城名镇名村保护条例》规定，在保护规划正式编制中，应当对保护规划进行科学论证，广泛征求有关部门、社会公众和专家学者的意见。然而在实际操作中，公众的参与性仍然较弱。规划编制者往往较少聆听公众对预期规划的想法，也较少关注居民对保护方案的评价和满意程度。

4. 保护规划审批中的公众参与——形式化

与保护规划审批阶段同时进行的保护规划公示，其公众参与的形式主要有投票打分或留下意见建议等，但最终审批主要还须经专家论证，由地方人大审议。这种公众参与又由于宣传的无力和公众自身参与意识的薄弱而局限于专门的学术研究机构等专业人员和地方政界的相关人员，使得公众参与存在"形式化"的嫌疑。

5. 规划实施中的公众参与——被动参与

在我国当前历史文化街区保护规划实施阶段的公众参与主要表现

---

① 吴晓勤等：《世界文化遗产——皖南古村落规划保护方案保护方法研究》，中国建筑工业出版社 2002 年版。

为被动式参与，例如由于修缮等活动中造成的交通不便问题、噪声干扰问题等妨碍了公众正常的工作、生活、学习，或侵害了私人、团体利益产生纠纷时，公众才会向主管部门、新闻媒体等反映情况，个别甚至会提出行政诉讼。规划实施中公众的"参与"形式往往是带有敌对色彩的，这也从一个方面反映出保护规划编制前期和编制过程中公众参与不够，规划编制与居住者沟通不足的问题。

二 学术型保护

我国对于历史文化街区保护的学术型研究，涉及主题和所跨学科领域相当广泛。对于历史街区保护与整治的关注从理论框架到具体实践问题都有涉及。例如，《历史街区保护和复兴的地理学研究——以广州西关民居民俗风情区为例》① 中结合具体实例，主要从人文地理学角度对历史街区的保护进行综合性研究。文中通过对具体历史街区（广州西关民居民俗风情区）的调查研究，提出保护构想。其中的调查研究工作偏向于从历史背景和街区在大区域中的文化地位角度，并结合地名学来评价街区的历史演变过程。研究中还利用了问卷调查和访谈记录等手段，评价了街区的商业业态和行业资讯等。保护构想偏向于基本保护模式（旅游开发、商业开发）和保护原则的提出。再例如，《北京旧城干道改造中的历史风貌问题研究》② 中以北京长安街、朝阜大街为例，主要以建筑学的视角，调查研究了街道尺度、景观氛围以及与此相关的交通、用地等问题。偏向于历史街区街道的空间形态与城市干道发展的矛盾协调问题，并最终给出偏向于空间形态设计的规划方案。此外还有关于具体历史文化街区的建筑环境方面的研究，如《历史地段建筑环境的再生与创新——记上海太平桥地区新天

---

① 周军：《历史街区保护和复兴的地理学研究——以广州西关民居民俗风情区为例》，中山大学博士学位论文，2004年。
② 邢国煦：《北京旧城干道改造中的历史风貌问题研究》，清华大学硕士学位论文，2004年。

地广场旧城改建项目》①。有关历史文化街区旅游开发的研究，如
《一种新形式的人文景观旅游开发——城市中心区历史地段的旅游规
划与环境整治》②。有关保护机制存在的缺陷的研究，如《历史街区
保护与整治过程中的环节缺失——以济南芙蓉街—曲水亭街为例》③
等。学术型保护工作反映出历史文化街区保护工作的学科综合性
特点。

第二节　我国历史文化街区保护中的调查研究工作现状

　　结合上述我国历史文化街区保护的两种类型（实践性和学术型）
和具体体现方式，笔者将我国历史文化街区保护中的调查研究工作分
为以下三种开展类型：

　　（1）称号申报制度中的调查研究工作。

　　（2）保护规划编制制度中的调查研究工作。

　　（3）相关学术研究中的调查研究工作。

一　称号申报制度中的调查研究工作

　　在我国，称号申报制度中的调查研究工作主要被用来为申报材料
的编制提供资料。其更为本质的目的是：申报中调查研究的开展过程
实质是评价拟保护历史文化街区文化价值和经济价值状态的过程，是
评价拟保护历史文化街区是否值得被赋予"历史文化街区"的称号并
落实保护措施的过程。所以称号申报制度中调查研究工作的科学性直

---

　　①　乔晓红：《历史地段建筑环境的再生与创新——记上海太平桥地区新天地广场旧城改建
项目》，载《建筑学报》2001 年第 3 期。

　　②　王佐、高亦兰：《一种新形式的人文景观旅游开发——城市中心区历史地段的旅游规划
与环境整治》，载《规划师》1999 年第 1 期。

　　③　杨昌鸣、辛同升：《历史街区保护与整治过程中的环节缺失——以济南芙蓉街—曲水亭
街为例》，载《城市建筑》2006 年第 12 期。

接关系到称号授予的科学性。

我国与历史文化街区保护直接相关的称号申报制度有各级历史文化街区申报制度。与历史文化街区保护间接相关的称号申报制度有各级历史文化名城、名镇、名村申报制度。

以下将从约束性文件①对调查研究工作在称号申报流程中所处地位的规定、称号申报所需调查研究内容的规定这两方面着手分析评价我国当前称号申报制度中调查研究工作的现状。

表3.2是我国与历史文化街区保护直接或间接相关的主要约束性文件②：

表3.2　　　　　　　　　　约束性文件统计

约束性文件名称	性质
《中华人民共和国文物保护法》	国家法律
《历史文化名城名镇名村保护条例》	国家法规
《历史文化名城保护规划规范》	国家标准
《城市规划编制办法》	国家规章
《城市紫线管理办法》	国家规章
《历史文化名城保护规划编制要求》	国家规章
《浙江省历史文化名城保护条例》	地方法规
《杭州市历史文化街区和历史建筑保护办法》	地方规章
《杭州市清河坊历史街区保护办法》	地方规章

（一）称号申报流程

1. "历史文化街区"的申报流程

《中华人民共和国文物保护法》对省（自治区、直辖市）级历史

---

①　书中所指约束性文件，主要指我国国家和地方政府制定的法律、法规、规章、国家标准以及国际上通用的有关历史文化遗产保护的文献等，是指具有一定法律效力或行政效力的文件。

②　对于地方性法规、规章仅列举浙江省作为代表。

文化街区的申报流程规定如下："保存文物特别丰富并且具有重大历史价值或者革命纪念意义的城镇、街道、村庄，由省、自治区、直辖市人民政府核定公布为历史文化街区、村镇，并报国务院备案。"

　　另外，各地方人民政府又制定了从自身条件出发的更为详细的申报流程。以浙江省为例，《浙江省历史文化名城保护条例》规定："省级历史文化保护区[①]，由市、县人民政府申报，经省文物行政主管部门会同省城市规划行政主管部门审核同意后，报省人民政府核准公布。"或者"由省文物行政主管部门会同省城市规划行政主管部门提出，报省人民政府核准公布"。"市县级历史文化保护区，由市、县文物行政主管部门会同城市规划行政主管部门提出，报市、县人民政府核准公布，并报省文物行政主管部门和省城市规划行政主管部门备案。"（图 3.1）

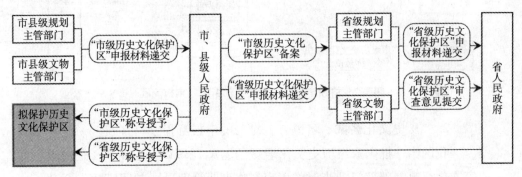

图 3.1　浙江省省、市级"历史文化保护区"申报流程

　　在浙江省的相关规定下，下级地方政府对于自己辖区内的市级"历史文化保护区"又做出了更为具体的申报规定。以杭州市为例，《杭州

---

　　① 《浙江省历史文化名城保护条例》是 1999 年 7 月 30 日起施行的，那时"历史文化街区"的称法尚未确立，所以全国各地对于此类历史街区相关称号，常用的称法为"历史文化保护区"。在分级制度上也是依各地方政府自身需要设立。2002 年颁布的《中华人民共和国文物保护法》确立的"历史文化街区"在本质上是与之先的省级"历史文化保护区"同级。当前，各地历史文化街区相关称号上的等级和称呼方法的设立也仍然由地方政府自己决定。地方和国家以及地方与地方之间并没有真正做到统一。

市历史文化街区和历史建筑保护办法》规定："历史文化街区①……的初步名录，由市规划行政主管部门会同市房产、文物行政主管部门提出，并征求所在地的区人民政府的意见，经专家委员会②评审后，报市人民政府批准、公布。"（图 3.2）

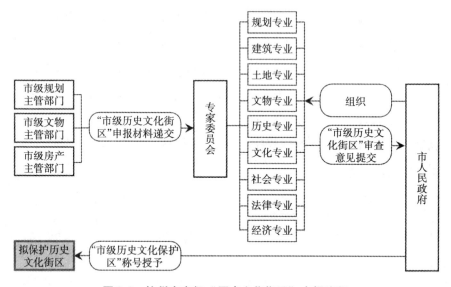

图 3.2　杭州市市级"历史文化街区"申报流程

2. "历史文化名城、名镇、名村"的申报流程

我国第一批国家级历史文化名城的名单（1982 年公布），是由国家文化行政管理部门（当时的国家文物事业管理局）与国家建设行政管理部门（当时的国家基本建设委员会和国家城市建设总局）共同选定的。第一批历史文化名城的申报流程具体如下：国家文化与建设行政管理部门经过商议和征求有关省市自治区建委、文物局、文化局、

---

① 《杭州市历史文化街区和历史建筑保护办法》自 2005 年 1 月 1 日起施行，在《中华人民共和国文物保护法》颁布之后，所以使用了"历史文化街区"这一称呼。此保护办法中的历史文化街区实质上与《浙江省历史文化名城保护条例》中的市级"历史文化保护区"同级。

② 杭州市设立了历史文化名城保护专家委员会。专家委员会按照《杭州市历史文化街区和历史建筑保护办法》的规定，负责历史文化街区和历史建筑认定、调整、撤销等有关事项的评审工作，为杭州市人民政府决策提供咨询意见。专家委员会由规划、建筑、土地、文物、历史、文化、社会、法律和经济等方面的专业人士组成。

城建局的意见后，选择了 24 个有重大历史价值和革命意义的城市，作为国家第一批历史文化名城。然后将历史文化名城的名单上报国务院。国务院审核通过并向全国发出通知。①

我国第二批、第三批国家级历史文化名城的申报流程略有不同。其中，第二批国家级历史文化名城首先由省、自治区、直辖市提出所辖行政区域内的历史文化名城推荐名单，上报国家相关行政部门。在推荐名单的基础上，国家相关行政部门征求了各有关方面和专家的意见，并重点做实地调查。全国政协文化组和经济建设组曾专门召集政协委员和专家对第二批国家历史文化名城的名单进行了讨论，提出了建议。此后，建设部和文化部邀请全国历史、文物、考古、革命史、建筑、城市规划、地理等各界的知名专家、教授开会，对第二批国家历史文化名城名单进行了审议。然后，建设部和文化部在各省、自治区、直辖市推荐的名单基础上，综合各方面的意见，确定 38 个城市作为第二批国家历史文化名城，报请国务院核定公布。第三批国家级别历史文化名城的申报由各省、自治区、直辖市人民政府在认真调查研究的基础上，慎重提出推荐名单。对各地区提出的推荐名单，经有关城市规划、建筑、文物、考古、地理等专家进行反复酝酿，讨论审议，提出 37 个城市，建议作为第三批国家历史文化名城。然后报请国务院审核批准并予以公布。②

第二批、第三批国家历史文化名城的称号申报流程中采取了自下而上推荐，广泛征求意见的办法，从而使历史文化名城审批程序，由第一批时单纯的自上而下由国家指定，向先由地方省级政府推荐、后由国家确定的申报流程转变。另外，称号申报中也逐渐重视申报前期

---

① 1982 年 2 月 8 日《国务院批转国家建委等部门〈关于保护我国历史文化名城的请示〉的通知》。

② 1986 年 12 月 8 日《国务院批转建设部、文化部〈关于请公布第二批国家历史文化名城名单报告〉的通知》；1994 年 1 月 4 日《国务院批转建设部、国家文物局〈关于审批第三批国家历史文化名城和加强保护管理请示〉的通知》。

的调查研究工作，该工作也逐渐由国家开展转变为由地方政府开展。

2008 年出台的《历史文化名城名镇名村保护条例》法定化国家级历史文化名城的申报流程：申报国家级历史文化名城，由省、自治区、直辖市人民政府提出申请，提交所申报的历史文化名城的相关资料。经国务院建设主管部门会同国务院文物主管部门组织有关部门、专家进行论证，提出审查意见，报国务院批准公布。

对于部分省份自行规定"省级历史文化名城"的称号申报而言，又有自己的申报流程规定。例如《浙江省历史文化名城保护条例》指出，浙江省"省级历史文化名城……由市、县人民政府申报，经省文物行政主管部门会同省城市规划行政主管审核同意后，报省人民政府核准公布"。

2008 年出台的《历史文化名城名镇名村保护条例》同样法定化了各级历史文化名镇名村的申报流程："申报历史文化名镇、名村，由所在地县级人民政府提出申请，提交所申报的历史文化名镇、名村的相关资料。经省、自治区、直辖市人民政府确定的保护主管部门会同同级文物主管部门组织有关部门、专家进行论证，提出审查意见，报省、自治区、直辖市人民政府批准公布。""国务院建设主管部门会同国务院文物部门可以在已批准公布的历史文化名镇、名村中，严格按照国家有关评价标准，选择具有重大历史、艺术、科学价值的历史文化名镇、名村，经专家论证，确定为中国历史文化名镇、名村。"（图 3.3）

（二）称号申报所需调查研究内容

1. "历史文化街区"称号申报所需调查研究内容

各类约束性文件对于历史文化街区称号申报中调查研究内容的规定，明文列出的条款很少，多以间接要求为主，即不直接明文规定调查研究内容，而通过侧面规定，如对提交的申报材料的要求、申报条件的要求等。

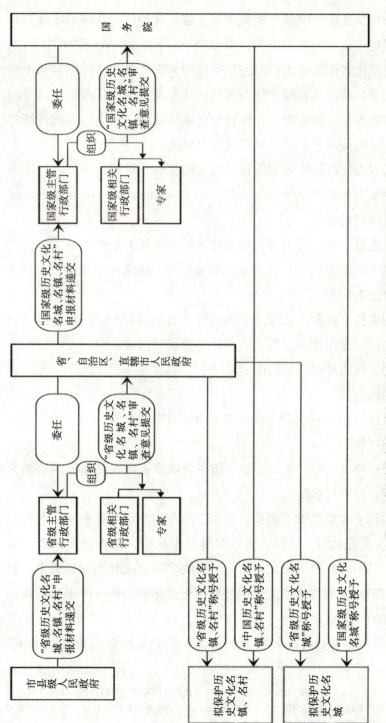

图 3.3　各级（国家级、省级）历史文化名城、名镇、名村申报流程①

① 依据《历史文化名城名镇名村保护条例》《浙江省历史文化名城保护条例》《江苏省历史文化名城名镇保护条例》等相关规定绘制。

因历史文化街区申报的相关规定由省、自治区、直辖市级地方政府自行规定，往往因地方差异，要求略有不同。以浙江省为例，《浙江省历史文化名城保护条例》规定省级历史文化保护区应当具备下列条件（市县级历史文化保护区参照省级历史文化保护区的条件）：

①文物古迹比较集中，并能较完整地反映某一历史时期的传统风貌和地方、民族特色，具有较高的历史价值。

②区域内反映历史风貌的建筑物、构筑物及道路、河流、树木等环境要素基本为历史原物。

③有一定的规模。

其他地方，如《江苏省历史文化名城名镇保护条例》、《北京历史文化名城保护条例》、《广州历史文化名城保护条例》等地方约束性文件的规定也大体相似。

由约束性文件对"历史文化街区"条件的规定，归纳总结出"历史文化街区"称号申报所需的一般性调查研究内容：

①街区位置与拟保护范围。①

②街区规模。

③风貌特色（重点调查研究哪一历史时期的风貌，哪一地方或民族特色的风貌）。

④不可移动文物、历史建筑、历史环境要素现状（重点调查研究分布状况，原真性状况）。

2. "历史文化名城、名镇、名村"称号申报所需调查研究内容

"历史文化名城、名镇、名村"称号申报中，调查研究的重点对象之一为其中存在的历史文化街区。因此"历史文化名城、名镇、名村"称号申报所需调查研究的内容对历史文化街区称号申报所需调查研究内容的科学设定同样有参考作用。

《历史文化名城名镇名村保护条例》中，对申报历史文化名城、

---

① 《北京历史文化名城保护条例》规定：历史文化街区的范围应当包括核心保护区和建设控制区。建设控制区的规定应当符合核心保护区的风貌保护和视觉景观的要求。笔者将历史文化街区的上述两个范围综合起来统一称为保护范围。

名镇、名村所需提交的申报材料作出以下规定：

①历史沿革、地方特色和历史文化价值的说明；

②传统格局和历史风貌的现状；

③保护范围；

④不可移动文物、历史建筑、历史文化街区的清单；

⑤保护工作情况、保护目标和保护要求。

依据上述规定，可知申报名城、名镇、名村所需调查研究内容，以城市（村镇）中，历史文化遗产的现状基础资料调查研究为主。这和"历史文化街区"称号申报所需的一般性调查研究内容相似。但与之不同的方面是，特别强调申报材料中必须阐明城市（村镇）的历史沿革、已有保护成果，以及将来保护的目标和要求这三点。

（三）称号申报制度中的调查研究工作特点

1. 调查研究工作在称号申报流程中缺席

由称号申报流程可以看出称号申报的关键点之一是申报材料的提交。申报材料的主体内容是历史文化街区的历史信息和价值评价。它直接影响着称号申报的成败。获得这些信息并给予评价的唯一方式是：对历史文化街区展开调查研究工作。

我国各类称号申报制度都要求上交申报材料。但对服务于申报材料编制的调查研究工作，其开展顺序、人员安排、调查研究内容设定，以及调查研究成果完成的诸多方面，在各类约束性文件中都少有规定。"历史文化街区"称号申报中的调查研究工作在整个申报流程中"缺席"。调查研究作为申报工作的基础，作为实际操作中必须施行且成果至关重要的工作，其操作的非公开状态，使调查研究工作的重要性容易被忽视，其成果的科学性也就难以得到保证。

2. 称号申报制度中对调查研究内容的规定宽泛

先不论约束性文件对"历史文化街区"称号申报中调查研究内容少有明文规定。即使是通过侧面规定归纳总结的一般性调查研究内容也存在着过于宽泛的问题。缺少深入、具体的内容设定，缺少调查研

究方法指导，缺少对成果的具体要求，导致在实践中的操作性较差。例如有关规模的规定，没有详细指明是指占地面积、建筑面积，还是指文物古迹的栋数。实际的调查研究操作中只能由申报者自行设定深入调查研究的内容，申报材料易出现个体差异。这种差异将导致称号申报结果的科学性无法保证。

二 保护规划编制制度中的调查研究工作

保护规划编制制度中的调查研究是为保护规划及衍生设计（或称：保护规划实施方案）编制提供依据的不可缺少的重要工作。

保护规划的好坏是历史文化街区保护成败的关键。而科学的调查研究是规划成功编制的根本保证。"规划编制中的调查研究是规划设计学的基础工作，科学的调查方法具有极其重要的指导意义，是城市与建筑规划设计成败的关键。没有科学方法指导下的大量、扎实、全面的调查分析及推理的基础研究工作，没有获得对基地环境的全方位、深入的认知，就无法掌握规划设计中定性、定量分析所需的基础性资料，无法因地制宜、因势利导地编制出合乎实际，具有理性与科学性的规划设计方案，以至于其成果成为'无源之水，无本之木'，失去意义而毫无价值。俗话说规划设计讲究七分调查研究，三分设计，其意义就在于此。"①

保护规划属于我国的法定规划系统，只有各级政府批准公布的历史文化街区，才需要依据相关约束性文件编制和落实保护规划。保护规划的编制不仅包含规划自身，还包括规划衍生出的其他相关设计。如城市设计或重要历史建筑的单体设计等。当前在我国，部分历史文化街区只编制保护规划，无衍生设计（或称：保护规划实施方案）。或直接将保护规划与衍生设计一体化。如杭州市的清河坊历史文化街区直接进行了《河坊街大井巷传统建筑街巷群落保护区城市设计》的

---

① 戎安编著：《调查研究科学方法》，中国建筑工业出版社 2008 年版，前言。

编制工作。此时，城市设计是和保护规划一体化的。另有部分历史文化街区在保护规划编制完成后，为了方便实际操作，还进行细化保护规划的城市设计或单体设计等。如杭州市的中山中路历史文化街区在保护规划编制完成后，还进行了有关的城市设计工作，完成了《杭州市中山中路历史街区城市设计》。此外，"历史文化名城、名镇、名村"的保护规划和其领域内"历史文化街区"的保护规划具有重叠之处。

笔者从约束性文件对调查研究工作在保护规划编制流程中所处地位的规定，以及对保护规划编制所需调查研究内容的规定这两方面着手，结合实例分析评价我国当前保护规划编制制度中调查研究工作的现状。

（一）保护规划编制流程

1. "历史文化街区"的保护规划编制流程

《中华人民共和国文物保护法》规定："历史文化街区、村镇（笔者注：省级）所在地的县级以上地方人民政府应当组织编制专门的历史文化名城和历史文化街区、村镇保护规划，并纳入城市总体规划。"

对于市级的"历史文化街区"，按照地方自行规定执行规划的编制工作。例如《浙江省历史文化名城保护条例》规定"历史文化保护区（包括省级和市级）经核准公布后，所在市、县人民政府应当在二年内组织城市规划、建设、文物、计划、土地管理、环境保护、园林、旅游、水利、交通等部门编制出专项的保护规划，并将其纳入城市总体规划或村镇总体规划。……省级历史文化保护区的保护规划由所在市、县人民政府报省人民政府审批；市县级历史文化保护区保护规划由所在市、县人民政府审批，报省规划主管部门和省文物行政主管部门备案"。此外还规定，"历史文化名城所在地的县以上人民政府和有条件的历史文化保护区所在市、县人民政府应当成立保护委员会，对历史文化名城、历史文化保护区的保护、管理等重要大问题进行论证，提出意见，并协调、监督保护规划的实施"。

《杭州市历史文化街区和历史建筑保护办法（2005 年 1 月 1 日起施行）》对杭州市级历史文化街区的保护规划编制又有自行规定："市规划行政主管部门应当根据城市总体规划和历史文化名城保护规划编制历史文化街区的保护规划，经专家委员会评审后报市人民政府批准。"

各级"历史文化街区"的保护规划编制完成并审核通过后，还会依历史文化街区的具体情况不同而进行保护规划后续的衍生设计。此类设计在称呼方法和操作流程上也各不相同。如 2007 年完成的《杭州市中山中路历史街区城市设计》、2008 年完成的《杭州市中山中路综合保护与有机更新工程沿街设计导则》等都是服务于杭州市中山中路历史文化街区保护规划落实的深入细化设计。当前，此类衍生设计还未纳入我国有关保护规划的编制制度中，其有无和操作流程依历史文化街区所在地方政府自行制定。例如杭州市中山中路历史文化街区保护规划编制后的规划实施方案同样要求经相关部门审查、公开展示和市政府批复同意。实践中，这些衍生设计对保护规划落实的成效意义重大。将衍生设计和保护规划一体化，纳入保护规划编制制度中，能对保护规划编制的内容和深度有更为明确统一的要求。

2. "历史文化名城、名镇、名村"的保护规划编制流程

《历史文化名城名镇名村保护条例》规定：历史文化名城（笔者注：国家级）批准公布后，历史文化名城人民政府应当组织编制历史文化名城保护规划。历史文化名镇、名村（笔者注：国家级和省级）批准公布后，所在地县级人民政府应当组织编制历史文化名镇、名村保护规划。"保护规划报送审批前，保护规划的组织编制机关应当广泛征求有关部门、专家和公众的意见；必要时，可以举行听证。……保护规划由省、自治区、直辖市人民政府审批。保护规划的组织编制机关应当将经依法批准的历史文化名城保护规划和中国历史文化名镇、名村保护规划，报国务院建设主管部门和国务院文物主管部门备案。保护规划的组织编制机关应当及时公布依法批准的保护规划。"

对于省级"历史文化名城"，按照地方自行规定执行规划的编制工作。例如《浙江省历史文化名城保护条例》规定：省级历史文化名城经核准公布后，所在市、县人民政府应当在两年内组织城市规划、建设、文物、计划、土地管理、环境保护、园林、旅游、水利、交通等部门编制出专项的保护规划，并将其纳入城市总体规划或村镇总体规划。省级历史文化名城的保护规划由所在市、县人民政府报省人民政府审批。（图3.4）

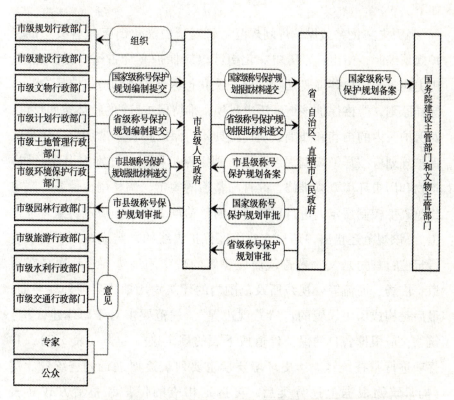

图3.4　各级历史文化街区名城、名镇、名村保护规划编制流程①

①　依据《中华人民共和国文物保护法》、《历史文化名城名镇名村保护条例》、《浙江省历史文化名城保护条例》、《杭州市历史文化街区和历史建筑保护办法》相关规定绘制。其中国家级称号保护规划指称号授予单位为国务院的"国家级历史文化名城"和"中国历史文化名镇、名村"；省级称号保护规划指称号授予单位为省、自治区、直辖市人民政府的"省级历史文化名城、名镇、名村"和"省级历史街区"；市县级称号保护规划指称号授予单位为市级人民政府的"市县级历史文化街区"。

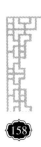

（二）保护规划编制所需调查研究内容

1. "历史文化街区"保护规划编制所需调查研究内容

（1）约束性文件的规定

各类约束性文件没有直接对"历史文化街区"保护规划编制中的调查研究内容进行规定。但是其中对保护规划本身内容及成果的规定可以间接反映出规划编制所需调查研究的内容。现将相关规定列举如下。

《历史文化名城保护规划规范》针对历史文化街区（省级）的保护规划编制，指出："历史文化街区内应保护文物古迹、保护建筑、历史建筑与历史环境要素。""历史文化街区保护规划应确定保护的目标和原则，严格保护该街区历史风貌，维持保护区[①]的整体空间尺度，对保护区内的街巷和外围景观提出具体的保护要求。""历史文化街区保护规划应按详细规划深度要求，划定保护界限并分别提出建（构）筑物和历史环境要素维修、改善与整治的规定，调整用地性质，制定建筑高度控制规定，进行重要节点的整治规划设计，拟定实施管理措施。"该规范还指出"历史文化街区保护界线的划定应按下列要求进行定位：首先是文物古迹或历史建筑的现状用地边界；其次是在街道、广场、河流等处视线所及范围内的建筑物用地边界或外观界面；最后是构成历史风貌的自然景观边界"。规范要求对于单体建（构）筑物，应根据各自的保护价值按下表的规定进行分类（表3.3），并逐项进行调查统计。历史环境要素也要列表逐项进行调查统计。建（构）筑物根据上述分类后，再选定相应的保护和整治方式（表3.4）。环境要素的保护方式也是如此。

---

① 笔者认为此处的保护区应涵盖核心保护区和建设控制区两部分。

表3.3　　　　　　历史文化街区保护建（构）筑物分类调查统计①

状况　　类别	序号	名称或地址	建造时代	结构材料	建筑层数	使用功能	建筑面积（平方米）	用地面积（平方米）	备注
文物保护单位	▲	▲	▲	▲	▲	▲	▲	▲	△
保护建筑	▲	▲	▲	▲	▲	▲	▲	▲	△
历史建筑	▲	▲	△	▲	▲	▲	△	△	△

注：①▲为必填项目，△为选填项目。②备注中可说明该类别的历史概况和现存状况。

表3.4　　　　　历史文化街区建（构）筑物保护与整治方式分类②

分类	文物保护单位	保护建筑	历史建筑	一般建（构）筑物	
				与历史风貌无冲突的建（构）筑物	与历史风貌有冲突的建（构）筑物
保护与整治方式	修缮	修缮	维修改善	保留	整修改造拆除

注：表中"与历史风貌无冲突的建（构）筑物"和"与历史风貌有冲突的建（构）筑物"是指文物保护单位、保护建筑和历史建筑以外的所有新旧建筑。

《历史文化名城保护规划规范》要求在道路交通方面，历史文化街区应在保持道路的历史格局和空间尺度基础上，采用传统的路面材料及铺砌方式进行整修。历史文化街区内道路的断面、宽度、线形参数、消防通道的设置等均应考虑历史风貌的要求；从道路系统及交通组织上应避免大量机动车穿越历史文化街区。历史文化街区内的交通结构应以满足自行车及步行交通为主；历史文化街区内不应新设大型停车场和广场。历史文化街区内的街道应采用历史上的原有名称；该规范要求在市政工程方面，历史文化街区的市政基础设施应采用户内式或适当隐蔽，其外观和色彩应与所在街区的历史风貌相协调；市政管线应采取地下敷设方式。历史文化街区保护时准备采用的管线（准

① 《历史文化名城保护规划规范》GB 50357—2005，2005年版，表4.3.1。
② 同上书，表4.3.3。

备采用共同沟的情况下）净距需根据街区空间状况进行技术论证；该规范还要求在防灾和环境保护上，在不满足消防通道要求及给水管径 DN < 100 毫米的街巷内，应设置水池、水缸、沙地、灭火器及消火栓箱等小型、简易消防设施及装备。

（2）案例——以黟县西递古村保护规划编制中的调查研究工作为例

安徽省黟县西递古村指西递村从历史发展而来，保存至今的古村落部分。其保护规划由地方行政主管部门组织专业机构黄山市规划设计院于 1996—1997 年编制，保护规划实施后的保护成效相当显著，于 2000 年 11 月 30 日被联合国教科文组织列入世界文化遗产名录。

笔者通过对《黟县西递古村保护规划》文件中有关调查研究工作成果的记述和实际的保护规划方案，归纳总结出该案例的调查研究内容，见表 3.5。

表 3.5　　保护规划编制所需调查研究内容——以黟县西递古村
保护规划编制中的调查研究内容为例

调查研究内容			
居住生活环境（居住者问卷调查）	人口状况		性别
			年龄
			文化程度
	居住满意度	市政基础设施满意度	道路交通系统
			消防
			给水
			供电
			卫生条件
			公共服务设施
		满意度	
	保护意向	保护态度	
		居住愿望	

续表

调查研究内容			
概况	地理位置		
	规模	占地规模	
		建筑栋数	
		人口规模	
		整体长宽尺度	
	自然地理	气候	降雨
			温度
			主导风向
		地貌	
		水文	
		土壤	
		植物（农林植被）	
	历史沿革	历史沿革	
		宗族	
		名人名事	
历史价值	地段整体	选址	
		空间形式	
	建筑物（以民居为主）	经济技术指标	开间和进深
			建筑层数
		建造年代	
		结构形式	
		平面形式	
		立面形式	
		建筑色彩与材料（笼统）	
		构件及细部	门窗
			家具陈设
	历史环境要素（以园林为主）	布局	
	地域文化	文化（儒家文化）与建（构）筑物类型	
		文化（儒家文化）与建筑细部	

续表

调查研究内容				
现状与问题	人口		人口增减与保护	
	经济与产业		产业概况	
			旅游业与保护	
	道路交通	内部交通	主次道路	格局
				路幅
			道路铺装	
			街巷名称	
		区域交通	概况	
			旅游交通	
	市政基础设施		给水	
			排水	
			供电	
			电信系统	
			有线网络	
	建筑物使用（以民居为主）		使用与空置	
			保存完好度	

　　该案例主要从概况、历史价值、现状与问题、居民问卷这四大方面对历史古村落进行了调查研究。其中概况部分对村落基本情况有所阐述。历史价值部分可以理解为文化价值评价，也是将来保护工作中必须保护的内容。现状与问题部分主要是对现实中，有损文化价值的部分以及居民生活相关的基础设施部分进行评价，这也是将来保护工作中亟待改善的内容。而居民问卷，是对街区社会结构的掌握。并从居住者角度，了解他们对街区保护的态度和掌握当前街区生活质量方面的实际状态。

　　黟县西递古村保护规划编制中的调查研究内容设定的三大方面（不包括居民问卷部分），在我国历史文化街区保护的各类调查研究中，具有典型性。

　　2. "历史文化名城、名镇、名村"保护规划编制所需调查研究内容

"历史文化名城、名镇、名村"保护规划编制中，调查研究的重点对象之一为其中存在的历史文化街区。因此"历史文化名城、名镇、名村"保护规划编制所需调查研究的内容对历史文化街区保护规划编制所需调查研究内容的科学设定同样有参考作用。

笔者尝试从约束性文件的相关规定出发，归纳总结出"历史文化名城、名镇、名村"保护规划编制所需的一般性调查研究内容。

《历史文化名城名镇名村保护条例》规定：名城、名镇、名村保护规划应当包括下列内容：

①保护原则、保护内容和保护范围；

②保护措施、开发强度和建设控制要求；

③传统格局和历史风貌保护要求；

④历史文化街区、名镇、名村的核心保护范围和建设控制地带；

⑤保护规划分期实施方案。

该条例还对保护措施一项作出进一步的详细规定。其中与调查研究内容有较直接关联的条款摘抄如下：

表 3.6　历史文化名城、名镇、名村保护措施制定相关要求（摘抄）

第四章　保护措施①
第二十一条　历史文化名城、名镇、名村应当整体保护，保持传统格局、历史风貌和空间尺度，不得改变与其相互依存的自然景观和环境。
第二十二条　历史文化名城、名镇、名村所在地县级以上地方人民政府应当根据当地经济社会发展水平，按照保护规划，控制历史文化名城、名镇、名村的人口数量，改善历史文化名城、名镇、名村的基础设施、公共服务设施和居住环境。
……
第二十四条　在历史文化名城、名镇、名村保护范围内禁止进行下列活动：
……
（二）占用保护规划确定保留的园林绿地、河湖水系、道路等；
……

① 保护措施中的第二十七条和第三十一条同样适用于历史文化街区。

续表

（四）在历史建筑上刻划、涂污。

……

第二十七条　对历史文化街区、名镇、名村核心保护范围内的建筑物、构筑物，应当区分不同情况，采取相应措施，实行分类保护。

历史文化街区、名镇、名村核心保护范围内的历史建筑，应当保持原有的高度、体量、外观形象及色彩等。

……

第三十一条　历史文化街区、名镇、名村核心保护范围内的消防设施、消防通道，应当按照有关的消防技术标准和规范设置。确因历史文化街区、名镇、名村的保护需要，无法按照标准和规范设置的，由城市、县人民政府公安机关消防机构会同同级城乡规划主管部门制订相应的防火安全保障方案。

第三十二条　城市、县人民政府应当对历史建筑设置保护标志，建立历史建筑档案。

历史建筑档案应当包括下列内容：

（一）建筑艺术特征、历史特征、建设年代及稀有程度；

（二）建筑的有关技术资料；

（三）建筑的使用现状和权属变化情况；

（四）建筑的修缮、装饰装修过程中形成的文字、图纸、图片、影像等资料；

（五）建筑的测绘信息记录和相关资料。

……

除了《历史文化名城名镇名村保护条例》的上述规定外，《历史文化名城保护规划规范》针对历史文化名城（国家级）指出："保护规划应全面和深入调查历史文化遗产的历史及现状，分析研究文化内涵、价值和特色，确定保护的总体目标和原则。"

《历史文化名城保护规划编制要求（1994 年 9 月 5 日建规字 533 号文发布）》指出：对于历史文化名城（国家级），"编制保护规划应当分析城市历史演变及性质、规模、现状特点，并根据历史文化遗存的性质、形态、分布等特点，因地制宜地确定保护原则和工作重点"；"编制历史文化名城保护规划需收集的基础资料一般包括以下各项：

①城市历史演变、建制沿革、城址兴废变迁；

②城市现存地上地下文物古迹、历史街区、风景名胜、古树名木、革命纪念地、近代代表性建筑，以及有历史价值的水系、地貌遗迹等；

③城市特有的传统文化、手工艺、传统产业及民俗精华等；

④现存历史文化遗产及其环境遭受破坏威胁的状况。"

《历史文化名城保护规划编制要求》（1994 年 9 月 5 日建规字 533 号文发布）指出："历史文化名城保护规划成果一般由规划文本、规划图纸和附件三部分组成。"

（1）规划文本：规划文本就是用文字表述规划的意图、目标和对规划的有关内容提出的规定性要求。文字表达应当规范、准确、肯定、含义清楚。它一般包括的内容见表 3.7。

表 3.7　历史文化名城（国家级）保护规划成果—规划文本的一般性内容①

规划文本	A. 城市历史文化价值概述
	B. 历史文化名城保护原则和保护工作重点
	C. 城市整体层次上保护历史文化名城的措施，包括古城功能的改善、用地布局的选择或调整、古城空间形态或视廊的保护等
	D. 各级重点文物保护单位的保护范围、建设控制地带，以及各类历史文化保护区的范围界线保护和整治的措施要求
	E. 对重要历史文化遗存修整、利用和展示的规划意见
	F. 重点保护、整治地区的详细规划意向方案
	G. 规划实施管理措施

（2）规划图纸：规划图纸就是用图示语言表达现状和规划内容。它一般包括的内容见表 3.8。

---

① 《历史文化名城保护规划编制要求》（1994 年 9 月 5 日建规字 533 号文发布）。

表3.8　　历史文化名城（国家级）保护规划成果—规划图纸的一般性内容①

规划图纸	A. 文物古迹、传统街区、风景名胜分布图。比例尺为 1/5000—1/10000，可以将市域和古城区按不同比例尺分别绘制。图中标注名称、位置、范围（图面尺寸小于 5 毫米者可只标位置）
	B. 历史文化名城保护规划总图。比例尺 1/5000—1/10000。图中标绘各类保护控制区域，包括古城空间保护、各级重点文物保护单位、风景名胜、历史文化保护区的位置、界线和保护控制范围，对重点保护的要以图例区别表示，还要标绘规划实施修整项目的位置、范围和其他保护措施示意
	C. 重点保护区域保护界线图。比例尺 1/500—1/2000，在绘有现状建筑和地形地物的底图上，逐个、分张画出重点文物的保护范围和建设控制地带的具体界线；逐片、分张画出历史文化保护区、风景名胜保护区的具体范围
	D. 重点保护、整治地区的详细规划意向方案图

（3）附件：附件包括规划说明书和基础资料汇编，规划说明书的内容是分析现状、论证规划意图、解释规划文本等。

（三）保护规划编制制度中的调查研究工作特点

1. 保护规划编制流程不涉及调查研究工作

无论是各级历史文化街区，还是各级历史文化名城名镇名村，其保护规划的组织编制与审批通过都有相关约束性文件的规定要求。甚至对于保护规划的衍生设计（或称：保护规划实施方案），大多数地方政府对其也有严格的报批审核要求。如上述《杭州市中山中路历史街区保护规划》和《杭州市中山中路历史街区城市设计》的最终成果都是经杭州市人民政府审批通过的。但是保护规划及衍生设计的组织编制和审批公布的流程中，对于作为规划设计重要基础的调查研究工作却无明确规定。

正是因为调查研究工作制度的不完善，使得在实践中，通常由保

---

① 《历史文化名城保护规划编制要求》（1994 年 9 月 5 日建规字 533 号文发布）。

护规划编制单位自行安排调查研究工作。各政府行政部门、专家组也多关注规划的最终方案成果，很少参与到规划编制单位的调查研究工作中去。公众多在保护规划公示阶段实现参与，或在规划编制单位就居民基本状况进行问卷或访谈调查时被动参与。这种问卷和访谈调查实施与否和实施内容因缺少具体要求而存在明显的个体差异。这种规划编制设计单位自主实施调查研究工作，依据自主调查研究成果完成规划编制的方式值得反思。

2. 调查研究工作存在重复性

我国历史文化街区的保护工作中，除了称号申报需进行调查研究之外，在申报审核通过后进行的保护规划编制及衍生设计编制工作还需再次进行调查研究。而且当保护规划的编制单位和后续衍生设计的编制单位不是同一家设计单位时，各设计单位还会分别自行开展调查研究，工作存在重复性。以浙江省杭州市中山中路历史街区的保护为例，2006 年 3 月，杭州市政府批复的《杭州市中山中路历史街区保护规划》是由国家历史文化名城研究中心编制；而 2006—2007 年完成的《杭州市中山中路历史街区城市设计》又是由上海项秉仁建筑师事务所主持。两家设计单位在设计之初分别独立地对同一研究对象开展了重复性的调查研究工作。虽然各家单位调查研究的主题指向存在着差异，但是针对同一个街区，存在重复内容的调查工作也在所难免。这种针对同一历史街区，在称号申报阶段、保护规划编制阶段，以及衍生设计阶段，出现多个调查研究，各调查研究在深度、观点一致性上难以保证的现状，既使得调查研究成果失去权威性，又容易造成调查研究工作上人力物力财力的浪费。

3. 保护规划编制制度所需调查研究工作的内容有待规范化、可操作化

通过约束性文件的侧面规定和具体实例这两方面调查研究内容的设定，同时参考约束性文件对历史文化名城、名镇、名村保护在规划内容、资料收集、成果等方面的要求，本书将历史文化街区保护规划

编制中所需的一般性调查研究内容进行了系统化的归纳总结。内容框架见表3.9。归纳总结的内容框架可以理解为理论意义上基本达成共识的，"历史文化街区"保护规划编制所需的一般性调查研究内容。

表3.9　"历史文化街区"保护规划编制所需一般性调查研究内容框架①

调查研究内容			
概况	地理位置		
	规模	占地规模	
		建筑栋数	
		人口规模（人口和户数）	
	自然地理	气候	降雨
			温度
			主导风向
		地貌	
		水文	
		土壤	
		农林植被	
	历史渊源	历史沿革	
		宗族	
		名人名事	
	地域文化和民俗文化		
	相关规划（城市（村镇）总体规划，分区规划，历史文化名城保护规划）		

---

① 除黟县西递古村保护规划这一案例外，此内容框架还参考了案例《宏村保护环境整治规划》；《杭州市中山中路历史文化街区保护与整治规划》2004年12月；《杭州市中山中路历史街区城市设计》2007年1月；《杭州市中山中路综合保护与有机更新工程沿街设计导则》2008年3月；上海历史文化风貌区保护规划简介（包括老城厢、外滩、人民广场、南京西路、衡山路—复兴路、愚园路、山阴路、新华路、虹桥路、龙华、提篮桥、江湾、枫泾、朱家角）；中国历史文化名城保护规划简介（包括西安、北京、苏州、洛阳、商丘、平遥、安阳、上海、济南、张掖、武汉）。

续表

调查研究内容				
历史价值	地段整体	用地性质		
		空间形式	选址	
			空间结构（格局）	
		空间尺度		
	建（构）筑物	文物古迹（文物保护单位、历史遗迹等），保护建筑，历史建筑	经济技术指标	用地面积
				开间和进深
				建筑面积
				建筑层数
				建筑高度
			史料	
			测绘	
			名称或地址	
			使用功能（变化与否）	
			建筑产权	
			现状用地边界	
			艺术特征和历史特征（风貌）	建造年代
				结构形式
				平面形式
				立面形式
				建筑色彩与材料（笼统）
				构件及细部：墙面
				构件及细部：屋顶
				构件及细部：门窗
				构件及细部：家具陈设
		一般建（筑）构物	与历史风貌无冲突的建（构）筑物	
			与历史风貌有冲突的建（构）筑物	
	自然历史环境要素（水体、泊岸、庭院、古树名木、其他绿化植被等）	布局特征等		

170

调查研究内容				
景观风貌	历史风貌（按街区体现的整体年代、民族、地域特征）			
	街巷景观			
	外围景观			
	自然景观			
	重要节点			
	视线分析			
现状与问题	人口	人口增减与保护		
	经济与产业	产业概况		
		旅游业与保护		
	道路交通	内部交通	主次道路	格局
				空间尺度：路幅
				空间尺度：断面尺度
			道路铺装	路面材料
				铺砌方式
			街巷名称	
			交通	车行交通
				非车行交通
				停车
		区域交通	概况	
			旅游交通	
	市政基础设施	给水		
		排水		
		供电		
		电信系统		
		有线网络		
		消防体系	消防通道	
			其他消防措施	
	公共设施	分布		
		规模		
	建筑物使用（以民居为主）	使用与空置		
		保存完好度		

续表

调查研究内容		
居住生活环境（居住者问卷调查为主要调查研究方法）	人口状况	性别
		年龄
		文化程度
	居住满意度	
	保护意向	保护态度
		居住愿望

　　历史文化街区的保护规划编制要求综合多方面的因素，较之申报材料的编制，要求进行更加全面、系统的调查研究。虽然上述归纳总结的调查研究内容较之前总结的称号申报中的调查研究内容要系统、全面、深入许多。但这种理论上达成共识的调查研究内容，只是本书作者将约束性文件和各实际案例中出现过的所有内容项进行统计后，从系统化、条理化的角度出发归纳总结得到的内容框架。在实际操作中，因没有法律法规或国家标准等约束性文件的明文规定，并没有一个如表 3.9 这样完整的内容框架表，对于具体的调查研究也就缺少约束力。再加上调查研究团队的个体能力差异，调查研究监督管理机制的缺失等，都使得我国实际的每项调查研究工作的水平难以保证。内容框架中的很多分支内容项在绝大多数调查研究中都罕有涉及。例如从居住者方面出发的"居住生活环境"的调查研究内容项就很少被实施。

　　另外，长久以来国内并没有相关学术研究专门进行调查研究内容设定意义和目的的研究；没有明晰调查研究内容与保护理论、保护规划设计的联系；没有与时俱进的改进配合这些内容的调查研究方法；种种问题都使得这一理论层面的内容框架面临空洞、难操作等问题。以"历史沿革"这一内容的调查研究为例，几乎每个有关历史文化街区的调查研究中都会有"历史沿革"这一内容。大多数调查研究以文字描述为主要的成果表达方式。这项内容仿佛成为一种例行公事。而为什么要进行"历史沿革"的调查研究，以及"历史沿革"的调查

研究成果如何为保护规划服务等方面都是不明晰的。

总之，历史文化街区保护规划编制中的调查研究内容是非常广泛的，对于调查研究的深度要求也非常高。对历史文化街区的调查研究不能依赖于个体的能力、耐心和毅力；也不能仅仅依靠上述罗列出的内容框架。本书将在后面相关章节构想规范化、标准化调查研究内容的设定，深度探究调查研究内容与保护理论、政策法规、规划设计的关联度。提高调查研究内容设定的学术性和可操作性。

三　学术研究中的调查研究工作

历史文化街区的学术型保护指停留在学术研究层面。主要体现为由研究者个人或研究学术机构针对历史文化街区的保护理论和保护实践，或对某特定历史文化街区所开展的某一主题下的学术研究活动。学术研究中的调查研究工作也因学术型保护中研究涉及内容和所跨学科的不同而产生差异。本书将学术研究中的调查研究工作按调查研究的目的分为两种类型：一是具体研究主题下的调查研究工作，即调查研究是为特定的研究主题服务。二是独立性调查研究工作，即单纯的进行调查研究并记录的工作。

（一）具体研究主题下的调查研究工作

1. 概况

此类调查研究工作一般由研究者个人或研究学术机构通过对具体实例的调查研究来获得针对某一主题的研究成果。此类型调查研究工作一般依据研究主题，由研究者自行设定调查研究的具体内容，设计调查研究方法。研究涉及主题也相当宽泛。有关历史文化街区保护机制的，如《历史街区保护机制初探》① 一文中，在研究过程中除了运

① 刘琼：《历史街区保护机制初探》，重庆大学硕士学位论文，2003 年。

用调查分析方法、归纳总结方法和实证方法外，还运用整体辩证法、综合比较法以及整体分析法等现代研究方法进行了大量调查研究工作，从中归纳出历史街区保护存在的具体问题；有关历史文化村镇的称号授予标准设置的，如《历史文化村镇评价指标体系的再研究——以第二批中国历史文化名镇（名村）为例》① 一文中，研究者调查研究了以往的相关成果，为更为合理地选择出有价值的历史文化村镇进行重点保护，促进其在城镇化和新农村建设中的健康发展提出构想等。

此外，很多高校都设有与历史文化街区保护相关的课程。课程中也常开展针对某一历史街区的调查研究工作。例如，重庆大学建筑学和城市规划专业的本科生，在第五学年安排有"城市历史街区有机更新"（也称"旧城有机更新"）的设计课程，教学的目的有两个方面：其一，培养学生对城市历史街区的认识，掌握历史街区更新的基础理论和基本技能；其二，引导学生认识城市历史街区和建筑形态，从中培养学生对本土文化的理解和热爱。该课程包括三部分内容：对重庆都市区内尚存的历史街区（重庆东水门历史街区、重庆磁器口历史街区协调区等）的调查研究并制定保护规划（假题），另外一部分内容就是对其他大城市历史街区的现存状况进行调查研究（本书对其调查研究工作的详细分析研究内容见附件七）。浙江大学建筑学专业开设的"城市改造与更新方法和实践（硕士研究生选修课）"课程中也为配合课程选择杭州市的若干历史文化街区进行调查研究并制定保护规划（假题）。

高校历史文化街区保护相关课程中的调查研究工作通常具有如下特点：①涉及专业一般以建筑史、建筑设计和规划设计为主。②因工作时段短，学生作业在学术性和专业性上略显不足。③调查研究的人力资源丰富，可形成一个以某几位老师牵头的稳定的但其成员不断变

① 赵勇、张捷、卢松、刘泽华：《历史文化村镇评价指标体系的再研究——以第二批中国历史文化名镇（名村）为例》，载《建筑学报》2008 年第 3 期。

化的调查研究团队。这给了本书中历史文化街区保护调查研究工作体系架构中调查研究实施单位的人选问题以重要启示。

2. 具体研究主题下调查研究工作的特点

（1）研究者为主导，学术研究为目标

专业研究机构或研究者个人在此类调查研究工作中居于主导地位。以某一研究主题的学术性研究为主要目标，一般由学术研究机构或研究者个人独立实施完成调查研究工作，部分有专项课题研究基金支持。

（2）学科广，交叉少

此类调查研究涉及学科广，研究者一般站在自己学科的角度研究历史文化街区保护的相关问题。为调查研究的内容增添了除建筑、规划等学科之外的更广泛的视点。例如，学者周军利用地名学研究方法，通过对老广州的缩影——西关民居民俗风情区所处广州荔湾区城市地名在 20 年内发展、演变的调查研究，从其丰富多变的演化过程中获取当前快速发展时期研究区域变化、更新的信息，为历史文化街区保护和复兴的对策制定提供依据。①

此类调查研究工作虽然涉及的学科广，但学科交叉却较少。尽管涉及了建筑、规划、地理、历史、社会、经济等多个方面，但从专业学术期刊或相关学位论文的发表内容中不难看出，通常是各学科进行各自学科领域的研究，而且各类学科中也仍是以建筑学为主。单纯依靠小部分学者完善的知识结构来完成历史文化街区这一复杂研究对象的调查研究工作，对于全国范围内的众多历史街区而言，并不具备普及性。

---

① 周军：《历史街区保护和复兴的地理学研究——以广州西关民居民俗风情区为例》，中山大学博士学位论文，2004 年。

（二）独立性调查研究工作——以国家历史文化名城研究中心开展的独立性历史文化街区调查研究工作为例

国家历史文化名城研究中心（以下简称名城研究中心）是建设部和同济大学共同领导的，关于中国历史文化名城保护、历史文化遗产保护与继承的全国性学术研究、对外交流、宣传教育和技术咨询机构。由于名城研究中心在国内的学术权威性，本书独立性调查研究工作中仅以名城研究中心开展的调查研究工作作为研究对象。

需要指出，名城研究中心开展的以历史文化街区为对象的调查研究工作并非都是独立性的调查研究。也有相当大的一部分是为保护实践服务的。从1980年开始名城研究中心对平遥古城通过调查研究完成了保护规划的编制，并一直跟踪协助保护工作的开展，促使平遥在1997年成为世界文化遗产。之后陆续完成了苏州、扬州、绍兴、安阳、潮州等十几个历史文化名城的保护规划和多个历史文化街区的保护规划。1985年开始，对周庄、同里、甪直、南浔、乌镇、西塘等江南古镇的保护规划的编制和实施，使它们成为著名历史景点的同时也得到了科学的保护。上述保护实践中开展的调查研究成果间接反映在保护规划的规划文本、规划图纸，以及附件上。实践型保护中的调查研究在上文中已经详述，此处仅以名城研究中心开展的独立性调查研究工作为研究对象，进行深入探讨。

名城研究中心开展的独立性调查研究就是将调查研究作为一项没有附加目的的工作开展。即该工作不限制调查研究的主题和方向，不是服务于保护规划的编制。该工作以某一具体历史文化街区为对象，以对其历史信息、现状问题进行全方位的记录、解读为最终目标。该工作的成果以调查研究报告书的形式发表于相关的学术期刊、学术著作中。

1. 独立性调查研究工作的开展方式特点

（1）稀缺类型

此类型调查研究在我国当前历史文化街区保护的调查研究工作中

非常稀少。名城研究中心已经认识到历史文化街区调查研究作为一项独立性工作的重要性。打破传统意义上将调查研究工作依附于保护规划编制的普遍认识；该中心还特别关注经济不发达地区和地理上较偏远地区的历史街区。通过对这些不被广泛关注的地段的调查研究进而发表文章、著作为其做一定程度的宣传推广；名城研究中心建立了历史文化街区调查研究机构的雏形，并通过《城市规划》上的"遗珠拾粹"专栏在学界发出声音，广泛宣传"历史文化街区保护"的概念和意义。

在作者看来，名城研究中心因其学术权威性，可以转型为一个诸如信息储备站和理论指导中心，以确立调查研究的原则，制定策略方法为主，更多依靠历史文化街区所在地的文物、古建筑方面的专家或普通工作人员、高校相应专业师生等人力资源，方便使调查研究工作在全国范围内全面展开，也可以从一定程度上避免因地域特殊性和语言、文化障碍所带来的调查研究障碍。

（2）覆盖面较广，辐射分布

目前我国有 34 个省级行政区，即 4 个直辖市、23 个省、5 个自治区、两个特别行政区。2004—2012 年 5 月名城研究中心进行调查研究的历史文化街区覆盖了 16 个省，3 个直辖市的 87 个历史文化街区（表 3.10、图 3.5）。覆盖面相当广。因名城研究中心位于上海，调查研究人员多来自名城研究中心、同济大学建筑与城市规划学院、上海同济城市规划设计研究院等地处上海的科研单位，所以调查研究工作具有以上海为中心向全国范围辐射展开的特征。名城研究中心作为一个点，面向全国范围辐射，人力和物力毕竟有限，现阶段的调查研究对象也主要集中在各级历史文化名城、名镇、名村，对全国更广泛区域的历史文化街区的关注度有限。

表 3.10   名城研究中心调查研究的历史文化街区所在省份及数量统计

所属省份	被调查研究历史文化街区个数	被调查研究历史文化街区名称	所属省份	被调查研究历史文化街区个数	被调查研究历史文化街区名称
1. 浙江	11	江山市清漾村	3. 安徽	1	肥西县三河古镇
		景宁东弄畲族村	4. 河北	1	邯郸广府古城
		鸣鹤古镇	5. 湖北	5	恩施州庆阳坝凉亭街
		台州蟠滩古镇			宣恩县彭家寨
		宁海前童古镇			郧西县上津古镇
		缙云县河阳古村落			武汉县华林历史文化街区
		江南运河古镇——崇福			大冶市水南湾村
		江南运河古镇——长安	6. 江苏	9	常熟沙家浜古镇
		奉化溪口镇岩头村			京杭大运河古镇——高邮
		江南运河古镇——塘栖			太仓沙溪古镇
		遂昌县独山村			京杭大运河古镇——湾头
2. 江西	12	吉安钓源古村			京航大运河古镇——邵伯
		吉安渼陂古村			苏北运河古镇——窑湾
		吉水仁和店古村			江南运河古镇——平望
		吉水燕坊古村			苏北运河古镇——土山镇
		樟树市临江古镇			江南运河古镇——震泽
		广昌县驿前古镇	7. 福建	6	连城培田古村落
		吉水双元古村			邵武和平古镇
		南昌安义石村落群			晋江市福全古城
		婺源县清华古镇			泉州崇武古城
		铅山河口古镇			浦城观前村
		铅山县石塘镇			福州林浦古村
		上饶陈坊古村			

续表

所属省份	被调查研究历史文化街区个数	被调查研究历史文化街区名称	所属省份	被调查研究历史文化街区个数	被调查研究历史文化街区名称
8. 山东	5	鲁运河沿岸古镇——临清	13. 云南	7	大理州巍山古城
		鲁运河沿岸古镇——张秋			会泽娜姑古镇
		鲁运河沿岸古镇——周店、七级、阿城			剑川沙溪古镇
		烟台养马岛古村落			巍山县东莲花村
		德州苏禄王墓及守陵村			大理喜洲古镇
9. 重庆	1	重庆石柱县西沱古镇			大理州云南驿
					腾冲县和顺古镇
10. 陕西	1	旬阳太极城	14. 天津	1	南运河沿岸历史古镇——杨柳青
11. 贵州	2	安顺云山屯及本寨	15. 上海	1	南汇新场古镇
		贵州安顺旧州古镇	16. 湖南	4	湘西永顺王村
12. 四川	12	资中铁佛古镇			洪江黔城古城
		资中县罗泉古镇			郴州汝城古城
		雅安望鱼古镇			湘西里耶古镇
		雅安上里	17. 广西	2	南宁扬美古镇
		雅安宝兴碛碛			北海老城
		郫江古镇	18. 河南	3	淅川荆紫关古镇
		广元昭化古城			信阳新县毛铺村
		广安市顾县古镇			卫河沿岸古镇——道口
		合江县福宝古镇	19. 广东	3	珠海唐家湾镇会同村
		成都洛带古镇			珠海唐家湾古镇
		阿坝黑虎羌寨			龙门县功武古村
		甘孜丹巴			

图 3.5　名城研究中心调查研究的历史文化街区省份分布

（3）调查研究人员涉及专业较窄

因为调查研究人员多来自名城研究中心、同济大学建筑与城市规划学院、上海同济城市规划设计研究院等建筑或规划类单位，所以调查研究人员在专业上以建筑专业及规划专业的人士为主。因此调查研究的内容偏向建筑与规划方面。对于涉及面广，学科综合性要求较高的历史文化街区保护而言，涉及专业具有一定局限性，只能依赖于人员自身知识结构的完善。

（4）调查研究成果表达方式

名城研究中心开展独立性调查研究工作的主要成果表达方式是将调查研究的成果成文，以调查研究报告的形式发表于学术期刊。其普查的定位，使调查研究成果基本停留在初浅阶段；不同调查研究人员文章中的调查研究内容并不固定，略显随意；调查研究工作比较关注现场的视觉信息获取而忽视非现场非视觉信息（如文字史料、图纸史料，居民生活质量等）的收集、整理与分析。

（5）树立了跟踪调查研究的概念

在名城研究中心的调查研究中，已经有重大事件后进行跟踪调查研究的意识。例如该中心对于四川广元昭化古镇在汶川大地震后进行了及时的震后再调查研究，将之前的调查研究成果和震后现状进行对比分析，留下了宝贵的资料，对灾后古镇重建起到很好的参考作用。

2. 独立性调查研究工作的内容设定特点

本书通过对国家历史文化名城研究中心（以下简称名城研究中心）于2004—2008年（10月前）在《城市规划》杂志上发表的53篇学术文章（文章名称和发表期刊详见附件六）的内容进行归纳总结，系统化、条理化名城研究中心对历史文化街区进行独立性调查研究的内容框架。① （表3.11）

这里需要指出：作者的归纳总结是将53篇调查研究报告中涉及的调查研究内容全部罗列出来后，进行分类，按照个人知识结构、相关保护理论、学术研究共识、常规等进行归纳总结的结果。因此内容框架中的各内容项，特别是深入后的各项分支内容，并非53篇调查研究报告都全部包含的调查研究内容项。

通过整理分析，本书将名城研究中心对历史文化街区调查研究的内容归纳为五大分项，分别为：

①概况；

②整体格局；

③建筑群及建（构）筑物；

④民俗；

⑤保护建议。

另外每个分项内容又都根据所调查研究历史文化街区的具体情况，延伸出各项分支内容。

---

① 共有54篇调查研究报告。其中有一份是对昭化古镇在汶川地震后进行的震后再调查研究。考虑到灾后调查研究内容的特殊性，不将灾后的调查研究报告作为研究对象。所以共计53篇调查研究报告。

表 3.11　　　　名城研究中心历史文化街区调查研究内容框架

分项内容	各项分支内容		
一、概况	史料	家谱	
		方志	
		其他（其他史料或当代研究文献）	
	地理位置		
	区域交通		
	人口规模		
	占地规模		
	总建筑面积		
	气候		
	经济和产业		
	历史渊源	名称由来	
		历史沿革	
		名人名事	
	现状周边①	其他聚落、街区	
		风景名胜	
	自然地理	地貌	
		水文	
		农林植被	
二、整体格局	空间形式	空间结构（格局）	
		空间演进	
		风水	
	风貌（按街区体现的整体年代、民族、地域特征）		
	街巷体系	街巷名称	
		街巷格局	
		空间尺度	
		街巷铺装	路面材料
			铺砌方式
	市政基础设施	采暖	
		消防	
		排水	

① "现状周边"这一内容在有的调查研究报告中是和概况中的地理位置等内容结合起来叙述的，有的则分开独立描述，还有的是零散穿插于其他分项内容中。为求条理清晰度，笔者将"现状周边"在"概况"中独立设项。

续表

分项内容	各项分支内容		
三、建（构）筑物	建筑产权		
	使用功能（变化与否）	民居	
		商业建筑	老字号
			业态
			招牌形式
		公共建筑	礼制建筑祠堂庙宇
			官衙
			文教建筑
			其他（娱乐建筑等）
	空间形式	民居	
		商业建筑	
		公共建筑	
	风水		
	重要建（构）筑物详解	文物建筑	
		历史建筑	
		保护建筑	
		构筑物	塔
			码头
			桥
			古井
			蓄水池
			牌坊
			城墙
			戏台
			古墓
			亭台楼阁
	构件及细部		
	色彩与材料		

续表

分项内容	各项分支内容		
四、民俗	宗族（民族）		
	宗教信仰		
	传统产业		
	传统手工艺		
	手工艺者		
	语言文字		
	民俗活动		
	民俗节日		
	民俗美术		
	传统服饰		
	传统美食土特产		
	曲艺民乐		
五、保护建议	历史文化街区价值总结		
	当前保护成果		
	现状问题	保护规划	漏洞
			缺乏
		空间结构（格局）破坏	
		新建破坏性物件	
		单体建筑物老朽	
		交通条件恶劣	
		市政基础设施缺乏	
		环境卫生恶劣	
		管理缺乏	
		保护机制缺乏	
		保护机构缺乏	
		保护资金缺乏	
		相关法律法规缺乏	
		居民保护意识薄弱	
		位置优势丧失	
		人口流失	
		冻结式保护	

续表

分项内容	各项分支内容		
构想	保护规划编制或完善		
	保护模式	旅游	
		发展产业	
	整体保护		
	空间结构保护		
	自然地理保护		
	新建建筑风貌空盒子		
	单体建（构）筑物保护		
	交通条件改善		
	市政基础设施和公共设施建设		
	环境整治及卫生条件改善		
	传统手工艺保护		
	生产生活方式延续		
	法制建设		
	居民保护意识加强		
	树立成功范例		
	增强宣传力度		
	联合保护（周边聚落、街区）		

通过对上述内容框架的研究分析，发现名城研究中心开展的独立性调查研究工作中的内容设定具有如下特点：

（1）分项内容关注度有轻有重

通过对53份调查研究报告内容的整理统计，发现每份报告文字无论是多是少，均涉及"概况"、"整体格局"和"建（构）筑物"这三方面的内容，即包含这三方面内容的调查研究报告为100%。而含"保护建议"分项内容的调查研究报告占总报告数的81.1%，另外含"民俗"分项内容的调查研究报告仅占总报告数的37.7%。（表3.12）

表3.12　　　　　　　　　　　　五大分项内容出现频率统计

统计项 分项内容	包含该分项内容的调 查研究报告数（个）	包含该分项内容的调查研究报告数占调查 研究报告总数（53 个）的百分比（%）
概况	53	100
整体格局	53	100
建（构）筑物	53	100
民俗	20	37.7
保护建议	43	81.1

（2）对"史料"的关注不足

各调查研究报告对于史料的涉及很少。在53份调查研究报告中涉及史料相关内容的有10份报告，仅占总数的18.9%。这种情况产生的原因可能在于普查的粗浅性，也可能因为史料作为一种非现场信息，收集难度相对较大，专业要求也很高，需要具备较高的历史知识和对当地的认识。

这里还需关注名城研究中心是如何将史料运用到调查研究中的。这上述10份涉及"史料"的调查研究报告中，将史料作为独立内容来进行描述的有《浙江江山市清漾村——国家历史文化名城研究中心历史街区调查研究》一例。该文将史料重点列举出来，并结合宗族起源将文献史料的大致内容独立成段进行了叙述。而另9篇则是在其他内容的调查研究中引用到文献史料中的部分内容。譬如在江西吉水燕坊古村的调查研究报告中，就通过引述当地族谱中的一小段文字来阐明该古村的历史沿革。

（3）关注物质文化价值

通过前列表3.11和表3.12不难发现，在对历史文化街区的调查研究中，名城研究中心的调查人员非常关注历史文化街区物质文化价值的评价。这主要体现在"整体格局"和"建（构）筑物"两方面内容的100%出现率，以及这两项内容的分支内容对街区整体和建筑物单体两方面空间形式的特别关注上。

另外，在历史文化街区物质文化价值的评价中，通过对"整体格

局"这一分项的各分支内容和各调查研究报告具体表述的深入分析，发现这一分项内容的调查研究更倾向于对街巷空间格局的评价以及风水选址的评价。

作者认为名城研究中心的调查研究是一种以构成历史文化街区的各类要素（如建/构筑物要素、街巷要素等）为对象的，通过对要素的调查研究理解整体的物质文化价值的一种评价方式。

（4）对非物质文化价值评价不足

通过表3.11和表3.12的数据可以看出，对于历史文化街区非物质文化价值的评价，如"民俗"方面的调查研究相对不足，该项内容在很多调查研究报告中缺失。另外在那些已经有了"民俗"相关内容的调查研究报告中，"民俗"的具体分支内容还存在不齐全、不成系统、较凌乱的特点。通过"民俗"分支内容出现频率统计（表3.13），可以看出针对"民俗"的调查研究分为11项分支内容进行展开，其中涉及最多的分支内容就是对"民俗活动"的调查研究；另外对"传统手工艺及现状"、"传统产业及现状"两方面内容也有一定程度的关注；对于其他的8个分支内容的关注度则明显降低。特别是像"宗教信仰"、"传统服饰"、"民俗美术"与建筑学联系较少，文献收集、专业素养要求较高的分支内容不太被涉及。

表 3.13　　　　　　　　"民俗"分支内容出现频率统计

"民俗"分支内容	包含该分支内容的调查研究报告数（个）	包含该分支内容的调查研究报告数占调查研究报告总数（20个）的百分比（%）（按降序排列）
1. 民俗活动	14	70
2. 传统手工艺及现状	9	45
3. 传统产业及现状	7	35
4. 曲艺民乐	5	25
5. 传统美食土特产	4	20
6. 手工艺者	3	15
7. 民俗节日	2	10

续表

统计项 "民俗"分支内容	包含该分支内容的调查研究报告数（个）	包含该分支内容的调查研究报告数占调查研究报告总数（20 个）的百分比（%）（按降序排列）
8. 语言文字	2	10
9. 宗教信仰	2	10
10. 民俗美术	1	5
11. 传统服饰	1	5

（5）历史状况与现实状况在描述中带来的模糊性

在调查研究报告中，常常将历史状况和现实状况结合在一起描述，特别是在单体建筑物、构筑物的表述上，哪些是历史上存在现在仍大致原样留存下来的，哪些是历史上存在现在不存在的，哪些是历史上存在现在经过怎样的演变而以怎样的风貌展现出来的，这几个方面并未清楚描述。

（6）标题与实际内容中调查研究范围的差异

例如在关于临清历史文化名城的调查研究报告中，文章的标题为《国家历史文化名城研究中心历史街区调查研究——鲁运河沿岸古镇：临清》，给人的第一印象是调查研究范围是整个临清镇。而实际的调查研究内容只是关注其中的一条历史街区——中州历史街区。所以文章标题和实际调查研究内容的涉及范围存在差异。笔者认为在历史文化街区的调查研究中，因历史文化街区的范畴很广，如前所述，文化名镇、名村中的古镇、古村落部分都可以称为历史文化街区，所以此时就应合理划定调查研究范围，尽可能将被调查研究历史文化街区合理缩小，以方便调查研究。对于有关联的几个历史文化街区可以在分别调查研究的基础上再进行关联性研究，对整体调查研究报告和分体调查研究报告进行系统整合。

（7）关注未来发展的"保护建议"

名城研究中心的调查研究工作不是仅仅停留在对街区历史和现状的调查研究中，中心已经认识到尽管该调查研究工作不是作为称号申

报、保护规划制定的前期工作来进行的，但却是为今后历史文化街区可能进行的保护工作服务的。所以该调查研究报告在内容上需要发现历史价值和现状问题并寻找原因，同时为今后该历史文化街区的发展提出意见。正是有了这样的理念，有80%以上的调查研究报告给出了保护建议这项内容。

（8）各分项内容调查研究结果的多样化表达和图示语言的相对不足

名城研究中心的调查研究报告中，在各分项内容调查研究结果的表达方式上多样且灵活。具体可以归纳为文字、照片、图示语言①这三种方式。各方式根据调查研究内容不同有时独立运用，有时相互结合起来运用。在文字描述之外再运用图示语言和照片，可以增加调查研究报告的易读性和科学性。以下是53份调查研究报告中，各分项内容的调查研究结果所运用到的表达方式统计（表3.14—表3.17）。

表3.14　　　　　"整体格局"调查研究结果表达方式统计

表达方式 ＼ 统计项	调查研究报告数（个）	占调查研究报告总数（53个）的百分比（%）
文字描述	2	3.8
文字描述结合照片	24	45.3
文字描述结合图示语言	1	1.9
文字描述结合照片及图示语言	26	49.0

表3.15　　　　　"建（构）筑物"调查研究结果表达方式统计

表达方式 ＼ 统计项	调查研究报告数（个）	占调查研究报告总数（53个）的百分比（%）
文字描述结合照片	37	69.8
文字描述结合照片及图示语言	16	30.2

---

① 为阐明某一内容或是针对某一内容的调查研究结果进行分析后自我绘制的分析性绘图、统计性图表或是史料、文献及其他资料中已有的地图、绘图等。

表 3.16　　　　　　　　　　"民俗"调查研究结果表达方式统计

统计项 表达方式	调查研究报告数（个）	占调查研究报告总数 （20 个）的百分比（%）
文字描述	16	80
文字描述结合照片	4	20

表 3.17　　　　　　　　　　"保护建议"调查研究结果表达方式统计

统计项 表达方式	调查研究报告数（个）	占调查研究报告总数 （43 个）的百分比（%）
文字描述	43	100

　　通过统计可以看出在"整体格局"这项内容中主要是运用了文字描述结合照片、文字描述结合照片及图示语言这两种方式。在"建（构）筑物"这项内容中只采用了两种描述方式：以文字描述结合照片为主；以文字描述结合照片及图示语言为辅。这些都反映出名城研究中心的调查研究较为关注现场调查研究后直接获得的调查研究成果，调查研究带有较为明显的"现场性"。而在"民俗"内容的描述中，绝大多数调查研究报告采用了文字描述这种形式，有20%的调查研究报告运用了文字描述结合照片的形式。另外值得关注的是在进行"民俗"相关内容调查研究的 20 份调查研究报告中没有一个采用图示语言这一表达方式，在该方面内容的易读性和科学性方面仍有待探讨研究。而在"保护建议"方面则全部采用的是文字描述。

　　总而言之，当前名城研究中心的调查研究结果表达方式上，已经体现出建筑学专业的特长，擅长图示语言的使用。但略显不足的是，就图示语言的使用而言，偏向于分析性绘图，特别是依赖于总平面图的分析图使用（彩插图 4—6），而少用量化的统计性图表。反映出调查研究以定性为主的评价方式。调查研究期待更进一步的定量化。

四　我国历史文化街区保护中的调查研究工作特点总结

（一）调查研究工作有待制度化

制度化是指群体和组织的社会生活从特殊的、不固定的方式，向被普遍认可的固定化模式转化的过程。制度化是群体与组织发展、成熟的过程，也是整个社会生活规范化、有序化的变迁过程。制度化代表着有序和效率。

如前所述，我国的调查研究工作依不同的保护出发点分开进行。其中基本等同于日本"传统建造物群保存对策调查"的调查研究，可以理解为我国历史文化街区保护中的下述两类调查研究工作的结合体，即历史文化街区称号申报制度中的调查研究工作和保护规划编制制度中的调查研究工作。无论是上述两类调查研究工作中的哪一类，同日本"传统建造物群保存对策调查"相比较，都缺少制度化管理，还处于不固定、较随意的状态。

历史文化街区保护调查研究工作的制度化是整个历史文化遗产保护日益走向制度化的一个环节和方面。作为历史文化遗产科学保护的工具，如果调查研究工作本身不具备结构合理、素质优良的专业工作者，不具备有序的程序机制、高效的管理机构、合理的资金支持，就无法达成整个历史街区保护的有序、高效、合理的运作，科学二字也就无从谈起。

（二）调查研究内容有待规范化

规范是指某个群体所确立的行为标准。它们可以由组织正式规定，也可以是非正式形成。我国历史文化街区保护调查研究内容无论从约束性文件角度，还是从普遍认识角度，都没有形成统一明确的规范约束。如前所述，实践型保护中的调查研究内容存在明显的个体差异，各历史文化街区调查研究的内容从广度和深度上均参差不齐。出现这一现象，主要有以下几点原因：

首先，缺少约束性文件的强制规定。如前所述，各类约束性文件对于历史文化街区申报、保护规划编制所需调查研究内容设定都无明文规定。

其次，对于调查研究内容设定的原因和目的，也不作强调。没有明晰调查研究内容设定的理论依据和现实依据。缺少正确的理论指导，缺少对现状的分析，调查研究自然不可能正常开展。历史文化街区调查研究涉及多个领域，存在着许多问题。就理论依据，它客观上不仅需要辩证唯物主义和历史唯物主义的理论作指导，还需要相应的历史文化遗产保护理论、建筑学规划学理论等作支撑，二者缺一不可。每一个历史文化街区的调查研究都必须明确各项调查研究内容设定的理论和现实依据。

最后，内容设定中没有明晰调查研究最终的目标，降低了调查研究成果与历史文化街区保护的政策制定、规划编制、保护与利用途径选择之间的联系。从某种意义上说，我们所做的一切工作，都是为了解决问题。问题的提出、思索、分析，以至于解决，无一不应以调查研究为基础和先导。对于历史文化街区保护的调查研究工作而言，其目标就是为了全面评价被调查研究街区的价值，对于有价值者依据调查研究结果制定和落实保护措施。因此，无论哪一项调查研究内容的设定，都要以解决问题为出发点和目的。

总之，当前我国历史文化街区保护调查研究内容的不规范，无法保证调查研究成果的科学性，无法保证历史文化街区价值的全面认识和深入发掘，也就无法保证保护措施的正确制定，这也是当前我国历史文化街区保护中亟待解决的问题。

（三）调查研究方法有待客观化

调查研究的方法可以分为调查方法和研究方法两个方面。从广义上而言，调查的方法有查阅法、观察法、开会调查法、个别访问调查法、蹲点调查法、信访调查法、通讯调查法、问卷调查法等。伴随着现代科学的进步，调查方法上还出现了统计调查、抽样调查、专家调查、民意测验等。

在历史文化街区全部调查结束后，要对来自各方面的材料通过多种研究方法加以分类归纳，分析提炼，从而达到全面评价历史文化街区价值的目的，并为保护措施制定提供比较明确的依据。对收集到的资料的研究，是整个调查研究中最重要的环节。一般的研究方法有：归纳法、对照法、计算法、图示法和编程处理法。

（1）归纳法

这是通过个别性前提得到一般性结论的逻辑推理方法。一般调查研究过程总是遵循这一逻辑程序的。如果作为个别事物的调查对象不断重复相同或相似的结果，那么从中抽出的一般性结论大多是正确无误的。调查研究后对其数据进行归纳，获得有关反映某项工作的一系列资料，归结出规律性的结论。例如，在历史文化街区的调查研究中，通过对若干建筑物细部设计方法的归纳总结，可以得到该街区常用的细部设计方法。从而为今后的保护工作提供依据。

（2）对照法

对照法亦即比较法，是将调查出来的两组或两组以上的材料加以对照比较，从中获得有关结论。在历史文化街区的调查研究中，可以通过对同一区域内的成功保护案例进行比较研究，获得对本街区将来保护有利的信息。

（3）计算法

这是一种处理调查结果的数学计算方法。许多科技领域的调查研究常常采用这种计算方法。在历史文化街区调查研究的问卷调查结果研究中常采用此种方法。如第二章日本"传统建造物群保存对策调查"的"社会调查研究"部分就常用此方法。

（4）图示法

用图示表达调查结果，最具直观效果，结论呈现清晰、有说服力。该方法也是我国当前最常用的研究方法之一。

（5）编程处理

编程处理是将查找到的资料信息数字化后，利用计算机加以处理，获取需求的结论。在历史文化街区调查研究中对于现实状况的三维模拟，对于建筑物单体平立剖面的数字化处理，或是对于保护措施实施后的未来情景模拟等都属于该研究方法。

实践表明，成功的调查研究，是与正确地使用调查方法和研究方法分不开的。当前我国历史文化街区保护的调查中，主要采用的是专家调查。专家依靠现场踏勘、物件测绘和文献查阅这三个主要手段来收集有关历史文化街区的全面资料。对于民意测试、统计调查等现代科学中常用的调查方法运用并不广泛。而当前我国历史文化街区对于获取信息进行研究的方法运用上，除图示法、编程法（更多的是对于平立剖面的数字化和对于未来情景的模拟）使用较多外，其他方法运用较少。评价结论的得出依赖于调查者自身主观评价的居多，成果的客观性不足，缺少有说服力的数据统计、图表和图示等。

调查研究的首要目标是弄清事实，通过大量而充分地占有直接的或间接的第一手资料、搞清事实真相，是取得正确认识、得出正确结论的前提和基础。只有客观准确的事实才能令人信服。而科学、客观的多种调查研究方法的使用则是保证结论客观性的有利手段。

第四章

历史文化街区保护调查研究工作体系架构

本书架构的历史文化街区保护调查研究工作体系由资金保障机制、程序机制、内容导向机制三部分共同构成。

第一节　资金保障机制——设立调查研究的专项资金

受日本"传统建造物群保存对策调查"中国家和地方政府两方面专项资金支持的启示，结合我国国情，构想在我国历史文化街区保护调查研究工作体系中设立用于调查研究的专项资金，由国家和地方政府每年从本级的财政预算中安排一定数量的资金，专门用于历史文化街区的调查研究工作。资金支持对象由国家和地方政府组织各部门和专家从申请资金支持的拟保护历史文化街区中选出高价值者。

我国历史文化街区的保护中，设立调查研究的专项资金对于调查研究工作的有效开展意义重大。当前，我国各类调查研究费用一般从国家和地方政府的保护资金、设计单位的设计费用、学术研究的课题资金中抽取，抽取的额度并无规定。这种资金分配不明确的现状是我国历史文化街区调查研究工作无法独立开展的原因之一。而专项、独立的调查研究资金的设立有利于调查研究工作的独立、广泛展开，有利于将保护范围扩展到过去较少被注意的偏远历史文化街区或从直观判断上文化价值或经济价值不显著的历史文化街区。完善资金保障机制对于扩展保护的广度，宣传较少被关注的历史文化街区，提高政府部门、专业人士和普通公众对历史文化街区的重视等方面有着积极作用。

当前我国历史文化街区保护中，设立调查研究的专项资金是可行的。2008 年 7 月 1 日起施行的《历史文化名城名镇名村保护条例》中明文规定："国家对历史文化名城、名镇、名村的保护给予必要的资金支持。历史文化名镇、名村所在地的县级以上地方人民政府，根据本地实际情况安排保护资金，列入本级财政预算。"地方性法规，如《浙江省历史文化名城保护条例》也明文规定："县级以上人民政府应当把历史文化名城、历史文化保护区保护所需经费列入同级计划与财政预算，专项用于保护规划确定保护的建筑物、构筑物及历史文化街区的维修、整治和保护规划的编制。"因此，作为历史文化街区保护基础和重要一环的调查研究工作，从国家以及地方政府的历史文化遗产保护资金中独立出调查研究的专项资金并非没有实现可能。

另外，《历史文化名城名镇名村保护条例》中还表明"国家鼓励企业、事业单位、社会团体和个人参与历史文化名城、名镇、名村的保护"。历史文化街区的调查研究工作作为保护的一个环节，其费用只占街区保护费用的较少部分，积极争取社会资金来协助调查研究工作的开展既有必要也有可能。其实，我国历史文化遗产的保护中，早有民间资金的介入。例如我国在 20 世纪 80 年代，北京大地建筑事务所就设立了"大地农村发展基金"。曾经为周庄镇的保护规划提供过资金帮助，这个基金对于江南古镇的保护有一定程度的贡献。近年来，作为非营利性组织的"上海阮仪三城市遗产保护基金会"（RHF）①将基金会的资金主要用于支持中国城市遗产保护事业，其中包括资助和奖励对中国城市遗产保护事业作出杰出贡献的个人和组织；进行城市遗产的科研、教育培训和学术交流活动；从事历史建筑的购入、修

---

　　① "上海阮仪三城市遗产保护基金会"（RHF）于 2006 年 6 月 9 日正式成立，作为非公募基金会，基金会的登记管理机关是上海市社会团体管理局，业务主管单位是上海市城市规划管理局。

复、运作等项目的规划，并参与保护；向行政等相关部门呼吁或向市民提供信息，通过媒体开展普及、启蒙活动，提高市民的历史环境保护意识；收集有关地区历史的资料，为社会提供相关的信息和相应的技术援助，以及按照捐赠者意愿进行的资助项目等。[①] 上述基金并不是专门针对历史文化街区的调查研究工作设立的，而日本已经有社会资金专门用于历史文化街区调查研究工作的成功事例。例如前述（第二章）的"财团法人日本国家信托基金"，支援开展的旅游资源保护调查就是社会资金中的专项调查研究资金。我国同样可以拿来借鉴、鼓励和支持社会捐助，开辟多种资金来源，保障历史文化街区调查研究工作的顺利开展。

第二节　程序机制——法定化调查研究开展程序

受日本"传统建造物群保存对策调查"唯一性、权威性，以及该工作体系对于调查研究成果的有效监督管理的启示，同时借鉴我国当前建设工程项目"可行性研究"的工作框架，在我国历史文化街区保护现状的基础上，完善调查研究工作开展的程序机制，规范调查研究操作流程，并特别强调对于调查研究成果的审批。

和日本"传统建造物群保存对策调查"的唯一性相反，当前我国历史文化街区保护的调查研究工作带有依附性，它属于申报、规划编制的前期工作。针对一个历史文化街区，常出现多个调查研究成果。这种现状使得各调查研究在深度、观点的一致性方面难以得到保证，调查研究成果也因此缺少权威性。

另外，作为保护措施制定依据的调查研究成果，在保证其有效性、科学性的监督管理措施方面，我国较日本也有所不足。笔者认为，历史文化街区保护调查研究工作的程序机制有必要借鉴当前我国建设工程项目中可行性研究工作的开展模式。建设工程项目可行性研

---

① 上海阮仪三城市遗产保护基金会网站：http://www.ryshf.org/cms/。

究是："在投资决策前，对项目有关的社会、经济和技术等各方面情况进行深入细致的调查研究；对各种可能拟定的建设方案和技术方案进行认真的技术经济分析与比较论证；并对项目建成后的经济效益进行科学的预测和评价。在此基础上，综合研究、论证建设项目的技术先进性、适用性、可靠性、经济合理性和有利性，以及建设可能性和可行性。由此确定该项目是否投资和如何投资，或是就此终止，不投资，还是继续投资使之进入项目开发建设的下一阶段等结论性意见，为项目决策部门对项目投资的最终决策提供科学依据和作为开展下一步工作的基础。"[1] 而批准的可行性研究是"项目建设单位筹措资金特别是向银行申请贷款或向国家申请补助资金的重要依据，也是其他投资者的合资理由根据。凡是应向银行贷款或申请国家补助资金的项目，必须向有关部门报送项目的可行性研究。银行或国家有关部门通过对可行性研究的审查，并认定项目确实可行后，才会同意贷款或进行资金补助。如世界银行等国际金融组织以及我国建设银行、国家开发银行等金融机构都要求把提交可行性研究作为建设项目申请贷款的先决条件"[2]。受建设工程项目可行性研究工作先行和审批机制的启示，将历史文化街区的调查研究作为保护前的"先行"工作。在决定是否保护以及保护措施制定前，首先需对历史街区的文化价值、文化价值转变为经济价值的可能性等进行深入细致的调查研究并给予评价；对各种可能的保护模式进行初步构想，对保护模式的资金平衡问题进行预测和评价。调查研究报告需审批通过方可进行后续的申报和规划编制工作。审批通过的调查研究报告成为今后是否保护、保护措施如何制定的依据。今后的保护措施不得违背调查研究报告中已经论证的基本保护原则。

历史文化街区保护的调查研究程序有必要法定化，本书将调查研究工作结合历史文化街区的称号申报、规划编制工作，形成如图 4.1 所示的保护工作开展流程。

---

① 葛良文：《建设工程项目可行性研究的工作框架及作用》，载《安徽科技》2007 年第 2 期。
② 同上。

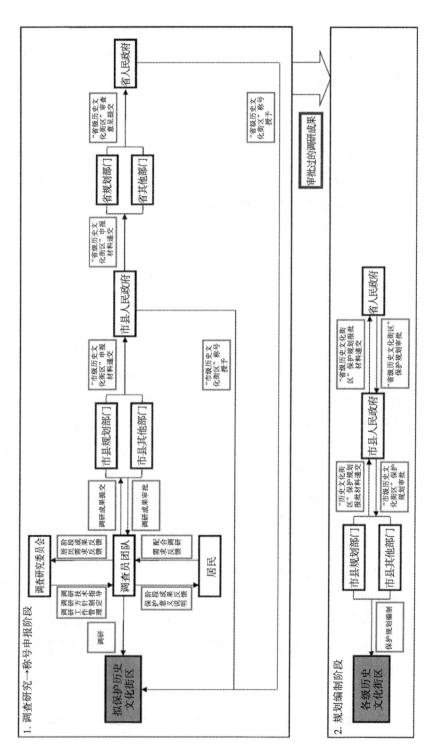

图 4.1　各级历史文化街区保护工作开展流程

一 调查研究开展与成果审批

在图 4.1 所示的保护工作开展流程中，首先要求对拟保护历史文化街区的文化价值、经济价值进行综合性评价。为完成此项工作，由历史文化街区所在市县级行政主管部门（如规划部门）组织专业团队对拟保护历史文化街区开展科学、系统的调查研究工作。对调查研究工作的最终成果，需组织历史文化街区保护相关各行政部门（如文物部门、房产部门等）、各学科专家共同进行评审，就成果的科学性进行论证。

二 称号申报与核定公布

根据调查研究成果，判定具有较高文化价值的拟保护历史文化街区，由市县级行政主管部门（如规划部门）会同其他相关行政主管部门（如文物部门、房产部门等）依据调查研究的成果组织编制申报材料，报市、县人民政府核准公布为市级历史文化街区。对于市级历史文化街区中文化价值特别显著的街区，由市、县人民政府申报，经省行政主管部门（如规划部门）会同其他行政主管部门（如文物部门、房产部门等）审核同意后，报省人民政府核准公布为省（自治区、直辖市）级历史文化街区。

三 保护规划编制与成果审批

对各级历史文化街区，由所在地市县级行政主管部门（如规划部门）会同其他相关行政主管部门（如文物部门、房产部门等）组织编制保护规划，保护规划需要以审核过的调查研究报告为设计依据，可按需要进行补充性的调查研究工作，但不得违背调查研究报告中已经论证的基本保护原则。当观点和调查研究报告确实出现不一致性时，

需在保护规划编制时给予说明并给出论证依据。

在上述程序机制中，调查研究工作成为保护开始的第一步，独立形成工作体系。同时它又和申报制度、规划编制制度一同形成更高层级的历史文化街区保护体系。对于审批通过的调查研究成果被赋予法律效力，成为历史文化街区相关其他保护工作，如称号申报、规划编制工作开展必须遵循的依据。

四　其他建议

为促进程序机制的完善和调查研究工作的科学、系统、有效开展，笔者建议借鉴日本"传统建造物群保存对策调查"，以调查研究委员会、调查员团队相互结合的方式组建专业团队开展调查研究工作。图4.2为本著作建议架构的调查研究工作开展模式。

（一）明确主管和协助的行政部门

当前，我国历史文化街区主要是从街区的空间结构以及被保护建筑物和构筑物的周边环境角度进行保护的，而这方面的技术支持主要由城市规划部门承担，所以当前历史文化街区保护的行政主管机构是中央的建设部和地方城市建设或规划管理部门。而我国的文物部门则是历史文化街区中，文物古迹、各级文物保护单位、历史建筑的主管部门。同时，在历史文化街区的保护中，文物部门还要协助并监督城市建设或规划管理部门开展历史文化遗产保护方面的有关工作。此外，环境保护、土地、房地产、园林、市政设施等有关部门，按照各自法定的职责范围也需要配合城市建设或规划管理部门实施历史文化街区的保护工作。但是，就调查研究工作这个保护环节的现状而言，行政部门的任务和职责是没有被明确提出的。调查研究工作，也应该像历史文化街区保护规划的编制那样，明确主管和协助的行政部门，并使其在调查研究工作的开展中履行相应职责。

为保持行政权属的延续，笔者构想在历史文化街区的调查研究工

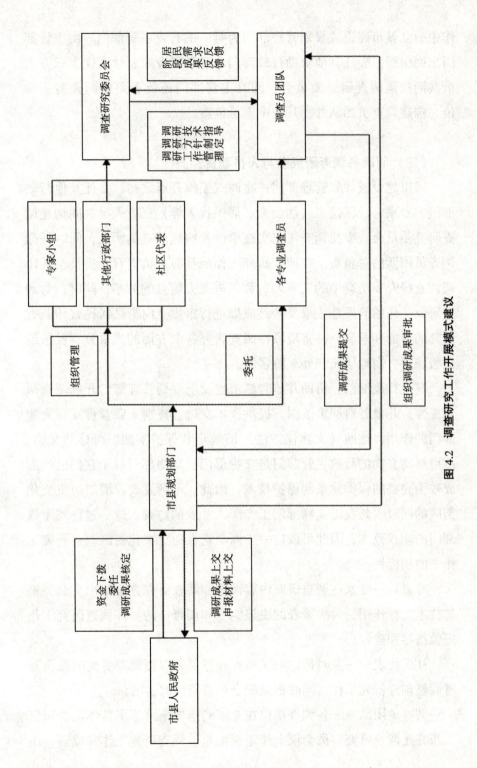

图 4.2 调查研究工作开展模式建议

作中确立城市建设或规划管理部门为唯一的行政主管部门。由主管部门出面组织、委任其他协助行政部门、各学科专家、社区代表三方人员共同构建调查研究委员会。同时主管部门还负责委托调查实施单位、构建调查员团队并在其中设置总负责。

（二）明确各调查研究参与人员职责

城市建设或规划管理部门：在调查工作开展之初，委任其他行政部门、专家、社区代表（居委会、居民代表等）三方人员共同构建调查研究委员会。委托调查研究实施单位及构建调查员团队，同时任命调查员团队的总负责。在调查研究工作展开时，负责召开委员会，协调调查研究委员会中的三方人员和促进三方信息的共享，同时，对调查研究工作的阶段性成果及最终成果进行审批。向街区居民宣传调查研究的目的和意义，并将阶段性调查研究各个方面的成果分别反馈给上级领导、当地居民和外来游客等。

其他行政部门：协助并监督城市建设或规划管理部门开展调查研究工作，并依各自职责范围，提供技术支持。特别是要着重发挥文物部门的作用，按照《文物保护法》的规定和保护实践，可移动文物、不可移动文物的行政主管部门是文物部门。文物部门对于它们已经形成较为完备的保护体系和保护技术。因此，不断发现、增加历史文化街区的同时也是我国文物部门工作深入开展的过程，这一过程属于该部门的职权范围，因此可以进一步调动它在历史文化街区调查研究工作中的积极性。

专家——专家在调查研究内容设定和调查研究方法使用上起关键的技术支撑作用，为决策者的决策制定和调查员的具体调查研究工作提供指导和建议。

社区代表——及时传达居民需求和意见，以便调查研究委员会及时调整调查研究工作。同时积极配合调查研究的实施。

调查员团队——各调查单位在专家的指导下，落实具体调查研究工作并在调查研究委员会议上作定期汇报。调查研究工作完成后，由团队总负责组织各家调查单位进行成果的汇总成册工作，并将调查研究报告交主管部门审批。

（三）调查研究内容特点与人员知识结构特点相结合

历史文化街区的调查研究工作涉及历史、科学、艺术、经济、社会等多个层面。当前，我国历史文化街区保护的调查研究工作多由城市规划、建筑史专业人员着手进行。虽然从某种意义上说，建筑与规划作为一门实践性学科，内容涉及社会、经济、文化等多个层面，兼有自然科学与社会科学双重性，但目前我国的建筑和规划学教育，比较偏重物质形态设计技能的培养和建筑工程基础知识的传授等。在调查研究操作中，多局限于具体的物质资源层面，比较依赖感官和经验性的评判，在调查研究后对于数据资料的研究分析上呈现出学科弱势，对赖以生长的区域文化、历史传承、人地关系等人文方面也缺乏必要的关注。针对这样的现状，一方面建筑和规划人员、行政人员要不断完善自身知识结构。另一方面，日本"传统建造物群保存对策调查"中专家和调查人员构成的学科综合性值得我国学习借鉴。在调查研究工作中，应善于将某些相关学科，如管理学、地理学、历史学、艺术学等作为对建筑规划学的知识补充。总之，需把历史文化街区的调查研究工作视为一项综合的、学科交叉的工作。除应保证行政部门的综合性外，在调查研究委员会专家和调查员团队的学科构成上，也应强调综合性。

在参考中日优秀历史文化遗产保护以及相关调查研究案例后，笔者构想：就行政部门而言，在以建设或规划部门为主管的同时，还应该重视文物或文化管理、环境保护、土地、房地产、园林、市政设施、工商、旅游等有关部门，配合并监督主管部门实施历史文化街区的调查研究工作。就专家、调查员而言，在以建筑史、规划专业为主的同时，要吸纳建筑设计、建筑技术、环境艺术、民俗、景观、文物、历史等方面的专家和技术人员。图4.3为本书建议的调查研究工作参与人员构成。

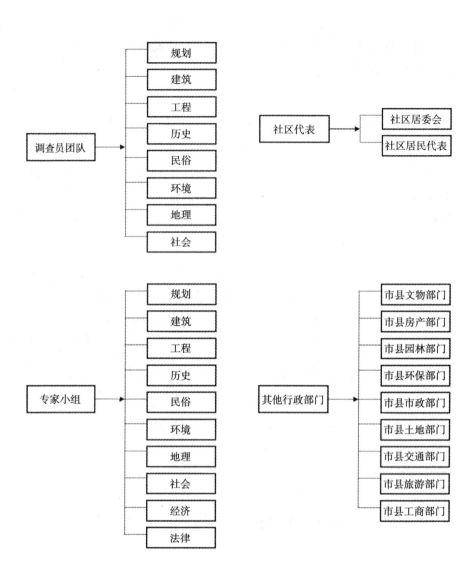

图 4.3　调查研究工作参与人员构成建议

（四）建立专家与调查员的关联性

　　根据目前我国对历史文化街区调查研究工作开展的实际情况，建议遵循如下的组建原则：专家、调查研究实施单位应尽量委任历史文化街区所在地或周边的、熟悉当地状况的专业机构。要注重合理利用高等院校的人力资源。同时，尽量使同一调查研究内容的指导专家和调查员来自同一单位，二者联络的便利性和信息共享将有利于调查研究工作的顺利开展。

（五）出版调查研究成果

调查研究成果的出版是调查研究工作接受公众监督鉴定的表现，同时调查研究成果作为重要的学术研究资料也可为其他学者的相关研究活动或其他历史文化街区的此类调查研究工作提供参考。因此本书建议，在条件允许的情况下，调查研究的主管部门应积极落实调查研究成果的出版发行工作。

第三节　内容导向机制——规范化调查研究内容和方法

一　内容导向机制及架构依据

为使历史文化街区调查研究工作体系得到进一步完善，本书尝试在调查研究工作中引入规范化调查研究内容和方法的内容导向机制。该机制通过调查研究指导性内容框架系统的建立发挥作用。本书架构的调查研究指导性内容框架系统对调查研究的内容和调查研究的方法有目标设定。该目标并不是要成为针对具体调查研究工作的强制性法律条文，而是希望成为能够引导调查研究方向和明确调查研究目的的指导性框架。

（一）理论依据

1. 系统思想

系统思想是一般系统论的认识基础，是对系统的本质属性的根本认识。一般系统论的基本思想方法就是把所研究和处理的对象当作一个系统，一个由一定数量相互联系的要素所组成的、具有特定功能的有机整体，进而分析系统的结构和功能，研究系统、要素、环境三者

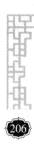

的相互关系和相互变动的规律性。系统论的任务，不仅在于认识系统的特点和规律，更重要的还在于利用这些特点和规律去控制、管理、改造或创造系统，使它的存在与发展合乎人的目的需要。

历史文化街区调查研究工作的内容导向机制中，规范化内容框架的形成是对历史文化街区价值全面认识和深入发掘的保证。本书拟架构一个"历史文化街区保护调查研究的指导性内容框架系统"（以下简称"指导性内容框架"）。

"指导性内容框架"作为一个系统，有着结构性、层次性、开放性、整体性等系统特征。在结构上，"指导性内容框架"将对历史文化街区的调查研究内容分为概况、地段整体、建筑物、景观风貌、居住生活环境和保护建议等六个大类内容。每一大类内容下按照层级结构为逐层细化的子内容项。内容分类按照从整体到局部，从关注客体到关注主体，从现状情况把握到初步保护建议提出等逻辑进行。"指导性内容框架"基本包括了历史文化街区保护调查研究内容的方方面面，保证了内容的全面性。同时其各子内容之间也并非完全孤立，处于不同类别或不同层级的子内容之间强调发现其相互影响、相互制约和相互作用的联系性。

系统思想告诉我们，"指导性内容框架"首先是一个需要我们不断优化的系统结构，以实现整体的最佳功能——即更好地为历史文化街区保护工作提供原始资料和依据；其次，我们要重视层次间即六大类内容及其分支内容项的动态有序，以保持结构的相对稳定性；最后，该框架本身应该是一个开放而非固定不变的系统，重视并善于利用外部条件，因地因时地增减调查研究内容项。甚至对于不同调查研究对象的不同内容项有所偏重也应该是"指导性内容框架"的一个基本要求。

"指导性内容框架"具体按照如下方式架构：以我国当前历史文化街区保护的现状为背景，以前文中作者归纳总结的"国家历史文化名城研究中心"的调查研究内容框架为基础（表3.11），结合我国历史文化街区申报和保护规划编制的相关规定、历史文化名城名镇名村申报和保护规划编制的相关规定，借鉴优秀保护案例中调查研究的内容设定，借鉴日本"传统建造物群保存对策调查"内容框架。在大量统计工作后对整理出的不同内容项进行综合归类，相类似内容项进行对比取舍，最终以清晰有条理的内容框架表格的形式呈现。（表4.1）

需要指出的是，除了大多数普遍得到认可和使用的内容项，"指导性内容框架"中还包含了我国当前历史文化街区调查研究工作中较少涉及的内容项①或有涉及但目的未明晰②的内容项，本书将在下文中分别阐述加入的理由，明晰其调查研究目的。

2. 具体内容设定的主要理论依据和现实依据

（1）我国历史文化街区保护前的普遍状况

我国在对某个具体历史文化街区实施保护前，普遍存在的问题有以下两点：一方面，历史文化街区中的建（构）筑物由于疏于修理，日渐残破，其原有的文化价值受到了威胁。另一方面，原有的建筑空间条件和基础设施渐已无法满足新的社会生活需要，其原来作为居住或商业空间的经济价值降低。而大多数历史文化街区常常位于市（镇、村）的中心位置，经济价值降低的同时，人口密度反而陡然增大，违章加建改建增多，街区更显疲惫不堪，风貌完整性被严重破坏。

（2）历史文化街区的保护原则

本书所认同的历史文化街区的保护原则：

第一，要保护历史的真实性，尽量多地保存真正的历史遗物，对

----

① 本文"指导性内容框架"中的"较少涉及的内容项"是指在各类约束性文件中少有或没有提及，在实际保护案例的调查研究工作中少有或没有提及的内容项。以占地规模中文物古迹和历史建筑占地比例这一项内容为例，在约束性文件中，除了《历史文化名城保护规划规范》GB 50357—2005 有所涉及外，在国家历史文化名城研究中心的53 份调查研究报告中均无涉及，优秀的保护案例，如黟县西递古村的保护规划编制的调查研究中也不曾提及。所以本文将其归纳为较少涉及的内容项。

② 本文"指导性内容框架"中的"涉及但目的未明晰的内容项"是指在各类约束性文件中，或在实际保护案例的调查研究工作中，调查研究目的不明晰或是调查研究成果表现方式不明晰的内容项。

既有历史建筑进行抢救、维护、修整。同时积极发现新的值得保护的历史建筑物。

第二，要保持风貌的完整性，不仅要保护文物古迹、历史建筑，还要保存构成整体风貌的所有要素，包括道路、街巷、院墙、小桥、溪流、泊岸和古树等。

第三，要在维护生活的延续性的基础上完成对街区的振兴，尽可能维持原有社会功能，改善居民生活环境，重新焕发街区活力。

从《历史文化名城保护规划规范》中规定的历史文化街区应具备条件的前两条，即有比较完整历史风貌，且构成历史风貌的历史建筑和历史环境要素基本上是历史留存的原物，可以看出历史文化街区具有历史真实性和风貌完整性这两个特征。对历史文化街区保护的重点也就是保护这两个特征，以保存其特有的文化价值。此外，该规范还要求历史文化街区的保护规划应包括改善居民生活环境、保持街区活力的内容，换言之也就有维护生活延续性并达到街区振兴的要求。在这里需要强调的是"振兴"的概念。所谓振兴就是"通过经济的发展为街区保护、维护和改善提供财政支持"①。它的含义非常广泛，根据不同条件而呈现的具体形式包括有以旅游和文化产业为先导的振兴、以住宅建设为先导的城市振兴、工业及商业街区的振兴等。

明确了历史文化街区的保护原则，对于调查研究内容框架的架构具有指导性意义。内容框架各内容项的设定从服务于街区保护的意义上可以分成三大类：其一是尽可能发现和发掘历史文化街区从整体到局部的文化价值；其二是努力寻找历史文化街区现有的和潜在的经济价值；其三是了解历史文化街区居民的民生和民意。这三大类涵盖了历史文化街区调查研究内容的大部分，提高文化价值是历史文化街区保护的核心内容，发展经济是历史文化街区振兴的前提，而环境的改善、居民生活水平的提高则是以人为本的社会发展的需要。

---

① ［英］史蒂文·蒂耶斯德尔、蒂姆·希思、［土］塔内尔·厄奇：《城市历史街区的复兴》，张玫英、董卫译，中国建筑工业出版社 2006 年版，前言。

（3）场所理论

建筑理论家诺伯格·舒尔茨发展了"场所理论"。他在《西方建筑的意义》一书中对存在、意义和符号做了生动而深入的阐释。他认为人类拥有其他动物所不具备的抽象和概括的能力，或者说归纳的能力。舒尔茨的"场所"概念中，特征构成了建筑真正的主体，而建筑师的任务，是创造一个有着特殊的、有意义的场所特征。

历史文化街区由于其产生于特定的历史环境之下，且经历了时代的变迁，文化的积淀，形成了有其自身突出特点的"场所特征"。在现代社会中，由于其带有的值得记忆的历史信息、差异性的空间形式、建筑细节和景观风貌而被赋予了特殊的意义。当前对文化旅游的关注和对历史文化街区的保护热潮很好地反映了这样的认识。

根据上文对场所概念的阐释，为历史文化街区保护服务的调查研究内容在发现和发掘街区的文化价值层面，很大程度上和寻找街区的"场所精神"是相吻合的。这是因为场所一方面意味着有特征空间的概念，即不同于他处的空间形式、气氛和情境等，如街区整体格局特点、建筑物特点、景观风貌特点等内容。另一方面意味着文化空间也即"人"的空间的概念，即空间中由于人类活动而留下的痕迹、事件或物件，如街区发展变迁的历史渊源，民俗、地域文化和名人名事等内容。因此，本书以场所理论作为指导性内容框架中发掘文化价值层面的理论依据。

（4）居住环境理论

居住环境是指围绕居住和生活空间的生活环境综合，从狭义上说它是指我们居住的实体环境，从广义上说它还包括社会、经济和文化等环境。居住环境是所有人类生活的基础，创造和完善居住环境是城市政策的首要目的之一。同样，在进行历史文化街区保护工作时，对原有居住环境的改善也应该是一个必须。

世界卫生组织（WHO）在1961年就已提出了健康的人居环境的四个基本理念，即"安全性"（safety）、"保健性"（health）、"便利性"（efficiency）和"舒适性"（comfort）。

这种人居环境理念一直延续到 20 世纪 90 年代。其后随着地球保护意识、可持续发展意识的增强，居民和生活环境的关系也发生着变化，逐渐由居民生活环境被动影响转变到居民积极改变环境的阶段。东京大学空间情报科学研究中心教授浅见泰司在他的著作《居住环境——评价方法与理论》一书中面对"环境可持续性"、"社会可持续性"和"经济可持续性"等新课题做出了回应，在世界卫生组织的健康人居四大理念基础上增加了"可持续性"一项，要求在当地生活和活动的主体对未来的社会作出贡献。然而，浅见也指出，"可持续性"项——环境可持续性、社会可持续性和经济可持续性的涵盖范围非常庞大且难以指标化。

中国人居环境研究从 20 世纪 80 年代才开始起步，其建立和发展基本上是沿袭上述西方建成环境评价学体系。[①] 我国目前人居环境的评价方式主要是概念评价、事后评价为主体的主观评价。就评价区域而言，多以社会主义建设时期的住区为主，对于历史文化街区人居环境的评价还处于缺失状态。笔者的"指导性内容框架"沿用世界卫生组织健康人居环境的四个基本理念，在居住满意度部分的居民评价部分将第五项由较为抽象的"可持续性"改为另有学者使用的"社区性"[②] 项，以保证每一项都与居住满意度有直接关系。

理解以上调查研究各内容设定背后的原因，建立保护理论与保护实践之间的联系，有助于增强历史文化街区保护实践的学术性，以进一步规范历史文化街区保护中调查研究工作的内容设定。

---

① 朱小雷：《"风水说"的现代人居评价学批判》，载《广西大学学报》（哲学社会科学版）2002 年第 4 期。

② GE Jian、K. Hokao、Y. Uehara、T. Matuyuki："Residential lifestyles considering personal preferences, residential emphasis and satisfaction", *Proceeding of International Symposium on Lowland Technology*, 2004, pp. 303—308. 文中使用"community"即"社区性"作为居住满意度调查研究的第五项。

（二）历史文化街区调查研究指导性内容框架

表4.1为本书架构的历史文化街区调查研究指导性内容框架：

表4.1　　　　　　　　　　　　指导性内容框架

分项内容	各项分支内容		我国开展现状	调查研究目的
一、概况	史料	名称	未明晰①	历史文化街区调查研究的部分工作属于史学研究范畴。而史料对史学研究而言至关重要。此外，其他调查研究内容的开展也需从史料中获取信息
		概要		
		保存人		
		存放地		
	位置	所在城市（村镇）	未明晰	对于历史文化街区，尤其是处于较偏远地理位置的历史文化街区，此项内容的设定有利于了解街区在广域范围内的可达性，评价街区是否具有发展区域旅游的可能。对于今后进行的以旅游为引导的保护模式可以在交通方面给予科学的评价
		周边		
		区域交通		
	规模	人口规模	未明晰	生活原真性的维持是历史文化街区保护的内容之一。保护规划中原有居民的保有率是衡量生活原真性维持与否的重要标准。以获取当前人口规模为依据规划保护后的人口规模是保护规划的必需内容之一
		占地规模	有	占地规模、文物古迹和历史建筑所占比例的大小决定着历史文化街区的文化价值。在相同条件下，占地规模大、文物古迹和历史建筑所占比例高的历史文化街区相对文化价值高。《历史文化名城保护规划规范》GB 50357—2005对（省级）历史文化街区也从整体占地规模、文物古迹和历史建筑所占比例这两个方面作出要求
		文物古迹和历史建筑所占比例（文物古迹和历史建筑的用地面积/建筑总用地）	少	

① 表4.1中的"未明晰"指前文所述"涉及但目的未明晰的内容项"，"少"指前文所述"较少涉及内容项"。

212

续表

分项 内容	各项分支内容			我国开 展现状	调查研究目的
	人均住房面积（住 房建筑面积规模/人 口规模）			少	当前我国住房小康化的一个重要评价指标是"人均住房面积"。历史文化街区的保护的一个重要目标是提升居民的生活质量，向着小康化迈进，人均住房面积的统计不可忽视
	经 济 与 产 业	组成	旅游业	少	根据经济价值提高带动文化价值提高的原理。对街区现状经济与产业的调查，寻找各产业间关系，是进行产业规划的依据。根据我国历史文化街区旅游业蓬勃发展的国情，还需强调对旅游接待设施及服务系统成熟度的调查
			其他		
		效益			
		分布状况			
		从业人员			
二、 地 段 整 体	历 史 渊 源	历史沿革		未明晰	对于历史文化街区，不同的历史时期、社会背景形成了区别于周边环境和其他街区的特色。了解街区特定的历史和社会背景可以捕捉历史文化街区"无形文化"形成的来龙去脉 此外，基于场所理论，将历史、人物、故事与街区的空间物质形式联系起来，可以深层次地发掘历史赋予空间的"精神"所在
		宗族			
		名人名事			
		老字号			
		街区及道路名称 （历史和现状）			
	民 俗	生产劳动民俗		明晰	对于历史文化街区，其特有的社会文化和民俗传统会对街区形成区别于其他街区的特色产生特殊的作用。当前的调查研究仅偏向于对民俗内容的简单陈述，较少建立民俗和街区物质空间的联系。作为赋予街区空间"场所精神"重要源泉的民俗理解深度不够
		日常生活民俗			
		社会组织民俗			
		岁时节日民俗			
		人生礼仪			
		游艺民俗			
		民间观念			
		民间文学			
	自 然 地 理	概况	地貌	未明晰	街区所在地自然地理环境和街区人造环境的整体保护是历史文化街区保护的原则之一。历史文化街区的规划布局中，常将街区空间、居民活动结合特有的地貌、气候、水文、土壤、动植物以形成一个有机联系、特点明确的整体。对自然特别是自然和人造物关系的调查研究有助于更好地理解街区的整体
			气候		
			水文		
			土壤		
			动植物		
		选址			

续表

分项内容	各项分支内容		我国开展现状	调查研究目的
三、建筑物（文物建筑、历史建筑和保护建筑）	街区空间	空间结构	有	
		空间肌理	未明晰	当前历史文化街区调查研究中运用图底关系分析方法解读平面肌理的案例居多。然而空间肌理可包括很多方面，对于分指标的定量分析较少。调查研究方法有待向更细致的方向发展
		空间尺度	未明晰	当前历史文化街区调查研究对空间尺度的调查研究仅偏重于街道层面，多运用街区内典型街道剖面宽高比分析。缺少针对街区整体的尺度系统的建立
	概况	名称地址	有	
		建造时代	有	
		历史沿革	少	当前有关历史沿革的调查研究工作，偏向于将对象设定为街区整体。而各文物建筑、历史建筑都有其自身的历史发展过程，且其历史和街区历史必有所交集，解读重要单体建筑物的历史沿革可以更全面地明晰街区的历史发展进程。同时，将建筑物放在街区历史之中来评价，有利于发现其文化价值所在
		使用功能（历史和现状）	有	
		建筑产权	有	
		使用与空置情况	少	街区振兴相关功能置换，资源合理化配置必须考虑的方面
		保存完好程度	未明晰	我国当前的历史文化街区调查研究中，一般通过年代、保存完好程度共同判断建筑物的文化价值高低。本框架将保存完好度从文化价值评价因素中独立出来。因为保存状况可以通过后期修复得以改善。在考虑建筑物文化价值时加入保存完好度会给价值评价带来干扰。本框架的保存完好度只为将来的修复工作提供依据
	技术经济指标	建筑层数	有	
		开间数和进数		
		建筑面积		
		用地面积		

214

续表

分项内容	各项分支内容		我国开展现状	调查研究目的
建筑形式	结构形式		有	
	平面形式			
	立面形式			
	构件及细部	屋顶（含披檐、雨棚）	有	
		门窗		
		细部		
		家具陈设		
	色彩与材料	门	少	色彩与材料的调查研究，是通过对历史街区内文物建筑、历史建筑的调查研究，归纳总结历史街区建筑物颜色和材料使用上的典型特征。进而对街区整体景观风貌的构成有所理解。为今后街区内的建筑翻新、重建或新建，提供风貌协调的依据
		窗		
		墙体		
		屋顶（含披檐、雨棚）		
四、景观风貌	景观要素分布	建筑物（文物建筑、历史建筑、保护建筑）	有	
		人工历史环境要素（塔、码头、桥、古井、蓄水池、牌坊、城墙、戏台、古墓、亭台楼阁等构筑物，道路铺装等）	有	
		自然历史环境要素（庭院、古树名木、其他绿化植被等）	少	自然环境要素是景观风貌的重要组成部分，历史文化街区中的庭院和古树名木等不仅见证了街区的历史，也常常是街区风貌特征的构成因素。在我国目前的历史文化街区调查研究中较少涉及，须引起重视
	整体风貌	沿街立面	未明晰	对历史文化街区整体风貌的调查研究是景观风貌部分研究的重点，是在景观元素提取后对其特点的归纳总结。整体风貌调查研究针对沿街立面和街道景观两个方面的具体操作方法值得推荐
		街道景观		

续表

分项内容	各项分支内容			我国开展现状	调查研究目的
五、居住生活环境	居住满意度	人口状况	年龄结构	有	
			居住历史		
			文化教育水平		
			可支配收入		
			就业结构		
		专业评价	市政基础设施状况	防灾体系（火灾，洪涝灾害）	有	
				给水系统		
				排水体系		
				供电系统		
				燃气系统		
				电信系统		
				有线网络		
				卫浴状况		
				垃圾收集系统		
			建筑物理性能指标	保温隔热性能		
				日照		
				通风		
			道路交通状况	道路系统		
				机动车停车		
				非机动车停车		
		居民评价	便利性	上下班（学）距离	少	《马丘比丘宪章》提出公众满意度是衡量城市人居环境优劣的重要尺度之一。面向街区居民的居住生活满意度调查研究是尝试从"公众视角"出发，以公众反馈的满意度为措施制定的依据，构建以人为本理念下的人居环境评价体系，以弥补专业人员在前述各调查研究内容上评价的局限
				公共交通便利度		
				日常购物便利度		
				附近的银行和邮局情况		
				附近的文化设施情况		

续表

分项内容	各项分支内容		我国开展现状	调查研究目的
		附近的体育设施情况		
		附近的医疗和福利设施情况		
		附近的教育设施情况		
		交通工具		
	舒适性	社区绿化状况		
		开放空间状况		
		居室数量和大小		
		自行加建有无及加建部分功能		
		外部新旧状况		
		内部新旧情况		
		各居室私密性		
	健康性	空间洁净情况		
		噪音和振动情况		
		采光通风和保温隔热		
		卫生的生活垃圾处理		
		排水状况		
	安全性	治安状况犯罪率		
		交通事故率		
		灾害状况		
		夜晚照明		
	社区性	街区活动		
		邻里关系		
		社区管理		
		街区的依恋		
		老朽化		

续表

分项内容	各项分支内容		我国开展现状	调查研究目的
五、保护建议	保护意向	居住于此的原因	少	通过调查问卷的发放和回收，将居民自身的零散保护意向综合统计，通过确定居民对居住条件各评价因素的权重排序了解居民最看重的因素，通过居民对某个因素的评价了解居民最希望得到改善的因素。是"以人为本"的保护条例、保护规划制定前的必要准备
		将来居住处构想		
		对政府的期待		
	价值评价	文化价值	少	"保护建议"既是对已经进行的各项调查研究内容的系统总结，也是对被调查研究历史文化街区将来保护原则、模式、方法的展望。在历史文化街区调查研究的过程中，对将来保护规划编制的建议进行讨论研究，则调查研究结束后的保护规划编制工作将更有方向性，更有的放矢
		经济价值		
	现状问题	优势		
		不足		
	保护构想	保护模式构想		
		街区范围预设　核心保护区		
		建设控制区		
		保护建筑抽取　抽取原则		
		拟抽取名录		
		分期保护计划		
		设计导则		

二　内容设定的特点

（一）"概况"部分内容设定

1. 史料①

现代史学大家傅斯年先生曾说："史学便是史料学"，"只要把材

---

① 张注洪：《当代中国史研究中的文献史料问题》，载《当代中国史研究》2006 年第 5 期。高琪：《试论建设科学的娄东文化研究学科体系》，载《健雄职业技术学院学报》2009 年第 3 期。

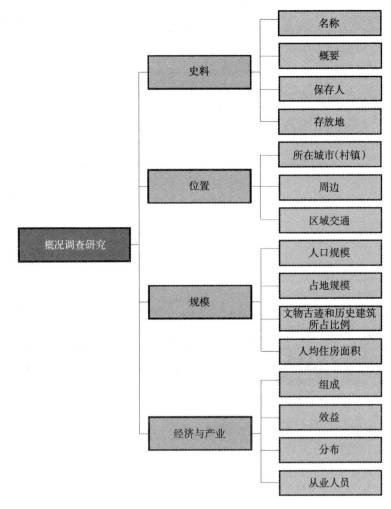

图 4.4　概况调查研究内容框架

料整理好，则事实自然显明了。一分材料出一分货，十分材料出十分货，没有材料便不出货"。傅斯年先生的这段话指出了史料在史学研究中的重要地位。历史文化街区调查研究的一部分研究工作属于史学研究范畴。了解历史文化街区整体的历史沿革，街区中重要建（构）筑物的历史沿革，理解历史沿革对历史文化街区的影响等，都需要大量的史料收集和整理工作。而其他调查研究内容项的开展，如对于街区由古至今在空间形态上的演变分析等常常也都需要史料作为参考分析的依据。

史料类型有多种，通常包括文字史料和非文字史料两大类，其中文字史料包括史书、档案文书、地方志、思想或学术著作、文学作品、日常生活中的文字遗留、报纸杂志、口述史料、碑刻墓志家谱等；非文字史料则包括图像类史料、实物类史料和风俗类史料等。"指导性内容框架"的"史料"部分内容主要指文字史料和图像史料。

对于上述各种史料类型，需要特别指出地方志对于历史文化街区研究的特殊重要性。

当前我国的历史文化街区保护引入旅游业成为常用的、有效的模式。一个历史文化街区要发展旅游业，首先必须普查本地段甚至地段所在区域内的具体旅游资源。这就意味着我国历史文化街区史料调查研究工作的一大目标即挖掘史料所蕴藏的旅游资源信息。[①] 而地方志是一种"无所不包"的文化载体，它不仅纵述历史，横叙自然、社会、人文，而且连续不断修编，代代相传，能清楚展示人、事、物在时间上的发展变化。一个地方的旅游资源是一种客观存在，同样也是地方志记载的重要内容之一。调查研究人员可以地方志为蓝本进行旅游资源的普查。通过地方志普查旅游资源，大致可从以下四大类 13 个方面着手进行地方志调查研究后信息的整理（表 4.2）：

表 4.2　　　　　　　　　地方志相关旅游资源信息分类

	山景	山峰、峡谷、石林、岩壁等
	水景	江、溪、河、海、湖、水库、泉、潭、瀑、潮等
自然景观	洞景	岩洞、溶洞等
	天象	日出、日落、佛光、云雾、瑞雪等
	动植物景	珍稀禽兽鱼虫，奇花异草，古树，原始森林等

①　孙文飚：《略论地方志与旅游资源的开发利用》，载《江苏地方志》2006 年第 2 期。

	城镇（农村）街市	
	园林	
	宗教设施	寺庙、观庵、石窟等
	工程建筑	
人文景观	遗址遗迹	
	纪念馆、纪念地	
	石刻题咏	
	民情风俗	
	神话传说①	
	土特名产②	

此外，地方志本身即属于史料类的文化遗产，开发利用价值很高。遗憾的是，当前，我国历史文化街区保护中的调查研究工作对地方志的重视不足，系统整理工作远远不够，研究投入也很少。

为保证科学、系统的调查研究开展时能够有翔实完备的史料储备，"指导性内容框架"中将史料作为调查研究的第一项内容，重视对史料的广泛收集、系统整理和有效利用。在搜集史料时要求广泛全面，整理史料时要求严谨真实，利用史料时要求清晰敏锐。该项内容应由史学专业人员进行，经过大量缜密的搜集、考据、校勘和编纂工作，对史料做到明辨真伪，明察谬误，明确价值。作为调查研究第一步的基础性工作，史料工作应该先于其他调查研究工作内容开展，史料收集整理的成果在调查研究报告中也宜提前独立成篇，以便于后续调查研究参考。其他内容的调查研究中如有利用到史料的地方需指明出处，以便于查找。史料工作的好坏从源头上决定了调查研究报告书的学术水平，须特别重视。

---

① 风景名胜往往与神话传说连在一起。许多名胜原本不太出名，只因有了神话传说，经人传诵，才名声大振，饮誉海内外，故神话传说也是一种旅游资源。

② 风味特产既是旅游者争相购买品尝、馈赠亲友的物品，又为招徕旅游观光者的重要旅游资源。日本对这方面资源的重视程度并不比不可动遗产差。很多城市（乡村）都会提供专门标明美食特产的指南图。（彩插图7）

除了上述对于史料工作的一般要求外，对于我国目前史料工作的现状特点，本书想强调两个需要努力的方向，第一是注重微观，第二是善于发掘。

注重微观指的是要求调查研究人员在把握大的历史演进过程的同时，顾及民间的、局部的、细节的信息。这些信息常常来自于日常生活中的文字遗留、口述历史等。日常生活中的文字遗留包括农民历、商店的账簿、土地契约书、日记以及书信等。由于这些大多不是刻意留传下来的东西，因而常能更真实地反映当时的实际生活。而口述历史借由对尚在人世的当事人访问口述，对于近几十年内的街区历史和发展将会有更直接深入的了解。在日本"传统建造物群保存对策调查"中，已经特别关注这方面史料信息的收集。

善于发掘指的是要求调查研究人员在面对大量史料时有足够敏锐的目光，能够针对具体的需要进行明确有效的信息搜索，从错综复杂的各类史料中发现蛛丝马迹，最终找到所需的信息。如前述的以旅游开发为引导的历史文化街区保护中的旅游资源普查工作，举浙江省旅游大县建德为例。该县在初期规划旅游产业时，通过反复查阅地方志书，发现清光绪年间的《严州府志》中记载了县内有三个名洞：灵栖洞、云气洞、清风洞。实地考察时只找到后两个。又查民国《寿昌县志》，并按书中线索探寻，终于发现了湮没 600 多年的名洞灵栖洞，并使其重见天日，成为景区内又一重要的景点。[1]

2. 位置

"位置"调查研究的目的既是对被调查研究历史文化街区基本信息的陈述，也是为将来可能进行的旅游开发模式提供可行性评价的一个方面。

历史文化街区若采用以旅游为先导的保护模式，必须有其适于旅游开发的特点和优势。引入旅游开发的历史文化街区一般应具有如下特征：

---

[1]　杜奋嘉：《异质环境》，载《学术论坛》1994 年第 4 期。

（1）旅游资源特别丰富

本书在前述内容中已建议通过调查研究地方志挖掘蕴藏的旅游资源信息。此外，本书架构的调查研究内容框架在通过调查研究评价历史文化街区文化价值和文化价值转化为经济价值可能性的同时，也是挖掘旅游资源的过程。

（2）所在城市（村镇）拥有成熟旅游产业

以杭州河坊街历史街区为例，之所以能成功采用以开发旅游商业为主的保护模式，和杭州作为著名旅游城市的成熟性不无关联。

（3）所在城市（村镇）的周边有较著名的旅游城市（村镇），同时历史文化街区所在城市（村镇）与其周边旅游城市（村镇）之间的区域旅游交通较为完善，具有发展区域旅游的潜力。

"区域交通的主要构成要素包括铁路、公路、民航、水运等运输方式。对一定区域范围而言，由于受当地的自然条件及发展的经济基础影响，旅游交通的构成并不是简单地完全包含以上几种交通工具，可能是某种、某几种或更多方式的自由结合。"①

如果没有完善的交通网络系统支撑，没有公路、铁路、水路及空运的协同发展，即使再丰富的旅游资源也无法充分发挥其旅游经济价值，区域旅游产业的发展就必然会受到严重制约，交通对旅游业的发展起着非常重要的作用。以乌镇的旅游开发为例，虽然乌镇独特的文化价值是最主要的旅游吸引点，但应该看到乌镇周边的上海、杭州、苏州都是国家乃至国际著名的旅游城市，这种独特的地理位置为乌镇开发旅游业提供了有利条件。同时，就区域交通而言，联系乌镇的公路交通已经非常成熟：乌镇的陆上交通有县级公路姚震线贯穿镇区，经姚震公路与省道盐湖公路、国道320公路、318公路、沪杭高速公路相衔接。乌镇距桐乡市区13公里，距杭州、苏州均为80公里，距上海140公里。到乌镇可经沪杭高速公路、320国道、318公路到桐

① 来逢波：《基于区域交通视角的旅游效应及其关联性影响与对策的探析》，载个人博客 http：//laifengbo. blog. bokee. net/bloggermodule/blog_ viewblog. do? id = 1175287。

乡，再从桐乡到乌镇，也可经沪宁、杭宁到乌镇。桐乡自早上 7：00—17：00 每隔 15 分钟就有一班中巴车到乌镇。

因此，对于将来保护中试图引入旅游业的历史文化街区而言，在调查研究工作中，重视对"位置"的调查研究，评价街区在交通方面是否有条件发展旅游是不可缺少的工作。"位置"的调查研究目的是要判定街区是否具备足够的交通优势进行旅游开发（区域旅游开发），是否需要进行旅游交通（区域旅游交通）规划提供依据。对处于较偏远位置的历史文化街区而言，"位置"的调查研究可以了解该街区在广域范围内的可达性。这项工作对于今后进行的以旅游为引导的保护模式可以在交通方面给予科学的评价。

3. 规模

我国某些大中型城市的历史文化街区普遍存在的一个问题是：人口密度过高，人均居住面积较小，且人口密度与建筑质量成反比关系。人口密度高、人均居住面积小、建筑质量差的家庭在大中型城市居住型历史文化街区中占有很大比重。居民住房条件急需改善。

基于上述情况，在调查研究工作中不能只从历史文化街区的占地、建筑规模着手，而需要将土地、建筑和人口结合起来综合考量。"指导性内容框架"的"概况—规模"内容项从"人口规模"、"占地规模"、"文物古迹和历史建筑占地比例"、"人均住房面积"四个分项内容入手。这样的内容架构，不仅符合国情的需要，还有政策和理论的支撑。

（1）人口规模

生活延续性（也即生活真实性）的维持是前述历史文化街区保护的基本原则之一。阮仪三教授曾经指出："生活真实性是指历史街区不仅是过去人们生活和居住的场所，而且现在仍然并将继续发挥它的功能，是社会生活中自然而有机的组成部分。生活真实性有两个评判标准，一是原有居民的保有率，这个标准是可以量化的；二是原有生活方式的保存度，即历史街区应该是该城市或地区传统文化和生活方式保存最为完整、最有特色的地区，其原有的传统生活方式的保存度

应该是该地区最高的,这是一个定性的指标。"① 阮仪三教授通过对历史街区现状人口和规划人口保有率的统计分析得到了如下结论:"目前我国历史街区的人口保有率应在60%左右,这样基本可以保证历史街区的社会生活结构和方式不被破坏,同时原有居民的保有率又可以满足现行国家居住标准和现代生活标准。"② (表4.3) 明确"人口规模"的调查研究并不只是为了在调查研究报告中给出一个统计数据,更重要的是要为今后保护规划中的规划人口是否达到60%的保有率提供数据验证资料。

表4.3　　　　　　　我国历史街区人口分析表③

历史街区名称	现状人口（人）	规划人口（人）	人口保有率（%）
北京东四三条至八条	17744	11044	62.24
北京东琉璃厂地区	3353	2092	62.39
北京东琉璃厂西街	2290	1370	59.83
北京阜成门内大街	9360	8200	87.61
北京南池子片区	9200	6900	75.00
北京北池子地区	8531	5577	65.37
北京鲜鱼口地区	23798	18488	77.69
南长街、北长街、西华门大街	6486	4000	61.67
绍兴市越子城	8823	7270	82.40
绍兴市鲁迅路	3571	2618	73.31
绍兴市西小河	4473	2600	58.13
桂林市大圩古镇	5000	3000	60.00
临海紫阳街、西门街	8992	5800	64.50
平均			63.58

（2）占地规模及文物古迹和历史建筑占地比例

"占地规模"、"文物古迹和历史建筑占地比例"在很大程度上影

---

① 阮仪三、孙萌:《我国历史街区保护与规划的若干问题研究》,载《城市规划》2001年第10期。

② 同上。

③ 同上。

响着历史文化街区的文化价值。在相同条件下，占地规模大、文物古迹和历史建筑占地比例高的历史文化街区文化价值相对较高，保护等级应该相应提高。《历史文化名城保护规划规范》在对历史文化街区的一般规定中，指出"（作者注：省级）历史文化街区用地面积不小于1hm（公顷）"、"历史文化街区内文物古迹和历史建筑的用地面积宜达到保护区内建筑总用地的60%以上"，是历史文化街区应具备的四个条件中的两个。① 所以用地规模的调查研究有利于在历史文化街区申报时评定是否值得保护，是否授予历史文化街区称号，并对如何设定历史文化街区等级（省级或市级）具有一定参考作用。同时，占地规模大、文物古迹和历史建筑占地比例高的历史文化街区其文化价值转化为经济价值从而达到街区振兴的可能性也较大，可选择的振兴模式也相应较多。

（3）人均住房面积②

依据人口规模和住宅建筑规模得到的"人均住房面积"对于提高居民的生活质量意义重大。"2004年底，建设部政策研究中心正式推出《全面建设小康社会居住目标》，首次在'全面小康'的框架下对在城镇居民的'住房小康'进行了具体的阐述。这就是到2010年人均住房建筑面积为30平方米。2020年人均住房建筑面积为35平方米。在农村，住房的'全面小康'标准为2010年农村人均住房建筑面积达到35平方米。2020年为40平方米左右。"③ 历史文化街区的居民同样需要小康生活。保护工作在重视历史性建筑物、构筑物保存的同时也要提升居民的生活品质。将历史文化街区的"人均住房面积"与其所在城市（村镇）的"人均住房面积"相比较，与"住房小康"

---

① 另外的两个条件分别是：1. 有比较完整的历史风貌；2. 构成历史风貌的历史建筑和历史环境要素基本上是历史存留的原物。

② 参考公式：全国城镇（农村）人均住房面积＝全国城镇（农村）居民住房总量（平方米）÷全国城镇（农村）人口（人），得到历史文化街区"人均住房面积"＝历史文化街区居民住房总量（平方米）÷历史文化街区人口（人）。

③ 文林峰、陈淮、秦虹、赵путь兴、周江、郑翔、浦湛，建设部政策研究中心课题组：《全面建设小康社会居住目标研究》，载《经济研究参考》2005年第43期。

的标准相比较。评价"人均住房面积"水平的高低，为今后在保有一定数量原有居民的同时，也注重"人均住房面积"的提高，为保护以后技术经济指标基准的设定提供参考依据。

4. 经济与产业

历史文化街区既有产业功能的优化、置换是当前我国历史文化街区保护工作中经常伴随的活动。如历史文化街区保护策略中经常出现的对旅游功能、休闲功能、文化功能的拓展和放大。然而，不同业态在土地上的投入产出比是不一样的，对于空间的要求也不一样，不同的业态会对历史文化街区的物质环境产生不同的影响。

《城市历史街区产业功能拓展的本土特色与导向策略》[①] 一文中提到："国外一些专家从产业的角度对历史街区进行了分析，指出特定的产业发展应该与历史保护结合起来，并且还应从产业集群的角度加以适当提升、扩充。……多元的产业业态能促进老城区的活力，并为城市生活提供多种便利。"可见，对历史文化街区的产业功能进行科学拓展是历史文化街区振兴的有效手段之一。

基于上述结论和我国现状，本"指导性内容框架"设立了"经济与产业"这部分调查研究内容，其主要工作应由经济学专业人员完成。通过对街区既有产业业态和内在相互关系的调查研究，为将来保护措施中产业拓展方案的制定提供依据。实现不同业态间的合理搭配和组织，使不同业态间产生良好的互补、促进和共生的关系。

具体的调查研究方法是要寻找出各产业间的相关系数[②]。例如，

---

① 赵渺希、唐子来：《城市历史街区产业功能拓展的本土特色与导向策略》，载《上海城市管理职业技术学院学报》2008 年第 6 期。

② 在概率论和统计学中，相关（Correlation，或称相关系数或关联系数），显示两个随机变量之间线性关系的强度和方向。在统计学中，相关的意义是用来衡量两个变量相对于其相互独立的距离。在这个广义的定义下，有许多根据数据特点而定义的用来衡量数据相关的系数。

对于不同数据特点，可以使用不同的系数。最常用的是皮尔逊积差相关系数。其定义是两个变量协方差除以两个变量的标准差。用相关系数 r 来描述，如两个变量的变化方向一致，则 r>0，为正相关；如两个变量的变化方向相反，则 r<0，为负相关；如 r=0，则两个变量不相关。

$$r = \frac{\Sigma\,(X-\bar{X})\,(Y-\bar{Y})}{\sqrt{\Sigma\,(X-X)^2 \cdot \Sigma\,(Y-Y)^2}} = \frac{\Sigma XY - \frac{\Sigma X - \Sigma Y}{n}}{\sqrt{\left[\Sigma X^2 - \frac{(\Sigma X)^2}{n}\right]\left[\Sigma Y^2 - \frac{(\Sigma Y)^2}{n}\right]}}$$

在上海市淮海中路西段①的既有产业调查研究中，研究者发现，"各业态之间的空间集聚呈现出一定的规律性：商业、商务办公、餐饮、文化休闲之间的相关系数较高，其中文化休闲与餐饮、商业之间的业态混合更为明显。而以居民服务为主的公共服务业以及旅馆业与其他三类业态之间空间相容性较差，这也说明了以生活作息为主要特征的旅馆业、居民服务业与其他的业态之间具有一定的相斥性"。（表4.4）基于调查统计得到的各业态间的相关系数，结合产业业态对区域位置和地段环境的不同要求来具体讨论历史街区及建筑的功能转型的可能性。

表4.4　　　　　　　　　　　地块现状业态兼容的相关系数

	餐饮	公共服务	旅馆业	商务办公	商业	文化休闲
餐饮		0.072	0.252	0.746	0.686	0.885
公共服务②			0.412	0.061	0.109	−0.063
旅馆业				0.047	−0.400	0.341
商务办公					0.643	0.618
商业						0.836
文化休闲						

此外，历史建筑与街区的功能转型也需要考虑各业态对物质环境的需求。所以，"经济与产业"的调查研究可以和前述的"概况—位置"以及后述的"地段整体"、"建筑物"等调查研究中有关内容相结合，为将来可能进行的产业规划提供更具说服力的依据。具体来说就是要提出各种特征的用地和建筑在产业功能拓展方面的可能性，这就需要建筑和规划专业人员的参与完成。如杭州的南山路历史街区的改造，由于区内多民国时的私人别墅，单栋面积都不大，且周边就是

---

① 研究范围限定为淮海中路的西段地区，东起南北高架、西至陕西南路、北接长乐路、南临复兴中路，用地面积约88.5公顷，历史建筑覆盖了研究范围的全部街坊，范围内居住人口为2.5万。

② 公共服务包含了街道行政、中小学、社区医院等居民服务业态。

中国美术学院南山路校区，因此调查人员将其业态功能拓展的范围定为画廊、特色餐饮、酒吧和咖啡馆等休闲和文化产业内容。改造后的效果基本符合了西湖安静优雅的性格特征。

赵渺希等学者在《城市历史街区产业功能拓展的规划学思考》中的研究成果清晰地阐明了历史文化街区中经济与产业调查的目的、内容和方法，是值得借鉴的好例子（图4.6）。在文中作者首先调查提篮桥地区产业发展的条件，包括了解其历史背景、用地和建筑现状，以发现街区产业发展的核心价值，明确主题和定位；随后对提篮桥地区产业在其所处的虹口区的现状进行了分析，通过对经济普查的数据进行整理后明确各种业态的地位和现状，对处于低迷状态的业态进行分析找出振新的方法；再对当地居民进行问卷调查了解在产业功能拓展方面的民意，结合保护规划的约定和各具体建筑的地段分布以及空间特点提出产业功能拓展的具体可能性。

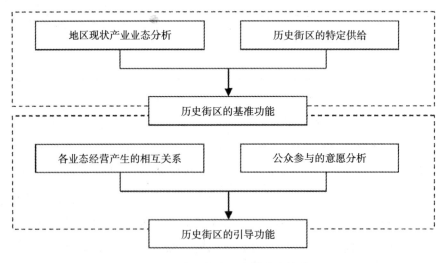

图4.6 产业调查研究技术路线①

① 赵渺希、白爱军、程军：《城市历史街区产业功能拓展的规划学思考》，载《上海城市管理职业技术学院学报》2008年第4期。

（二）"地段整体"部分①内容设定

前文曾提到历史文化街区调查研究的一部分研究工作属于史学研究。但调查研究工作并不是为了了解和把握街区历史，其最终目的是服务于历史文化街区的保护，服务于具体保护措施的制定。所以本书内容框架中"地段整体"、"建筑物"的调查研究目的不仅需要记述历史，更重要的是要说明历史街区在空间等物质形式上或"氛围"和"情境"等主观感受上所表现出的与众不同的特征，并结合史学研究成果阐明空间特征形成的渊源所在，理解历史文化街区的场所精神。在保护的过程及保护措施的制定中，以保持和延续调查研究所认识理解的场所和场所精神为基本保护方向。这才是该项内容调查研究的重要目的所在。

以保持、延续场所和场所精神作为历史文化街区保护原则之一的原因在于：人类的生存空间是在不断地变化发展着。任何建筑必须以某种方式存在于现在这一时间环节中，并发生影响，又不断变成过去，成为过去的延续。历史文化街区同样随着历史进程不断发展。而蕴藏在历史街区空间中的深层精神，却在时间长河中源远流长。对于历史文化街区的保护从一定程度上是使其"场所精神"得以延续。我们只有在发觉、尊重、保护、延续这种精神的基础上，才能真正创造性地发展场所。但这并不意味着完全固守和重复原有的具体结构和特征，而是一种对历史的积极参与。

历史文化街区作为一个由局部组成的整体系统。针对它的调查研究工作的展开应该采用兼顾整体和局部的系统分析原理。本书从"地段整体"到"建筑物"以及"景观风貌—景观要素分布"，也即从整体到局部的方式来发觉历史文化街区场所精神之所在。这里的局部用

① 陈育霞：《诺伯格—舒尔茨的"场所和场所精神"理论及其批判》，载《长安大学学报》（建筑与环境科学版），2003 年第 12 期。郑晓山：《场所精神的保持与延续——历史街区场所设计程序研究》，西南交通大学硕士研究生学位论文，2004 年。

230

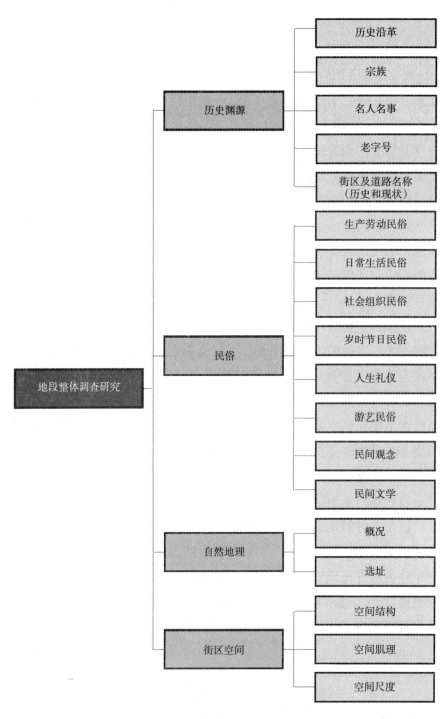

图 4.7　地段整体调查研究内容框架

系统工程的专用术语来说即指系统元素，在本书指构成历史文化街区的各构成元素，即建筑物、构筑物和环境要素。而整体是指这些元素按照一定的结构由其他物质要素（如街道、自然地理环境等）或非物质要素（政治、社会、经济）联系而成的历史街区总体。另外，本书从"历史"、"文化"、"自然物质环境"和"人工物质环境"四个角度入手，将"地段整体"分解为"历史渊源"、"民俗"、"自然地理"和"空间形式"四个分项内容。将系统元素按照属性差异分解为"建筑物"、"人工环境要素"和"自然环境要素"三个分项内容。其中，"建筑物"作为主体系统元素被单独提炼出来进行重点调查研究。而"人工环境要素"和"自然环境要素"，因为和景观风貌的营建关系密切，故纳入"景观风貌"之中。

下文对各分项内容的调查目的和调查方法进行深入阐述。

1. 历史渊源①

根据场所理论，"场所感是一种独立于任何个体感知和经验之外的社会现象，但却依赖于人对其存在的允诺。这种感觉可能来自于自然环境，但更多的是来自于自然和文化特征的混合，通常也包含有占据场所的人。该场所如有幸被诗人、小说家或历史学家书写，被画家或音乐家描绘，或者像近期的为保护和保存场所以增加其价值为目的的法律法规的编纂。那么这种场所的感觉将得到极大的增强"②。

历史文化街区的"地段整体—历史渊源"的调查研究对了解其特定的历史文化和社会背景有着至关重要的作用。此项内容的调查研究要求从"历史沿革"、"名人名事"、"街巷名称"、"老字号"四个方面捕捉历史文化街区"无形文化"形成的来龙去脉，并要求将其与街区的物质空间形式相联系，能作为显示街区空间特征依据的历史、故事、人物等详细明晰。这将有利于对历史文化街区独特场所精神的

---

① 前文中的"概况—史料"，主要是指地区相关史料的挖掘、整理以及论证。属于史学研究范畴。而"地段整体—历史渊源"是基于"史料"中已经梳理、论证过的史料信息来挖掘其中值得保护的历史信息。二者有所区别。故在内容框架中分开列出。

② 翻译自维基百科词条 sense of place. http：//en. wikipedia. org/wiki/Sense_ of_ place。

发觉。

就调查研究方法而言，"地段整体—历史渊源"的调查研究主要是对该街区已有研究文献和相关史料等进行收集整理、有效利用的工作。此外，也可以通过对居民特别是几代居住于此的老居民的访谈获得文字记载以外的历史信息。

对于获取的信息，在发展历史较为复杂的街区建议按照历史分期分别进行梳理，分析朝代演变和街区空间变化的关联性。具体历史分期方法一般可参见表4.5，也可按街区的具体情况具体对待。例如，在深圳大鹏半岛滨海传统村落的调查研究中，对于村落的历史渊源，调查人员就按照清康熙以前、康熙至嘉庆、嘉庆以后的分类分开阐述。采用这样的分期标准主要是参考了该县县志的编纂时间。在调查研究过程中，调查人员掌握的主要文献史料为康熙和嘉庆两部《新安县志》，依此为基本材料，厘清该地区村落群的历史发展脉络。依据这两部文献史料，调查人员将本地区传统村落的发展脉络分为上述三个阶段。县志编写时间与当地重大历史事件、社会变迁有十分明确的对应关系，村落空间形式也可能有相应的变化。例如在康熙至嘉庆年间，为加速经济发展，广东沿海各县采取了奖励移民的招垦政策，吸引本省山区和外省人民前来滨海区域垦种。来自广东和福建、江西等地的移民开始进驻深圳大鹏半岛滨海区域，从康熙后期开始，历雍正朝、乾隆朝和嘉庆朝，断断续续持续到鸦片战争前夕。而移民往往较系统的保有着自己的语言和生活方式。所以嘉庆的县志称他们为"客民"、"客籍"。而这是康熙县志中没有的。而从空间形态而言，发展形成了为数众多的"客籍村庄"，村庄群落的整体格局发生了变化。[①]所以在"地段整体—历史渊源"调查研究成果的表达中，找到合理的历史划分是很有必要的。

---

① 王鲁民、乔迅翔：《营造的智慧——深圳大鹏半岛滨海传统村落研究》，东南大学出版社2008年版，第25页。

表 4.5　　　　　　　　　　　中国历史年代划分

历史分期	年代
先秦时期	公元前 21 世纪—公元前 221 年
秦汉时期	公元前 221 年—公元 220 年
三国两晋南北朝时期	220—589
隋唐五代时期	581—960
宋辽西夏金时期	947—1279
元朝	1271—1368
明朝	1368—1644
清朝	1636—1911
中华民国	1912—1949
中华人民共和国	1949 年 10 月 1 日—

2. 民俗①

"随着对历史文化遗产、传统民俗文化认识的深入，现代保护者认为需要将历史文化街区的保护对象划分为有形物质文化与无形非物质文化。"2003 年 10 月通过的《保护非物质文化遗产国际公约》指出，非物质文化遗产应涵盖五个方面的项目：①口头传说和表述，包括作为非物质文化遗产媒介的语言；②表演艺术；③社会风俗、礼仪、节庆；④有关自然界和宇宙的知识和实践；⑤传统的手工艺技能。《公约》还指出，非物质文化遗产概念中的非物质性的含义，是与满足人们物质生活基本需求的物质生产相对而言的，是指以满足人们的精神生活需求为目的的精神生产这层含义上的非物质性。所谓非物质性，并不是与物质绝缘，而是指其偏重于以非物质形态存在的精神领域的创造活动及其结晶。

关于非物质文化遗产的界定，是近几年学术界颇有争议的问题。在此之前，中国民俗学界或民间文化界一直在使用"民俗"、"民俗文化"、"民间文化"、"民族民间文化"等概念。从本质上，非物质文

---

① 袁瑾：《民俗场所精神的重建——记杭州清河坊历史文化街区保护》，载《民间文化论坛》2005 年第 4 期。

化遗产就是指民间文化、民俗文化。"非物质文化遗产"和"民俗"、"民间文化"的概念是可以互相置换的。甚至可以说"民俗"和"民间文化"的研究对象比非物质文化遗产更广。例如，民俗学研究的对象不只是非物质文化遗产，还包括了物质文化遗产。物质民俗、社会民俗、精神民俗都是民俗学研究的对象。这样的看法和联合国教科文组织的《非物质文化遗产公约》、《文化多样性宣言》的精神并不矛盾。所以本书在该内容项用"民俗"概念代替了"非物质文化遗产"。

虽然当前学界已经普遍意识到民俗保护的重要性，但在实际保护过程中，对其还不够重视，保护的方式方法也不合理。过于注重对文化资源的开发利用，发展旅游业。往往用求新、求异和求俗的方式抹煞了历史文化街区所在地自身清新质朴的民俗之风，造成各地特别是相邻区域文化氛围的普同性，带上了浓重的人为痕迹。

在上述现实条件下，进行历史文化街区保护前的调查研究工作时必须明晰民俗保护的目的除了保护其自身的留存外，也在于街区场所精神的延续。历史文化街区内带有民俗特点的人类活动方式赋予了场所包括建筑物以及环境特殊的精神；因此，对特定的历史文化街区，对其民俗赋予的真实"场所精神"的发觉、延续显得尤为重要。

这种真实"场所精神"的发觉在调查研究的环节，体现为工作的客观性。本书要求按照民俗学常用的民俗分类方式①，利用文献史料、居民的访谈调查、现场调查研究方法，客观真实、分门别类、系统全

---

① 本文对于民俗的分类采用的是民俗学界公认的分类方式，见百度百科 http：// baike. baidu. com/view/246974. htm。

生产劳动民俗是在各种物质生产活动中产生和遵循的民俗。这类民俗伴随着物质生产的进行，多方面地反映着人们的民俗观念，在历史上对保证生产的顺利进行有一定的作用。我国的劳动生产民俗方面比较广泛，大体分为农业民俗、牧业民俗、渔业民俗、林业民俗、养殖民俗、手工业民俗、服务业民俗、江湖习俗等。——中国民俗学网 http：//www. chinesefolklore. org. cn/。

生活民俗包括：服饰民俗、饮食民俗、居住民俗、交通与行旅民俗。它最先是以满足生理需要为目的的，随着社会发展和社会分工的复杂化，等级身份的严格化、生产条件的差异、人生仪礼的繁复、重大历史事件的作用，以及宗教信仰、审美观点、政治观念、社会心理的差异等，各民族生活民俗也日趋多样化、复杂化，它所满足的已不仅是胜利的需要，同时也包含安全的需要、归属的需要和自我实现的需要等更高层次的需要。——中国民俗学网 http：//www. chinesefolklore. org. cn/。

面的掌握被调查研究历史街区真实的民俗状况。更进一步的是要探寻民俗与空间形式的关联性，阐明民俗赋予了街区空间、建筑空间以怎样的意义，产生了怎样的场所精神。在"民俗"调查研究成果的表达方式上可以参考日本"传统建造物群保存对策调查"中"地段历史调查研究"部分介绍的"中村修家节分日和节日活动"的调查研究成果表达方式，将文字描述和建筑规划的分析图纸结合起来，使民俗与空间的关系更加明晰，增加调查研究成果的可读性。

　　社会组织通常是指一定的社会单元，这种社会单元往往是为了达到特定目标而建立，例如军队、企业等。但我们现在所指的社会组织民俗却是中国传统社会中，民间各种形成稳定关系的人们共同体，例如家族、行会或某些结社组织如白莲教、义和团等。这些社会组织都具备一定的组织化水平，而他们的组织主要是靠群体内形成的一系列约定俗成的东西发挥作用。在传统社会中社会组织民俗主要存在三种形式：血缘组织民俗、地缘组织民俗、会社组织民俗。——中国民俗学网 http：//www. chinesefolklore. org. cn/。

　　岁时节日，主要是指天时、物候的周期性转换相适应，在人们的社会生活中约定俗成的，具有某种风俗活动内容的特定时日。节日的形成与发展，经历了十分漫长的历史。在这期间，形成的节日民俗不仅记载着我们祖先对自然运动规律的认识与把握；也显现出各不同历史时期的社会、经济、科技发展的水平，同时，也反映了我国民众那种张弛有度、应时而作的自然生活节律。——中国民俗学网 http：//www. chinesefolklore. org. cn/。

　　人生仪礼是指在一生中几个重要环节上所经过的具有一定仪式的行为过程，主要包括诞生礼、成年礼、婚礼和葬礼。此外表明进入重要年龄阶段的祝寿仪式和一年一次的生日庆贺举动，亦可视为人生仪礼的内容。人生仪礼决定因素不只是他本人年龄和生理变化，而且是在生命过程的不同阶段上，生育、家庭、宗教等社会制度对个人的地位规定和角色认可，也是一定文化规范对其进行人格塑造的要求。因此，人生仪礼是将个体生命加以社会化的程序和阶段性标志。比如一个小孩满月的时候，生育孩子的家庭要遍请宾客，不只是庆贺孩子的诞生，更是小孩子与家里的宾朋相见，让他被亲戚接纳而融入社会的契机。人生仪礼的范围大致包括：求子习俗、生育习俗、成年礼、婚姻习俗、寿诞习俗、丧葬习俗。——中国民俗学网 http：//www. chinesefolklore. org. cn/。

　　游艺民俗是一种以消遣休闲、调剂身心为主要目的，而又有一定模式的民俗活动。它是人类在具备起码的物质生存条件基础上，为满足精神的需求而进行的文化创造。从简单易行、随意性较强的游戏，到竞技精巧、有严格规则的竞技；从因时因地、自由灵便的戏耍，到配合各种特殊需要的综合表演，都属于游艺民俗的范围。——中国民俗学网 http：//www. chinesefolklore. org. cn/。

　　民间观念是指在民间社会中自发产生的一套神灵崇拜、生活禁忌的观念。它主要作用于民众的意识形态领域，其中较有代表性的是禁忌、俗信、民间诸神。——中国民俗学网 http：//www. chinesefolklore. org. cn/。

　　民间文学是劳动人民的口头创作。在广大的人民群众中产生，在广大人民群众当中流传，主要反映人民大众的生活和思想感情，表现他们的审美观念和艺术情趣。民间文学通常可分为三大类：①散文的口头叙事文学：神话、传说和各种民间故事、笑话；②韵文的口头文学样式：民间诗歌（史诗、民歌）、谚语、谜语；③综合叙事、抒情、歌舞，具有较多表演成分的民间说唱、民间戏曲。——中国民俗学网 http：//www. chinesefolklore. org. cn/。

3. 自然地理

从总体上说，当前我国历史文化街区的保护中对自然地理环境和街区人为物质环境的整体保护意识不强。保护工作偏重于物质层面，在物质层面又偏重于对人为物质层面，即建筑物、构筑物的保护；而对于自然层面的物质环境的保护并没有与人为物质环境的保护融合成整体。历史街区周边自然形态的山体河流等常常得不到和街区建筑物、构筑物一样的重视。河流裁弯取直，或被填埋、切割、覆盖，降低了河流的生态功能。山体或形态或植被遭遇破坏。例如，曾有学者指出："杭州吴山广场，该地区本是历史文化氛围浓厚的传统街区（南宋皇城根），加之以秀丽的吴山为背景，街区景观与自然景观尺度协调，人天合一，极有杭州地方特色。但现在毁山砍林，开辟为一巨形广场，与新建的大体量的'城隍阁'一起，与吴山山体极不协调，也破坏了历史街区的原有风貌。"①（图4.8）

场所理论中的核心概念"场所"是一个意味着内部和外部的概念，即场所位于一个更大的背景之中。蕴含着"场所精神"的场所特征将场所从周围环境中区别出来。自然地理作为周围环境的整体相对于人为物质的建（构）筑物是一种背景，从某种角度，场所也是由于人类应对于不同的背景而创造出的具有不同特征的人为物的组合。历史文化街区在营建过程中，建（构）筑物依据周围环境的特点被布置和设计，因地制宜，形成了独有的特征。

理解周边的背景，是为了更好地发觉场所之特有精神。

我国自古以来就有着"天人合一"的思想。基于这种人与自然环境相契合的思想，中国历史文化街区在择址建房时有这样的经验流传下来："相其阴阳之和，尝其水泉之味，审其土地之宜，观其草花之饶，然后营邑立城，制里割宅，正阡陌之界。"（《汉书·晁错传》）

---

① 王紫雯：《城市化进程中的生态环境保护与防灾问题研究——谈城市的水涝灾害与文化沙尘暴危机》，载个人博客 http://www.xici.net/d7254116.htm。

这就是所谓的风水学说①，是古人结合具体环境的自然观与方法论。历史街区中的风水模式，关注生气运行和山水形体的藏风聚气作用，强调着建筑与周围自然山水的外部联系。风水特别是其形势宗派，基于现实功能发现了山水形势适合人居需要的最佳藏风聚气模式——"负阴抱阳，背山面水"——即在基址后有主峰来龙山，前有池塘或是弯曲的水流，轴线方向坐北朝南（图4.9）。具备这样条件的自然环境是有利于形成良好的生态和小气候的。这种风水模式实质是古人通过对城市（村镇）自然条件、地势、地质、水况、防御、形胜等方面的调查研究，在创造良好而富有意义的居住环境的同时，尊重自然地理环境并对其灵活运用，是古人的生态规划思想。基于这一规划思想，古人在街区规划布局中，将地貌、气候、水文、土壤、生物与街区空间、街区居民及其活动共同形成有机联系的整体，客观上使得每个街区都形成区别于其他街区的场所精神。

图4.8 杭州吴山城隍阁②

图4.9 歙县呈坎古村③

---

① 风水学说渊源久远，兴起于晋代，唐宋最盛兴，明清集其大成。风水名师代代有人，逐形成"形势派"和"理气派"两大宗派。
② 图片出处：http://2010.tour.cnool.net/scenic/file_2553.html。
③ 皖南山区的自然地理环境和村落选址是形势派风水理论广泛应用下促成的。在众多的皖南古村落中，至今仍能形象地说明风水理论和程朱理学对村落选址布局、环境建设所起作用的，当数呈坎古村落。呈坎古村落的风水现象是形势派与理气派的综合与互融，既有山川形胜的组合，又有村落朝向布局的组合。图片出处：http://www.univs.cn/newweb/channels/bbs/2007-05-12/752222.html。

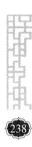

本书架构的"地段整体—自然地理"除了通过调查研究，阐明历史文化街区在地貌、气候、水文、土壤、动植物方面的实际状态外，还要求在调查研究资料的基础上建立起人为物质空间形式与自然地理环境间的联系，寻找二者之间的因果关系，强调对历史文化街区所在的广域范围进行调查研究，不仅局限于历史文化街区的内部。调查研究时将自然地理环境和历史文化街区视为不可割裂的整体，在将来的保护措施制定和落实中也是采取整体保护的原则。

具体而言，历史文化街区"自然地理"的调查研究包括以下几方面：

（1）地貌

地貌指地表面高低起伏的状态。按其自然形态可分为高原、山地、丘陵、平原、盆地等。古人正是利用了自然的地貌营造出生态且地域性格明显的街区。

（2）气候

对于气候的调查研究除了要直接说明历史街区所在区域的气温、降雨、风向、自然灾害外，还应该说明区域气候与地段整体空间形式、建筑形式，以及人们生产生活方式的相关联系。例如，广州骑楼就是适应岭南气候特征而产生的建筑空间形式。地处亚热带，临近海洋，"落雨大，水浸街"的广州，有史以来就是一个湿热的城市。骑楼街区即是顺应了广州气候条件形成的特色历史街区：在狭长的街道两旁，将建筑物底层局部架空，柱子落地。底层或底下二层的房间后退若干距离，街道左右两旁各形成一条宽敞的步行通廊。这条走廊长度可达数百米甚至上千米（图4.10）。对于老一辈广州人来说，骑楼就是他们安全的港湾，为过往的人们遮风挡雨，遮阴驱热。在骑楼的庇护下，大人们即使在暴风雨时也能穿布鞋，做买卖，孩子们也可以继续玩耍。对应地域气候形成的地域性特征空间也是保护中需要延续和继承之处。

（3）土壤

历史文化街区的土壤研究主要需要了解其化学组成。对于村落型历史文化街区，土壤有机物含量的多少对农业发展和村落规模的扩展有一定的影响。

此外，土壤是生产建材的一种原料，对于某些地区，其土壤或露出地层的岩石由于物理性能优越，经简单加工本身即是很好的建筑材料。另有地区使用当地特有的土壤，通过特殊制造工艺，生产出极具特色的传统建筑材料。例如安徽泾县茂林镇的花砖，以两种（或三种）不同色泽的黏土

图4.10　20世纪30年代初的广州太平南路①

糅合制作而成。白色是高岭土（又称瓷土，俗称观音土），青黄色的是黏度大、颗粒细的黄黏土（一说是冷浸田里的黑土）。用花砖砌筑的墙体，既有中国传统山水画的韵味，又具有现代抽象艺术的气质。（彩插图8）

（4）水文

水文研究包含自然界水的时空分布、变化规律等方面的内容。场地现状的水文资料是街区景观的重要构成要素。不同的水文条件决定了不同的自然景观特色，营造出独特的街区景观。而地下水位的高低、天然泉眼的有无，对于历史文化街区景观的构成也有重要影响。

（5）动植物

场地现状的生态物种，是维持地区生态环境的重要因素。如地表径流的生态群落，显示地貌特征的特有动植物群落等，保护并恢复这些生态群落，同样是历史文化街区保护中刻不容缓的责任。

对于"地段整体——自然地理"的内容，在调查研究方法上应强调采用现场踏勘结合文献史料的方法。遵循客观事实，尽可能采用"定量化"研究的原则。在这里，深圳大鹏半岛滨海传统村落的调查研究方法值得推荐。该调查研究中就各村落规模的差异与自然地理环

---

① 太平南路于1966年改名为人民路。图片出处：http：//www. gaoloumi. com/viewthread. php? action = printable&tid = 29798。

境的关联进行了定量分析。首先，通过数据统计，发现村落规模与基地坡度有较大关联性：分布在基地坡度较缓、小于12°的传统村落，其规模相对较大（表4.6）。其次，村落用地规模也和地形地貌有着密切的关系。如果剔除丘陵地区的村落，传统村落的平均用地规模在一定程度上是随着高程的增加而减小的，两者的回归系数达0.54（图4.12、图4.13）。最后，经过数据统计，得到如下结论：该地区98%的传统村落均分布在主要河流3公里范围以内，并随着河流距离的增加，传统村落的平均规模逐渐减小（图4.14、图4.15）。

表4.6　　　　　　　　传统村落规模与地面平均坡度统计[1]

地面平均坡度	<3°	3°—6°	6°—12°	12°—20°	20°—25°
村落用地规模（平方米）	8589.02	14671.89	16194.56	7591.45	8457.66

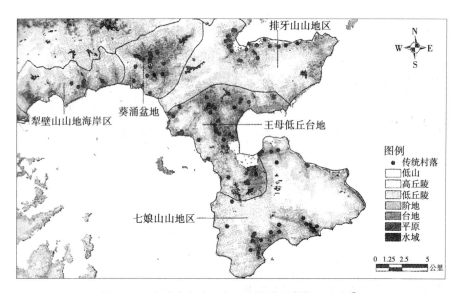

图4.12　大鹏半岛地貌分区及传统村落空间分布[2]

---

① 王鲁民、乔迅翔：《营造的智慧——深圳大鹏半岛滨海传统村落研究》，东南大学出版社2008年版，第78页。

② 同上书，第31页。

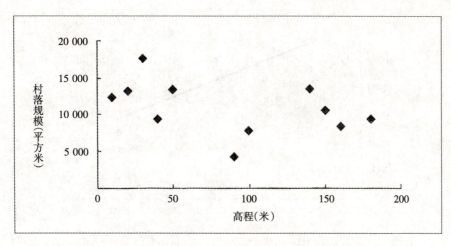

图4.13 大鹏半岛地面高程及传统村落平均用地规模关系①

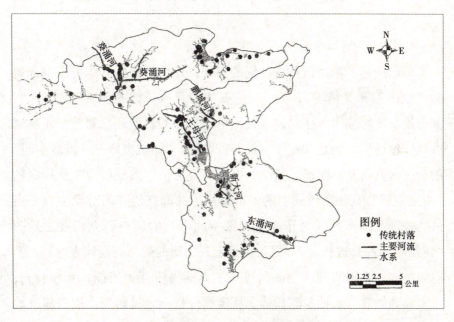

图4.14 大鹏半岛水系以及传统村落分布②

---

① 王鲁民、乔迅翔:《营造的智慧——深圳大鹏半岛滨海传统村落研究》,东南大学出版社2008年版,第79页。

② 同上书,第33页。

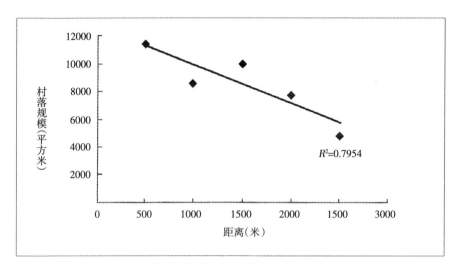

图4.15 大鹏半岛传统村落平均规模与主要河流距离的散点图①

4. 街区空间

如前所述，场所是具有特征的空间。这里的特征具体可以被理解为"氛围"和"情境"，但同时它又必然具有具体的物质形式。大者如街道、街坊或水体格局，细处如沿街立面的材料和色彩等，正是这些具体物质形式的总和赋予了场所以特征。"地段整体——街区空间"的调查研究就是试图通过科学的调查研究方法，发现历史文化街区的"街区空间"在物质形式上的特征所在。其调查研究的对象主要是街区的外部空间形式（对于建筑内部空间形式的调查研究将在之后的"建筑物"部分进行）。本框架拟设定三方面的街区空间调查内容，即空间结构、空间肌理和空间尺度。三方面内容互为依托，互相补充，从宏观到微观，从抽象到具体，从定性分析到定量研究，层层深入地勾勒出历史文化街区外部空间形式的方方面面。形象地说，空间结构研究的是历史文化街区的"骨骼"，也即街区空间整体的形和势，空间的组织方式，强调宏观的抽象性；空间肌理研究的是由"骨骼"所

---

① 王鲁民、乔迅翔：《营造的智慧——深圳大鹏半岛滨海传统村落研究》，东南大学出版社2008年版，第79页。

撑起的"皮肉"，也即街区空间里各具体区域的疏密和高矮起伏，用具体的图和数据来说明具体的外部空间状态；空间尺度研究的则是依附于"皮肉"的"毛发"，也即街区空间各部位的绝对和相对尺度关系，是对历史文化街区外部空间的尺度比例关系更加具体而微的调查。

（1）空间结构

《辞海》一书对结构的解释是"物质系统内各组成要素之间的相互联系、相互作用的方式。是物质系统组织化、有序化的重要标示。结构既是物质系统存在的方式，又是物质系统的基本属性，是系统具有整体性，层次性和功能性的基础和前提"。简单地说，结构是事物的各部分之间及部分与整体之间关系的组合方式。据此，"空间结构可定义为：空间各组成要素之间的关系组合"。①

历史文化街区的外部空间由各种空间物质要素组成，要素间基于不同的组织方式将形成不同的空间形式，从而造就了历史文化街区彼此间差异化的特征空间。历史文化街区各空间物质要素通过一定组织构成整体的关系，我们称之为历史文化街区的空间结构。

要把握历史文化街区的空间结构首先需要掌握空间的各组成要素。《城镇空间解析——太湖流域古镇空间结构与形态》② 中指出：历史街区空间包括许多物质要素，如街坊，巷道、河街，桥、广场、埠头等。本书用线、面、点来归纳总结构成历史文化街区外部空间的物质要素。线、面、点除了几何学上的概念以外还有视觉上的审美意义，但最重要的是应该明确这种对外部空间物质要素的抽象是为了更好地理解历史文化街区空间结构的组织。

A. 线——街巷与河流

"在传统街区空间中，街巷以及河流空间占有极其重要的地位。可以说街巷与河流，特别是街巷是传统街区的骨架，决定着街区形态

---

① 黄凌江：《历史街区外部空间形成模式研究》，武汉大学硕士学位论文，2005 年。
② 段进、季松、王海宁：《城镇空间解析——太湖流域古镇空间结构与形态》，中国建筑工业出版社 2002 年版。

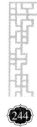

244

的大致结构。传统街巷是在街区的发展过程中逐渐形成的，是建筑的衍生，是由周边建筑所围合而成的。街巷空间的丰富的变化，正是由于建筑的自发建造，才形成了如此丰富多变的形式。"①

B. 面——街坊

"传统街坊是指由街巷所分隔的地块，由民居或是其他的建筑物所填充，建筑的密度很高。街坊不是组织居民生活的单元，它不同于城市之中的居住小区的划分……它与街巷的间距和院落的大小及组织结构有关。"②

季松在《江南古镇的街坊空间结构解析》③中指出："虽然中国传统城镇风貌千变万化，但其最基本的构成单元还是'一明两暗'的'间'空间，经由'间'的转化组合进而形成合院空间、合院空间组合形成院落组空间、院落组空间形成地块空间、地块空间再形成街坊空间，这样一步步最终形成古镇的主体空间。"（图 4.16）可以看出，中国传统街坊的基本要素虽然是同一个"间"，但正是通过不同的组织方式形成了形式各异的街坊空间。街坊本身就很好地体现了层级构造的空间结构。

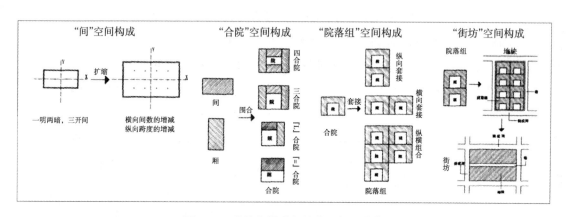

图 4.16　传统街坊空间结构层级示意④

---

① 余道明：《我国传统街区空间形态浅析》，载《安徽建筑》2005 年第 3 期。
② 同上。
③ 季松：《江南古镇的街坊空间结构解析》，载《规划师》2008 年第 4 期。
④ 同上。

C. 点——空间节点

节点是指在"线"上或"面"中的差异性空间，如街巷交汇处的广场、街角的空地、井台、戏台和桥头空间等，是可让人休憩、停留或聚集之处。节点往往是"事件"发生的场所，是历史文化街区中的点睛之处。所有的历史文化街区都会有空间节点，而正由于空间节点的存在，空间结构才显得完整。

对于空间结构的研究分析方法较多，本书比较认同历史文化遗产保护学专家段进在《城镇空间解析——太湖流域古镇空间结构与形态》中使用的"群"方法①。段进教授在该书中利用结构主义的群化思维，立足于空间要素横向平行的同一性和共时性关系，分析了太湖流域古镇空间的结构模式。这种空间结构解析方式同样适用于历史文化街区。现将"群"结构分析方法阐述如下。

"群是数字结构乃至所有结构最基本的原型。一个系统不但包含许多要素，而且其本身首先表现为要素的组合体；从共时性的一面来看，各组成要素之间的关系首先是排列组合的构成关系，它并非要素的简单堆砌，而是呈非线性的多重网式相关。这种最基本构成关系的抽象就是系统的结构原型之一：'群'。简单地说，一个系统的各种元素互相关联组成整体的构成关系就是群，群由子群构成，子群由再次一级子群构成。"段进教授认为，"（古镇）空间系统存在着异层次要素之间的（直接或间接的）逐级构成关系，同层次要素之间的（直接的）并置构成关系，以及同层次或异层次之间的（间接的）链接依附的构成关系。这些构成关系即可抽象为三种结构模式——等级子群，并列子群，链结子群"。"对历史街区空间系统中三种子群的具体分析就是要揭示其空间要素在无主次、无先后情况下，以同一性、横向共

---

①　段进教授在该书中借用三种数字结构的特性对古镇的空间的"群"、"序"、"拓扑"三种结构原型依次进行了解析。其中，"群"是空间结构构成关系的原型，"序"是空间结构次序关系的原型，"拓扑"是空间结构连同关系的原型。本书"空间结构"内容的调查研究，关注的是历史文化街区各空间物质要素间的结构原型，是横向共时的构成方式。所以只选取"群"分析法作为本书"空间结构"的调查研究方法。而代表纵向历时性和拓扑变换性的"序"，"拓扑"的空间结构解析方法不在此处运用。

时性为基础的非线性多重网式相关的构成关系。"（图4.17）

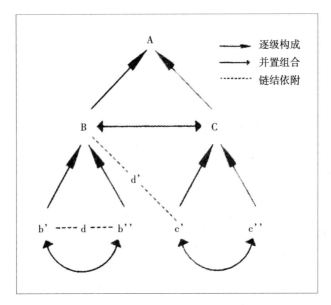

图4.17 系统结构三种构成关系示意①

等级子群是指"空间各层次要素间存在的由简到繁，由小到大逐渐向上的构成关系，具有这种构成关系的结构原型。"等级子群体现了空间要素在静态构成关系上的层次性。季松在《江南古镇的街坊空间结构解析》一书中指出，传统街坊空间结构中体现的就是一种等级子群的结构原型。

并列子群是指"河流、街道、房屋三者平行并置的组合模式，具有这种构成关系的结构原型。""此类结构原型的并列子群空间一般以河道为轴，两侧街道和宅屋平行于河道，形成'屋—街—河—街—屋'或'屋—街—屋—河—屋—街—屋'的构成模式。"此种结构原型在江南水乡的历史文化街区中更为普遍。（图4.18）

---

① 段进、季松、王海宁：《城镇空间解析——太湖流域古镇空间结构与形态》，中国建筑工业出版社2002年版，第19页。

链结子群是指"两种或多种空间元素间通过某种元素链接在一起发生相互作用构成整体，同时前者与后者还存在依附和被依附关系，具有这种构成关系的结构原型。"如历史文化街区中，以桥头、广场、水埠、街巷结点等为代表的"点"空间，它们作为

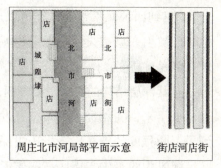

周庄北市河局部平面示意　　街店河店街

图4.18　典型并列子群空间示意①

交通空间的组成部分和链结点，与街区内其他类型空间，如街坊、宅院等产生链接和依附，创造了步移景异、节奏有序、动静平衡的街巷空间。

整个历史文化街区的空间结构是一种"复合群"："等级子群" + "并列子群" + "链结子群"。

调查研究人员在解析空间结构时，可以从上述三个子群模式和相互关系着手，发现被调查研究历史文化街区自身的空间结构原型，分析所得"复合群"结构是街区空间物质要素的基本组织关系，是街区空间格局稳定与演化的基础，也是历史文化街区今后发展与保护应遵循的基本规律，需要在将来加以继承和延续。

（2）空间肌理②

肌理最普遍的定义为：由人类之操作行为导出的表面效果，是在视触觉中加入某些想象的心理感受。"肌理产生于基本形式或元素的重复。一种组织结构在元素或元素组团的重复上建立起来，例如：由单个树叠加出的树林的肌理，针网组成的织物的纹理，由基本式样重复形成的台布的花纹，由局部组成的城市的肌理（围合组团，城市部

---

① 段进、季松、王海宁：《城镇空间解析——太湖流域古镇空间结构与形态》，中国建筑工业出版社2002年版，第26页。

② 浦敏：《实例剖析西安近50年城市住区肌理及演变》，西安建筑科技大学硕士研究生论文，2006年。姚冬辉：《均质和非均质——不同城市属性下空间肌理初探》，浙江大学硕士研究生论文，2003年。张东辉、陈敏：《城市肌理织补策略于一元片街区保护的应用》，载《山西建筑》2008年第5期。

分）。三到四种元素组合已经可以形成一种肌理"。"肌理"这一概念也早已被引入城市设计学以描述城市空间的形态和特征，这些特征体现在密度、高度、体量、布局方式等多个方面。而历史文化街区的"肌理"是其深层结构的一个重要方面，是表达其空间特征的一种方式。

近年来，随着经济增长，开发强度增大，历史街区的"肌理"受到了不同程度的破坏。著名历史保护专家阮仪三教授指出："历史街区传统风貌的丧失与街区在物质形态方面所表现出来的'肌理'的破坏程度密切相关，在城市形态上表现出来的肌理是由人类的造型行为造成的视觉效果，是在特定的文化意识的约束下在视、触觉中加入某些想象的心理感受在有所强调的造型语法中形成的。肌理在形态特征上表现为一种群化的效果，群化也就是在一定区域范围内某种符号有一定规模的重复。历史街区的传统风貌的肌理是充满了历史的记忆和文化的因循。"①

阮仪三还曾指出，主要有三种肌理的破坏带来了传统风貌的遗失：①街区顶平面肌理的破坏；②街区空间肌理的破坏；③街区竖立面肌理的破坏。② 阮仪三是从风貌角度来谈历史文化街区的肌理问题的，而本框架有专门的景观风貌部分的调查研究内容，在这里则主要将肌理研究侧重于历史文化街区的外部空间形式。因此，本框架将阮仪三提出的第二点，即街区"空间肌理"提出，作为"街区空间"调查研究中的一个不可或缺的部分。

"空间肌理"调查研究的目的是通过文献史料的搜集整理，结合现场踏勘、测绘等调查研究方法，分析评价历史文化街区空间肌理的历史演变、要素构成和组织规律。其现实意义不仅是要找出其中值得保留的物质要素，值得延续的要素组织规律，被破坏的物质元素以及组织规律被破坏的区域，更重要的是求进一步保护其内在的历史文化内涵，发掘出历史文化街区肌理中所蕴藏的活力。

---

① 阮仪三、蔡晓丰、杨华文：《修复肌理重塑风貌——南浔镇东大街"传统商业街区"风貌整治探析》，载《城市规划学刊》2005 年第 4 期。

② 同上。

在做空间肌理的研究时，明确肌理研究的时间段非常重要。历史文化街区肌理是经过长期的演变发展才基本定型的。选择肌理从雏形到基本成熟的完整时间段进行调查研究，发现其演变特点，寻找肌理的组织规律之渊源，自然是最理想的。如果受限于现状或资料，也可合理缩减研究的时间段，但必须确保掌握成熟时期肌理的状态。例如，在对上海市衡山路——复兴路历史街区进行肌理分析时，由于20世纪40年代是该风貌保护区空间肌理逐步完善的时期，也是历史上该地区的繁华时期，故研究者选取该时段的肌理与当前的肌理相比较①；再如《传统场镇②的肌理分析与整合思考》一文指出，由于我国古代的木构建筑本身就有不耐水淹火烧、不耐腐蚀虫蛀的弱点，能保存上百年已属不易。此外，历史上政权更替带来的动荡，尤其是最近一次明末清初的战乱动荡使场镇遭受毁灭性破坏。而现存传统场镇都是其后发展起来的。经调查研究发现，现有的众多传统场镇主要是明清时代的，其中又以清代场镇为最多。调查研究所需的资料也受限于此。所以研究者把传统场镇肌理研究的时段界定在明清至今的700年间。

　　就空间肌理的调查研究方法而言，最常见的是图—底关系分析法。"图底关系理论是研究城市空间与实体之间存在关系的理论。通过对城市形体图底关系的研究，可以明确城市的肌理结构和空间等

---

　　①　徐丹：《论城市肌理——城市人文精神复兴的重要议题》，载《现代城市研究》2007年第2期。

　　②　场镇即集镇，历史上在巴蜀地区习惯将集和镇通称为场镇。场镇的最初形式起源于北宋中叶。北宋中叶里坊制解体，城市出现了按行设肆的行业街市，城市周围和边远州县农村也出现定期交换商品的集市贸易，谓之"草市"。随着时间的推移，在巴渝两江交通便捷之地和主要驿道通达之所的草市得到很大的发展，逐渐发展成固定的农村市场和货物集散之地，其中规模较大或处交通枢纽之地的草市提升为镇。至元代，场镇发展空前兴旺。明清之际，巴渝地区战乱不断，场镇也随之衰败。至雍正年间，随着迁入的外省乡民垦荒经商，商业经济才逐渐发展起来，场镇又得以发展。清朝末年，重庆被辟为通商口岸，带动了进出口贸易的开展，使重庆逐步成为长江上游的经济中心，有力地促进和繁荣了西南内陆的商品经济，带动了周边场镇的迅速发展。抗战时，逐步形成了以重庆为核心的、由州县镇组成的城镇体系的雏形，场镇间的分工合作日趋紧密，1949年至今，社会主义经济的蓬勃发展更使场镇发展达到了一个新的高度，场镇格局由此成熟完善。

250

级，确定城市积极和消极的空间及实体。"① 在现代城市（村镇）环境中，建筑实体往往由于图像清晰，尺度较大，对人的刺激较高，而成为人们首先感知的对象。所以通常是把建筑实体表现为图，把由建筑实体围合而成的空间虚体表现为底。而历史文化街区的营建常常注重外部空间的营造，其图底关系往往会表现出图—底可反转的特征。

当前我国研究历史文化街区图—底关系时，绝大多数案例还仅是基于定性分析做出判断的层面。例如《论城市肌理——城市人文精神复兴的重要议题》② 一文中，通过图—底关系分析法，对上海市衡山路——复兴路历史街区的肌理演变（20世纪40年代发展至今的60年间）作出了以下评价③：街区A在60年间，道路骨架结构未有大变动，确保了基地整体肌理的稳定。小地块内部界线的增删使小地块合并为大地块。地块界线的变动，引起建筑体量的变更，以及建筑与周边建筑群落相对关系改变（例如入口、围墙）。原来的空置地已变更为建设用地。建筑密度成倍增加。但建设活动都基于道路网格与地块界线进行，肌理仍有风貌可循。街区B在60年间，道路网格与地块界线未大变，建筑格局表现为里弄特有的矩阵肌理……（图4.19）

上述定性的平面肌理调查研究和评价方法是不可缺少的，尤其对于开发或重置街区功能有着重要的导向作用。此外，定量化的调查研究方法也期待被广泛引入。以下介绍两种可作参考的定量化调查研究案例：

例1：宁波市老外滩历史街区空间肌理研究④

在对宁波市老外滩历史街区的空间肌理的研究中，运用了定量分析的方式来解析街区空间肌理的现状。研究者认为："传统城市是由

---

① 张东辉、陈敏：《城市肌理织补策略于一元片街区保护的应用》，载《山西建筑》2008年第5期。

② 徐丹：《论城市肌理——城市人文精神复兴的重要议题》，载《现代城市研究》2007年第2期。

③ 该文的肌理演变评价，从道路网格、地块界限、建筑格局三方面着手进行。另外，由于建筑实体展现的空间序列在视觉触觉方面给予的较大的直观冲击，作者按建筑类型将该风貌区划分为四个街区进行分别的肌理评价。这四个街区分别为：街区A：花园住宅。街区B：里弄空间肌理。街区C：混合空间。街区D："大体量"空间。

④ 郑晓山：《场所精神的保持与延续——历史街区场所设计程序研究》，西南交通大学硕士研究生学位论文，2004年。

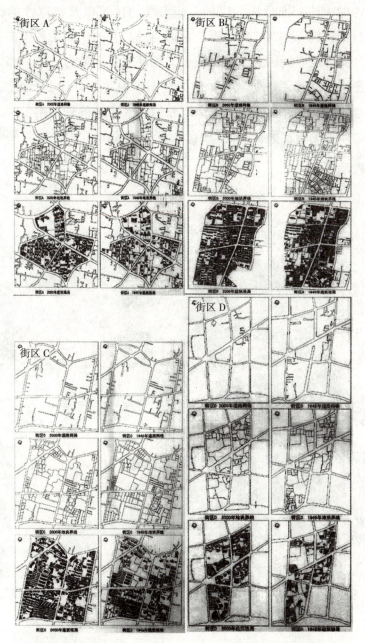

图 4.19 上海市衡山路——复兴路历史街区的肌理演变①

———————

① 徐丹:《论城市肌理——城市人文精神复兴的重要议题》,载《现代城市研究》2007 年第 2 期。

连续性的街道、围合性的广场、标志性的建筑以及整体性的街廓组成。假如我们以建筑实体为图，虚体为底，其图—底关系中，建筑实体与公共开放空间的关系非常协调，相互衬托、融为一体。而且即使将地图黑白反转了并列来看，作为地图来说并没有什么不妥。"基于此观念，将老外滩历史街区按照道路结构［东边的外马路、西边的人民路、南边的甬江大桥和北边的车站路围合而成，内部被两横（扬善路、滨江路）一纵（中马路）］划分为 A、B、C、D、E、F、G 七个部分（图 4.20）。

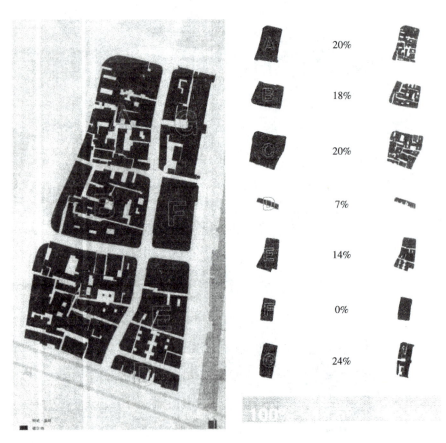

图 4.20 宁波老外滩历史街区改造前空间肌理分析①

---

① 郑晓山：《场所精神的保持与延续——历史街区场所设计程序研究》，西南交通大学硕士研究生学位论文，2004 年。

研究者将建筑涂黑作"图"，街道和院落留白作"底"，分析虚体空间和实体空间的比例关系。通过测量计算得到的结论为：虚体所占比例，A 区中为 20%，B 区中为 18%，C 区中为 20%，D 区中为 7%，E 区中为 14%，F 区中为 0%，G 区中为 24%。总的来说，虚体所占比例为 17.5%。因此，在此基地中，实体和虚体的比例关系并不像传统街区的比例那样协调，图底无法完成反转关系。所以建议在保护中有必要对图底的虚实比例进行调整，特别是差距特别明显的 F 区和 D 区更应该重点调整。

上述追求图—底关系的反转协调性的原则，可用于一些历史街区，但其精确性还远远不够。仅以此来指导今后的保护措施制定可能会带有一定的盲目性。在实际操作中，调查人员应该通过对历史街区风貌保存较为完好，肌理发展基本成熟的某一历史时期的肌理进行定量分析，得到实体、虚体的较为精准的比例关系，为现状空间中虚实关系的调整提供更为精确的量化依据。

例 2：西安近 50 年城市住区肌理及演变研究①

《实例剖析西安近 50 年城市住区肌理及演变》中，在研究同一住区肌理演变的问题时，采用了量化的分析方法。虽然该方法的研究对象为住区，但对于居住功能占主导的历史文化街区而言，此方法同样可以借鉴。和宁波老外滩的例子不同，研究者采用了将肌理分指标量化的更加精细化操作，对于同一住区不同历史时期的肌理，分别从地块面积、住宅基底面积、住宅建筑面积、住宅建筑密度、住宅容积率、住宅平均层数、日照间距系数、屋顶形式等八个指标进行比较，得到了西安近 50 年城市住区肌理演变的客观结论："50 年代的住区自建成到现在，主要又经历了 1979—1989 年以及 1990 年以后两个时期的再建设。1979—1989 年的建设主要为在原有基础上的加建，虽然对原来的住区肌理在一定程度上造成了破坏，但是在这个阶段我们基本

---

① 浦敏：《实例剖析西安近 50 年城市住区肌理及演变》，西安建筑科技大学硕士研究生论文，2006 年。

上还可以看到当时的建筑布局，感受到 50 年代的规划思想。在 1990 年以后，则主要进行的是住宅的更新，即拆掉原有的部分住宅，重新建设新建筑。这个时期是对当时肌理的最大的破坏。"这一量化分析方式，增加了结论的说服力，同时对将来肌理的修复工作也提供了数据参考。例如在平均层数的演变分析中，发现 20 世纪 50 年代建设的住宅一般为 2—3 层，80 年代以 5 层居多，90 年代以后出现 6—7 层的住宅。从统计图 4.21 中可以看出，同一住区住宅平均层数随时间呈上升趋势。层数的变化反映了肌理的变化。如果将来的改造活动需要参考 80 年代的肌理模式进行修复，则 80 年代住宅平均层数的保持也是维系肌理的必不可少的参照点。

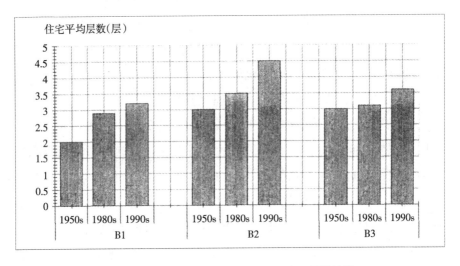

图 4.21　同一住区不同时期住宅平均层数统计①

借鉴这种分指标量化的研究方法，对于同一历史街区的肌理演变，为避免笼统的直觉判断，应当配合定性研究，将肌理分解为若干指标分别进行量化研究。参考上述针对住区的指标设定方式，本书认

---

① 浦敏：《实例剖析西安近 50 年城市住区肌理及演变》，西安建筑科技大学硕士研究生论文，2006 年。

为历史街区的肌理可分解为如下指标分量：街区总面积、宅基地面积、住宅底层面积、住宅建筑密度、容积率、平均层数。

这种研究方法关键步骤在于量化数据资料的收集与整理。对于历史文化街区而言，调查研究工作受原始资料的影响较大。对历史久远的历史文化街区而言，受前人科学知识所限，量化的文献史料记载很少，所以对文献史料采取必要的数字化处理就显得非常必要。例如，在对北京城街区构成与尺度的研究工作中，研究者对史料《乾隆京城全图》（1750 年绘制）按如下程序进行了数字化处理：①将复刻版 17 册史料原图扫描，拼接成一张完整的数字化图像（图 4.22）。②绘出图中街巷道路、河流、城墙①。③对四合院的规模进行判断，分别绘出各户的"户型"并算出宅地面积。④根据图上的文字注释，确定宫殿、衙署、府第、寺庙等的位置和其用地面积。⑤与《清乾隆北京城图》② 进行比较，进行误差修正和比例尺调整，使两图完全重合。③

（3）空间尺度

"尺度是形态的基本内容。建筑组群空间的优劣与其尺度得宜与否关系甚深。"④ "尺度概念相关要点如下：①比较是尺度概念存在的基础，没有比较就没有'尺度'的存在。②与'尺寸'不同，'尺度是相对的尺寸，是某事物对另一事物的相对尺寸'。因此，尺度不是

---

① 《乾隆京城全图》中建筑物的表现方式采用了中国传统城市地图中"兴图"的平立面结合的"俯视绘图法"。即绘出建筑物正立面图后，遵从一定规则：在主要街道两侧的房屋，以街道为轴线"仰面躺倒"；一般民房，以户为单位，所有房屋均面向贯穿该户的南北（东西）向主轴线"仰面躺倒"；大型四合院建筑群有数条轴线，建筑物则面向这些轴线"仰面躺倒"。另外，院子的大门入口的画法有别于内部建筑立面，故可一目了然，易于识别。又有运用双重线勾勒的墙壁的界线，配合图上的文字注明，便可明确判断出四合院的类型或建筑物的规模、性质与功能了。这其中所有的宫殿、府第（王府）、重要的衙署（政府机关）均为双重线勾勒，以区别于一般的建筑物和四合院住宅。

② 1960 年初，徐苹芳以故宫博物院版本的《乾隆京城全图》为对照，以 1937 年绘制的万分之一《实测北平市内外城地形图》为底图，复原并取名为《清乾隆北京城图》（1∶12000）遗憾的是省略了原图中所绘的大量小型建筑物和城市设施（如：民间寺庙、牌楼、栅栏、水井等）。故此次进行更为细致的复原。

③ 邓奕、毛其智：《从〈乾隆京城全图〉看北京城街区构成与尺度分析》，载《城市规划》2003 年第 10 期。

④ 许懋彦、巫萍：《新建大学建筑族群空间尺度的比较探讨》，载《建筑师》2004 年第 2 期。

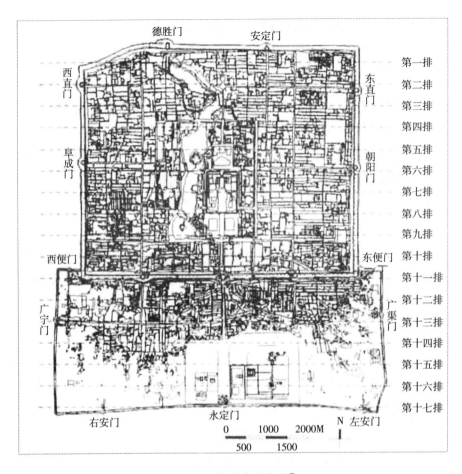

图 4.22　乾隆京城全图①

一个绝对量，而是一个相对量。③‘人’是尺度比较时最常用的标尺，这个标尺不仅指人体尺寸，还应该包括人的控制能力，即视觉能力、运动能力、感知能力等生理或心理的能力。④随着新型交通工具的使用，又衍生出‘汽车尺度’、‘飞机尺度’等新的尺度概念。⑤由于尺度是一个相对量，不同人对同一要素的尺度感知结果往往不同，因此研究时只能参考多数人的一般感知结果。综上所述，尺度概

---

① 邓奕、毛其智：《从〈乾隆京城全图〉看北京城街区构成与尺度分析》，载《城市规划》2003 年第 10 期。

念可以归纳为：以某个标尺为基准，人们对某种客体大小的主观感知。"

城市、村镇的历史街区在尺度上，除了一些封建等级制度所形成特殊目的建筑的非人性化尺度以外，大多数的尺度是以"人"为标尺设定的。中国自古追求人与自然的和谐，窄长街巷空间尺度比较小，建筑基本以一到二层的合院的木构建筑组成，高度适宜，加上坡屋顶柔美的曲线、山墙有节奏的轮廓、木构架丰富的细部等，形成一种极为亲切的尺度。传统建筑的这种尺度本质上满足了人们基本的衣食住行，符合人基本的生理感知能力、活动方式。不同层级、不同地域的城市（村镇）的历史街区与建筑的尺度与人不同层级的感知与活动能力相互对应。所以尺度调查研究的目的就是以人为标尺，评价被调查研究历史街区自身的尺度特点，为将来的保护规划及衍生设计提供人性尺度的数据参考。

本框架的"空间尺度"调查研究方法借鉴了《尺度的记忆——西安明城区保护中的尺度问题初探》（以下简称《尺》）中使用的尺度评价方法，[1] 对历史文化街区的历史尺度进行一个系统的调查研究。这一尺度系统包括了城市层级、街道层级以及建筑层级等三个层次，以求建立起一个相对完整的尺度系统（图 4.23）。由此建立起来的尺度系统可作为历史文化街区将来保护过程中在尺度保护与控制方面应该遵循的原则。

A. 城市层级

从城市层级来评价历史街区的尺度，可分为整体尺度和街区尺度两个部分。

整体尺度是将历史文化街区的整体与所在城市（村镇）的整体结构相联系。即街区最大层级的尺度，如街区的南北长度、东西长度等。在《尺》文中通过调查研究将西安明城区的范围确定为南北长约

---

① 何哲：《尺度的记忆——西安明城区保护中的尺度问题初探》，西安建筑科技大学硕士研究生论文，2003 年。

258

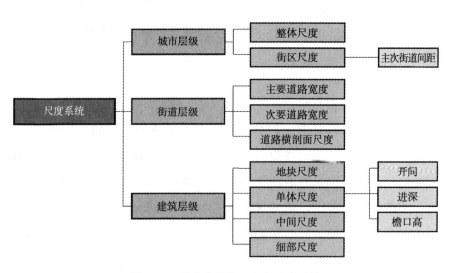

图 4.23　历史文化街区空间尺度系统

2600 米，东西宽约 4200 米。

　　街区尺度是整体尺度下一层级的尺度，指由主要街道所划定出来的街区尺度。通常用主要街道、次要街道的间距来表示街区的尺度。如《尺》文通过调查研究发现，明城主要街道的间距在 600—800 米。再次一级的街区尺度是由不贯穿全区域的次一级街道所形成，街区宽度基本在 300—400 米之间，有 300、325、360、400 米几种，其中以 300 米与 325 米的基本尺度为主。最次一级的街区尺度是由最小的街巷所形成。最小等级的街区尺度南北向以 60 米为多，东西向以 120 米居多。街区的尺度直接决定了其中建筑物和建筑群的体量。

　　B. 街道层级

　　从街道层级来评价历史街区的尺度，可分为主要街道和次要街道的道路宽度，以及由街道宽度和建筑物高度共同构成的街道横剖面尺度比例两个部分。对于重要街巷所做的更加深入的调查研究甚至可以通过绘制街道上每隔若干米的连续横剖面，以得到对于街道尺度的全面和动态把握。

　　此外可以通过文字对街道尺度进行描述，如《尺》文中写到：
"明清时明城的南北大街以及东西大街的宽度都在 20 米左右，沿街的商业建筑一般都是二层，高度6—9米左右。其他几条贯穿全城的主要街道的宽度在18米左右，次一级的不贯穿全城的街道宽度在12—15米之间。其他再小的街巷宽度在9米左右。最小的街巷宽度仅在1.5—3米之间。一般的东西向的街道宽度稍大于南北向的街道，街道高度在4—5米左右。书院门改造前街道宽度约为13米，两边为一到二层建筑，檐口高度约在4—5.5米，街道空间的宽高比在2.7—3.7之间；北院门改造前街道宽度为15米，沿街建筑也多为一层到二层，檐口高度在4—5.5米，街道空间宽高比在2.7—3.7之间；等级再小一点的福巷改造前街道宽度为10米，两边多为一层建筑，檐口高度在3.6—5米，街道空间宽高比在2—2.8之间。"

C. 建筑层级[①]

在建筑层级的尺度评价时，选择对街区内的典型建筑物（文物建筑、历史建筑、保护建筑）进行尺度的量化分析。比较时按照地块尺度、建筑物单体尺度、中间尺度、细部尺度四个方面分别进行。尽可能完整地建立起建筑层面的尺度系统。建筑层级的尺度评价时应按建筑功能分类统计。调查时可以在精确测量获取定量数据的同时沿用古人的计量单位进行定性描述，例如进深多用檩，开间多用架。

地块尺度：地块的尺度在一定程度上反映了建筑群体的体量大小。

建筑物单体尺度：单体建筑物的开间、进深、檐口高度（含披檐）。

中间尺度：中国古典的三段式构图。即垂直划分（台基、屋身、屋顶）的尺度，以及立面的水平开间划分的大小。

细部尺度：历史街区中的典型建筑物（文物建筑、历史建筑、保护建筑）大多数以明清建筑为主。而明清做法的大木作结构与构造构件以及小木作的门窗雕刻共同构成了内容丰富的建筑细部。明代建筑

---

① 建筑层级的尺度调查研究和前述空间肌理的调查研究具有一定的重复性。对二者的调查研究可结合起来进行。

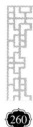

是以"材"为模数建造的,不同的构件尺寸都由"材"的大小推算出,因此建筑等级的高低决定了所用"材"的大小,从而最终形成不完全一样的细部尺度;商业与居住类建筑的尺度是依据明间面阔及檐柱柱径为标准,细部构件的尺度都由檐柱柱径来决定。此类建筑由于结构与构造类型与大木大作类建筑不同,细部的内容与尺度也不完全一样。细部的尺度反映了不同街区的空间特点,是场所精神的具体的物质体现之一。

通过文献史料收集整理、现场踏勘、测绘统计得到上述各类尺度数据后,需分析街区尺度的特征,并与人的行为心理相结合,在将来的保护过程中,在不影响基本生活的基础上将这些尺度特征延续下去。如在《尺》文中作者归纳总结了明城区历史尺度的"人性化"和"模数化"特征,建立起明城区历史尺度系统(表4.7),为今后的规划制定提供依据。这也是空间尺度调查研究的根本目的,即对历史街区的尺度系统的建立收集基础资料,为街区物质空间在尺度方面保护提供依据,为新的建造行为提供尺度方面的参考。

表4.7　　　　　　　　　西安明城区历史尺度系统①

层级 \ 项目	城市历史尺度层级列表		
	区域宽度(米)		节点高度(米)
	南北	东西	
整体尺度	2600	4200	33(城门楼)
	36(钟楼)	1800/720	1950/2250
街区尺度	600—720	650—800	无
	300—360	325—400	无
	40—120	50—200	无

① 何哲:《尺度的记忆——西安明城区保护中的尺度问题初探》,西安建筑科技大学硕士研究生论文,2003年。

项目 街道等级	街道历史尺度层级列表		
	宽度（米）	高度（米）	高度比
四条主要大街	20	6—9	0.3—0.45
贯通的主要街道	15	4—6	0.27—0.4
费贯通的主要街道	12—15	4—5.5	0.27—0.46
街巷	9—12	3.5—5	0.29—0.56
最小街巷	1.5—3	3.5—5	1.17—1.67

建筑历史尺度层级列表①				（米）
尺度项目	类型	城防建筑	宗教文化类公建	商业建筑	居住建筑

		城防建筑	宗教文化类公建	商业建筑	居住建筑
建筑群 体尺度	面宽		35—60		8—12
	进深		75—250		20—70
建筑单 体整体 尺度	面宽	24—40/36—72	24—26	5—12	8—12
	进深	5—9	18—24/36	16—36	6—12
	高度	3.5—6	33—36	16—20	3.5—6
建筑单 体中间 尺度	台基高度	8.5—12	1.5—2.5	0.2—0.4	0.2—0.4
	屋身高度	14.5—15	5—7	3—4	2.5—4
	屋顶高度	6.5—12	7—9	2—3	2—3
	开间	3—6	4—5	3—5	3—5

（三）"建筑物"部分内容设定

　　建筑物部分的调查研究工作是内容框架中的重点部分，它主要由建筑专业人员完成。是通过对历史文化街区中的文物建筑、历史建筑和保护建筑进行深入调查，为每个建筑建立基本资料的"档案"和"表格"；对重要建筑进行测量并绘图。最重要的是"建筑物"部分调查研究要求对建筑形式各项内容进行归纳和总结，以期发现其特有

———————

　　① 因为建筑单体在细部不会随建筑等级与类型的不同而在结构构造以及装饰方式上产生大变化，所以研究者并未单独列出细部尺度这一项。

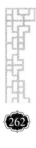

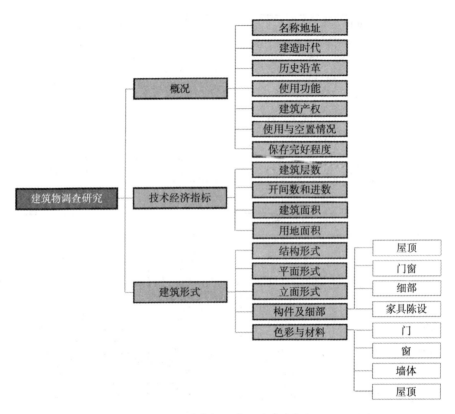

图 4.24　建筑物调查研究内容框架

的空间组织方式、构件细部做法或用色用料习惯。

舒尔茨指出："构成一个场所的建筑群的特征，经常浓缩在具有特征的装饰母题中，如特殊形态的窗、门及屋顶。这些装饰母题可能成为'传统元素'，可以将场所的特征转换到另一个场所。因此特征和空间在边界结合在一起。"①"建筑物"部分调查研究的目的是把握拟保护历史文化街区建筑物的特征，通过归纳总结提炼出其中的"传统元素"，为历史文化街区保护中的场所营造提供设计上的参考。另外，运用提炼出的"传统元素"，甚至也可以将历史文化街区由成立开始发展至今的场所的特征移植到城市（村镇）的其他地方，为城市

---

① 郑晓山：《场所精神的保持与延续——历史街区场所设计程序研究》，西南交通大学硕士研究生学位论文，2004 年。

（村镇）历史文脉的延续服务。在舒尔茨所述"传统元素"的基础上，本书将"传统元素"的外延扩展，不仅如字面上所指如建筑物的细部构件、装饰图案等，而是指构成建筑物特征的一切物质要素。具体的调查研究包括"概况"、"技术经济指标"和"建筑形式"等三个分项内容。

1. 概况

概况部分内容是对各文物建筑、历史建筑和保护建筑单体在名称地址、建造年代、历史沿革、使用功能、建筑产权、使用与空置情况及保存完好程度等方面内容进行客观统计整理，以单体建筑为主体，建立基本的"身份档案"，为后续调查研究准备基础资料。其中历史沿革部分指建筑从建成到现今的记载于文献史料中的历史，对于中国传统木构建筑一般需要了解其在历史进程中是否曾遭受天灾人祸的破坏，是否曾进行维修或重建及其时间点。此外，发生于该建筑的重要事件也应被记录在历史沿革部分；对于使用功能部分需要了解其在历史进程中是否有过功能转换以及什么原因导致了转换。目前保存完好程度项我国的调查现状是通过专家通观整个街区后对各建筑单体做出的总体评价，本框架建议借鉴日本"传统建造物群保存对策调查"中通过专家对各建筑做分部位评价，对包括开口部、门窗、外墙、檐口和其他等各主要部位进行保存完好度评级，建立保存完好度诊断卡（表3.20），并基于此最终得出综合评价。

2. 技术经济指标

技术经济指标是对各文物建筑、历史建筑和保护建筑单体在建筑层数、开间数和进数、建筑面积、用地面积等指标进行测量和统计，做出客观描述。对各重要建筑单体技术经济指标的把握，一方面为街区整体空间调查研究收集了必要的数据资料；另一方面，也能从中归纳出该历史文化街区中建筑的一些普遍特征。

3. 建筑形式

建筑形式是建筑物调查研究部分的重点内容，历史文化街区"特征"的具体体现就是各种各样的建筑形式。而我们对于历史文化街区的调查研究目的之一就是提取出这些"特征"并加以保护。

中国幅员辽阔，历史悠远，每一个历史文化街区因历史时期、社会文化、民俗传统、政治史实、自然地理环境的不同而产生区别于其他街区的独特"传统元素"，所以不是任何属于中国的传统元素，都可以属于任何中国的历史文化街区。例如，"我国的南方夏季气候炎热，多雨。民居的墙体、屋顶都做的十分单薄轻巧。比如徽派民居屋顶铺设的是青瓦，大部分没有天花板，直接裸露着上面的木构架。屋顶檩架上的望砖厚度比建筑用的青砖要薄。屋脊的底部多用砖砌成矩形，上面的山墙再向上出挑成斜面，房脊两端多用鱼形装饰，整个屋顶表现出灵巧活泼的风格，墙体也比较薄，给人的整体感觉比较轻盈秀气。我国北方因冬季气候特别寒冷，需注重保温、日照、采暖等一系列防寒措施。这种寒冷的气候则需要北方民居有厚重的墙体和厚重的屋顶，大多数屋顶呈现出严肃、庄重的特点，建筑实体看起来十分质朴敦厚"。[1] 例如我国晋中南地区气候寒冷，民居多从实用出发使用厚重的墙体维护整座建筑，木结构藏于墙内。从外立面看，除檐口处外露木雕装饰外，大部分为砖石覆盖，用砖石装饰。建筑敦厚朴实，造型简洁。（图4.25）

图4.25　山西晋中市太谷县曹家大院三多堂[2]

即使同在南方暖湿地区，西南和东南沿海地区的建筑传统也不尽相同甚至截然不同。如东南沿海地区有代表性的骑楼建筑，福建龙岩、永定一带有土楼，西南地区则有傣族的竹楼、苗族的吊脚楼等，建筑风格特征迥异。对建筑形式的调查研究不仅需要了解该地历史文化街区的风格特征，更要理解形成这种特征背后

---

① 马瑞亚：《我国传统民居的南北差异》，载《山西建筑》2008年第9期。

② http://photo.blog.sina.com.cn/blogpic/522416cc0100b83l/522416cct5b49e030786c.

的原因，以更好地理解这些建筑形式。举众所周知的土楼为例，龙岩、永定一带的土楼"是汉族客家人的住所，客家人迁徙此地后为防止与当地人发生械斗袭击而建。土楼呈圆形，并掺有石灰和砾石，墙厚 1 米，坚硬如石，历经二三百年仍不坍。土楼有的高达 5 层，圆平面达 70 米，分为三环，房间可达 300 多间，中心为祠堂，供族人议事及其他公共活动"①，可见正是客家人的外族身份造就了具有防御特征的土楼，如硬将土楼这种极端的形式照搬到其他地方如江南则显得不合时宜。这个例子说明，在保护中随意运用其他地区的"建筑形式"甚至是"传统元素"，又或者即便是街区周边区域的"传统元素"未经考证便移用于本街区，都是不科学的。在浙江省杭州市西兴老街的建筑物维修中频繁使用了黑色涂料对窗洞勾边装饰，就是未经考证，随意使用非当地"传统元素"的做法。粗厚的黑色勾边和白墙对比显得尤其突兀（彩插图 9），可见对于"传统元素"的提炼必须依赖对历史文化街区的科学、系统、客观的调查研究工作。

本框架的"建筑形式"部分调查包含了结构形式、平面形式、立面形式、构件与细部以及色彩与材料等五部分内容，基本涵盖了建筑形式的方方面面。主要的调查研究工作包括对建筑物详尽的测绘和拍照记录，并基于此对建筑形式中的特点做出分析。值得指出的是，在进行立面形式和色彩与材料的调查研究时需要结合内容指导框架中的"景观风貌—整体风貌—沿街立面"中有关典型建筑物立面骨架以及色彩及材料提炼的内容同时进行。具体立面骨架的提取以及典型建筑物色彩及材料的提炼方法详见后文景观风貌部分内容。

在对历史文化街区建筑的记录方面，东南大学龚恺教授主持完成的《徽州古建筑丛书》提供了一个很好的范例，《丛书》以一个个徽州古村落为单位成书，每一集中对村落街区中的文物建筑、历史建筑和保护建筑进行了详尽的测绘，包括使用计算机软件绘制精细的带主要尺寸标注的各层平面、各向立面和剖面，门窗详图，外墙大样，门头等节点大样等（图 4.27），此外，调查人员还对其中重要建筑采用了

---

① 华颖洁：《我国传统民居的地域差异》，载《地理教育》2003 年第 2 期。

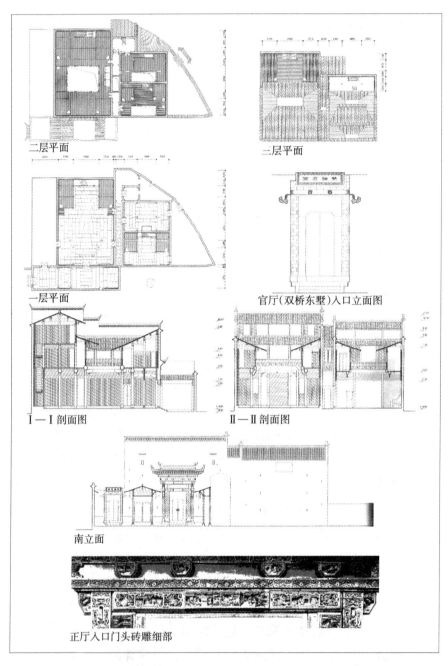

二层平面

二层平面

一层平面

官厅（双桥东墅）入口立面图

Ⅰ—Ⅰ剖面图

Ⅱ—Ⅱ剖面图

南立面

正厅入口门头砖雕细部

图4.27　建筑图纸测绘实例—— 以晓起荣禄第为例①

① 龚恺等编著：《徽州古建筑丛书——晓起》，东南大学出版社2001年版，第51—57页。

计算机建构整体或局部三维模型进行模拟。对于部分形体变化较复杂的建筑还采用了三维模型模拟其结构形式以便于读图人的理解（图4.28）。《丛书》还辅以各建筑物外观内景及细部构件、雕饰等照片，偏记录性的手绘素描和偏表现性的速写等。多种媒介呈现的图像记录既能给研究者一个该历史文化街区中"建筑形式"的完整印象，又因其中所含的丰富信息提供给研究者对各种"建筑形式"分析解读的可能性。

在对"建筑形式"各内容的分析方法上，本框架借鉴日本"传统建造物群保存地区"中常用的数理统计分析法，以达到对"历史元素"的提炼。数理统计分析法是一种定量历史研究方法，要求将调查资料分类、整合，通过文献比较、图纸比较、统计数量

图4.28 结构形式三维模型模拟
——以晓起新屋为例①

比较等多种方法分析研究对象。它利用计算机软件（GIS、exel、spss）对年代、距离、高度、类型、数量等多种数据进行记录、统计和对比，提供有用的解释性和评价性，以便减少盲目臆测，使调查研究具有严密的科学性，目前在国内的建筑调查研究中也越来越多地被用到。例如在深圳大鹏半岛滨海传统村落的调查研究中，调查研究人员就居住建筑的平面形式进行了类型和数量的数理统计分析，得出如下结论："依据建筑的具体使用方式，把大鹏半岛传统建筑的平面形制分为排屋型、三间两廊型、三堂屋型、围屋型，而排屋型住宅是大鹏半岛使用率上占有压倒性地位的居住建筑平面类型，其次是三间两廊和围屋型。"（表4.8）这样的分类、量化的统计分析，增加了调查研究结论的科学性，也便于保护措施制定时的参考。

---

① 龚恺等编著：《徽州古建筑丛书——晓起》，东南大学出版社2001年版，第149页。

表4.8　　　深圳大鹏半岛滨海传统村落居住建筑平面形制的使用情况统计①

平面形制	村落名称（建筑数量）	村落数	备注
三间两廊型	鹤斗，沙岗，半天云，大岭下，新圩（2），碧州（4），鸭母脚，上新屋乌屋，王屋，下圩某宅（2），王桐山，水贝，布尾，新屋园村（5），布锦（2），水头（4），龙岐（4），上叠福，高屋围（2），上围，下围，油草棚某宅，乌涌某宅，田心某宅，东村（疑为祠堂），盐村（3），上洞新围，溪涌，屯围，东门，新罗（3），黄屋，高圳头（2）	33	
三堂屋型	上新屋钟屋，王桐山钟屋（2），水贝，松山钟屋，洞梓钟屋，黄屋（4）	6	以钟屋大屋为主
围屋型	元岭（九牧世居），上楼阁，李屋村，石鼓墩，坝光，坝光黄家祠，松树，欧屋，下禾塘，大土围（四角楼），福田村（福田世居），油榨村	12	部分保存状况差，原状需推测
排屋型	遍及每个村落	111	除少数以围屋型、三间两廊为主体的村落未有此形制平面

（四）"景观风貌"部分内容设定

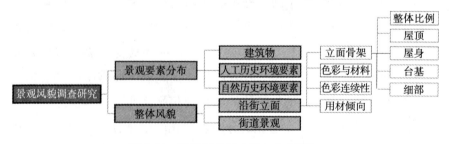

图4.29　景观风貌调查研究内容框架

---

① 王鲁民、乔迅翔：《营造的智慧——深圳大鹏半岛滨海传统村落研究》，东南大学出版社2008年版，第111页。

历史文化街区是拥有比较完整历史风貌的街区。相对于保证历史的真实性，维持历史文化街区风貌的完整性同样重要。人有着对于视觉协调的基本需要，这种需要最强烈的体现在目前蓬勃开展的以旅游为先导的街区保护中，旅游开发要求街区以一个协调的整体面貌呈现给游客，以达到类似舞台布景的效果来吸引游客，让游客享受到身临其境，如回到了从前的感觉。

这里需要强调的是，对于大多数历史文化街区，这种风貌完整性的达到是一个不断努力完善而非一蹴而就的过程。为风貌的协调所做的努力如"修旧如旧"、"建新如旧"等概念也不应该被简单地理解为作假。

"景观风貌"部分的调查研究工作内容分为"景观要素分布"和"整体风貌"两个部分，首先通过对街区景观要素的提取，对其分布状况和风貌特点有所把握，再将其余建（构）筑物、自然环境等与其对照，发现并提出问题，作为今后改造更新的依据。

1. 景观要素分布

"景观要素分布"调查研究的方法是通过对历史文化街区中的文物建筑、历史建筑和保护建筑，重要的人工历史环境要素、有代表性的自然历史环境要素进行提取并明确其分布状况；明确这些需要维持和保护的景观要素特点，将其作为其余的普通建筑物、构筑物和自然环境要素进行以风貌协调为目的的改造的基准。景观要素分布以总体平面图的形式呈现，将景观要素标示其上。各提取的景观要素需进行详细测绘并总结其风貌特点。

2. 整体风貌

舒尔茨认为，"相互影响的人类环境很少会产生一个完美或完整的印象。它常常会自相矛盾，或丢失某些局部。于是，存在空间掺入了愿望和梦想，为了满足这些愿望，人类就要试图改变环境。于是，人与环境的关系介于适应和改造的意图之间"。这段话道出了人类和环境之间的两种恒常关系，历史文化街区保护中对此关系的阐释也必须兼顾两个方面。整体风貌指的是代表历史文化街区特征的景观环境

的全部，它由重要的景观要素和其他的有待协调的建（构）筑物和自然环境共同构成。在"景观要素分布"内容项调查研究人员对各景观要素分布情况和景观要素的各自特点有了一定程度的认识，而在"整体风貌"内容项则要求调查研究人员对街区整体景观做一定的绘图和分析，明确今后进行街区保护景观规划时需要如何改造普通建（构）筑物和自然景观要素以达到街区风貌的完整。本书对街区整体景观状况的评价主要从沿街立面和街道景观两方面着手。

（1）沿街立面

历史街区沿街立面的破坏是街区风貌特色丧失的最直接因素。阮仪三先生在对南浔镇东大街"传统商业街区"调查研究后指出，"东大街的街区竖立面的破坏颇具代表性……各个时期的建筑材料，样式都在东大街几百米的沿街立面上留下了自己的痕迹。主要表现为：檐口方面，由于小经营业主广告的需要，许多房主将原来的挑檐封住，重新加上巨大的广告牌匾或改造成西式的建筑样式，成为影响历史建筑风貌的最大障碍；在墙体方面，近年来的不同时期的外墙材料都在整条街面上有所反映，如 1970 年代的素混凝土，1980 年代的涂料和水磨石，1990 年代的白色面砖以及近几年常用的花岗岩。这些材料在色彩和质感上都突破了原有的肌理特征，使粉墙黛瓦为底蕴的传统风貌失去最本质的视觉特征。在建筑其他构件方面，窗子、门也是变化较多的部位，铝合金门窗、钢门窗、简易木门窗大行其道，还有铝合金卷帘门、铸铁推拉门等，空调的室外机更是历史街区传统风貌的破坏者。历史街区传统风貌的重塑必须从这些细节做起，用传统建筑的构件重新建构或修复原有的肌理特征"。[①]上述沿街立面的破坏现象，不仅发生在南浔镇的东大街，同样发生在我国绝大多数的历史街区。从阮仪三教授的论述中，可以总结出沿街立面一般是由"立面骨架"（檐口、门窗、细部构件等）、颜色和材料等方面内容构成。因此在对

---

① 阮仪三、蔡晓丰、杨华文：《修复肌理重塑风貌——南浔镇东大街"传统商业街区"风貌整治探析》，载《城市规划学刊》2005 年第 4 期。

沿街立面的调查研究过程中可以结合前述"建筑物—建筑形式—色彩与材料"以及"建筑物—建筑形式—立面形式"的调查研究共同进行。具体操作步骤如下：

首先，提炼立面骨架。

古建筑学中，对于立面的构图十分重视，讲究平衡、比例、对比、韵律等。例如中国的建筑立面构图常见的"三段式"①，即台基、屋身和屋顶，表现出房屋的"组合"概念。这三个部分组合形成立面整体。其实，世界上所有的建筑，包括现代建筑都可以从立面上看出一定的设计规律。这就是街区建筑在一定历史时期由于功能、材料、结构构造和施工技术、审美要求而产生的构图法则，并因此而形成一种普遍的美学观念。所以调查研究历史文化街区的立面构图法则，其实质是探寻其历史文化内涵的物质体现。历史文化街区独特的立面构图的抽象化即立面骨架的提炼，可以为今后保护中历史风貌整体性的维系，以及新建或改建过程中建筑物的立面设计提供参考依据。

进行"立面骨架"的提炼，首先需对中国古建筑的基本构图原则有所掌握。中国的古建筑和西方建筑在构图上有所不同，其特点不仅在于上述的"三段式"，而是它对三个部分的具体处理，特别是其屋顶和屋身在比重上是大致相等的，并且进一步加深和强调它们各自的功能形状，有意识地使它们完全处于独立的系统和一种对比的状态下，并没有企图将这几种本来就不同的功能和构造形状融合成一个整体，这种三段式和西方建筑三段式的处理手法是截然不同的。一如平面组织一样，独立分组的观念相当强。此外，中国建筑立面的构图方式在世界上也是独特的。因为它很少仅是"两向"的"平面"，而是一个有纵深方向深度的"三向"的"立体"，即中国建筑立面依随平面组织方式而产生，它不仅考虑外向，还将同样的力气放在考虑如何更好地做出内向空间，即"内院"效果上。所以对于我国历史文化街

① 古建筑中，宗教文化类的公共建筑"三段式"明显。而商业类与居住类的建筑因为属于大木小式的建筑做法，主要为屋身和屋顶（悬山或硬山）两个部分，台基高度太小，大致在0.3米左右，有时可忽略不计。

区中的建筑立面需要同时考虑对外和对内两个方面。

基于中国古建筑的上述特点，参考日本"传统建造物群保存对策调查"中有关立面骨架的调查研究方法。可从以下几方面考虑立面的骨架提炼：

- "三段式"的整体比例关系，即台基、屋身、屋顶的高度，进退深度等比例关系。一个地区一定历史时期建造的同类型建筑，其整体比例关系各项数值基本上是存在一个固定范围的。
- 屋顶（包含披檐、一层挑檐等）部分：屋顶形式（四坡、两坡等）、屋顶高度、坡度、出挑距离等。上述屋顶部分，既考虑朝向街区外部空间的面，也考虑朝向内部空间（内院）的面。
- 屋身部分（区分正立面、侧立面）：一二层墙面的进退关系，开口部（门、窗）与墙体的位置、尺度关系，墙体与柱子的位置、尺度关系等。上述屋身部分，既考虑朝向街区外部空间的面，也考虑朝向内部空间（内院）的面。
- 台基部分：室内外高差、柱础或勒脚等。既考虑朝向街区外部空间的面，也考虑朝向内部空间（内院）的面。
- 细部构件与三部分的位置、尺度关系（例如檐口细部与屋顶，梁与墙体及屋顶，屋脊曲线、屋角与屋顶，柱础与台基等）。

考虑到建筑功能差异带来的立面构图差异，上述立面骨架的提炼应按建筑物功能和形制不同分类进行，以使调查研究结果更加科学和客观。

其次，提炼典型建筑物色彩及材料。

这一部分的调查研究实际也就是"建筑物—色彩与材料"的调查研究内容。是通过对历史街区内文物建筑、历史建筑的调查研究，把握历史街区建筑物颜色和材料使用上的典型特征。

在调查研究对象的选取上，因为要秉承抽出较好地继承了历史风貌的建筑物为调查研究对象的原则，所以以文物建筑、历史建筑为主。对于文物建筑、历史建筑较少的街区，由专家或调查人员另行选取风貌保存状态较好的待保护建筑物，和文物建筑、历史建筑一同作为被调研对象。

在调查研究方法上，采用色彩、材料定量化的研究方法。对建筑物的主要建筑构成部位：建筑物墙面（分楼层提取）、院墙墙面、屋顶、门、窗分别进行色彩和材料的提取（因有院墙而无法看见建筑本身墙面的，可以不对建筑墙面进行测色，只提取院墙色彩）。个别建筑物的柱子、壁画彩绘等其他部位若存在较为特殊的色彩或材料取向时，可追加该部位的色彩或材料提取。在日本一些色彩方面的调查研究中，会考虑树木变化带来的色彩变化，所以还会进行更加细致的分季颜色调查研究。我国历史文化街区的色彩调查中也可以借鉴。

具体操作时，借鉴中国以及日本相关色彩方面的调查研究方法，可在现场踏勘中，采用视感测色的方式提取建筑物各部位色彩。让若干个（通常为三个）调查员在现场同时进行建筑物各部位色彩和材料的感官评价，色彩方面，通过和标准色卡①比较后确定颜色数值。一般按色彩构成三要素：色相、明度、饱和度的三个方面分别记录数值。材料方面也将感官评价结果分类（如青砖、红砖、木头、石材等）进行记录。

---

① 目前我国色卡种类繁多，各行各业应用着各不相同的色卡和色彩标准。就建筑行业而言，采用的是国家标准色卡——GB/T 18922—2002《建筑颜色的表示方法》和 GSB16—1517—2002《中国建筑色卡》。《中国建筑色卡》是中华人民共和国 GBT18922—2002《建筑颜色的表示方法》国家标准的标准颜色实物样品，是建筑行业专用色卡，从以前的 996 种颜色升级为包括了 1026 种颜色的中国建筑色卡，适用于建筑设计、建筑材料、建筑装饰以及建筑监理等建筑领域，是建筑色彩选择、管理、交流和传递的标准工具。《建筑颜色的表示方法》规定按常用的建筑颜色的色调、明度、彩度及使用规律在平面上排列，并按行和列的顺序规定编码。建筑颜色编码根据行和列的数值按 4 位阿拉伯数字连续编码，前 3 位为行码，后 1 位为列码。如第 1 行第 1 列编码为 0011，第 18 行第 5 列的编码为 0185，第 132 行第 6 列的编码为 1326，依次类推。
日本的色彩调查研究，使用的是 JIS 标准色票。日本工业标准（JIS）是日本国家级标准中最重要、最权威的标准。由日本工业标准调查会（JISC）制定。在日本工业规格的物体色表色方面，采用的是孟塞尔表色系统作为制定表面色标准的。JIS 标准色票就是依该标准制定发行的标准色卡。

　　色彩方面，直接利用人的现场视觉感受进行调查研究，避免了拍摄照片后利用软件提色的器械误差。在日本，一般使用孟塞尔颜色系统①的颜色标识方法记录颜色。使用该方法可以使颜色的各项指标数值化。另外，近年来日本利用专用仪器设备进行建筑物色彩提取的案例具有很好的普及率。例如在高梁市吹屋重要传统建造物群保存地区的调查研究中，对建筑物色彩的调查研究就使用了专业色彩提取工具："分光测色计②（美能达 CM‐2002）。"③ 使用该仪器提取色彩时，为减少误差，调查人员通常对于同一部位取色十次，取平均值记录（该分光测色计本身就有十次测量，求取平均值的模式）。

　　根据按部位调查获得的色彩、材料通过数理统计，可以获得历史街区典型建筑物各部位在色相、明度、饱和度方面的色彩特征和用材特征，总结出历史街区建筑物典型用色和用材统计表。在典型用色和用材的调查研究中，可以按功能分类进行，以求获得更为精准的数据结果。

　　用色用材特征总结和具体的用色用材统计表既可以反映出街区建

---

　　① 孟塞尔颜色系统是由美国教育家、色彩学家、美术家孟塞尔创立的色彩表示法。他的表示法是以色彩的三要素为基础。色相称为 Hue，简写为 H，明度叫作 Value，简写为 V，纯度为 Chroma，简称为 C。色相环是以红（R）、黄（Y）、绿（G）、蓝（B）、紫（P）心理五原色为基础，再加上它们的中间色相：橙（YR）、黄绿（GY）、蓝绿（DG）、蓝紫（PB）、红紫（RP）成为 10 色相，排列顺序为顺时针。再把每一个色相详细分为 10 等份，以各色相中央第 5号为各色相代表，色相总数为 100。如：5R 为红，5YB 为橙，5Y 为黄色。每种摹本色取 2.5、5、7.5、10 等四个色相，共计 40 个色相，在色相环上相对的两色相为互补关系。

　　孟塞尔色立体，中心轴为黑、白、灰共分为 11 个等级，最高明度为 10，表示白，最低明度为 0，表示黑。1—9 为灰色系列，V＝10 表示扩散反射率为 100％，即色光做全部反射时的白；V＝0 则表示全部吸收。事实上这两种情况不可能存在，只是理想中的。

　　有彩色的明度与相应的中心轴一致，因此如将色立体做水平断面，其各色彩（不管色相与纯度）明度均相同。纯度垂直于中心轴，黑、白、灰的中轴纯度为 0，离中心轴越远纯度越高，最远为各色相的纯色。同一色相面的上下垂直线所穿过的色块为同纯度，以无彩轴为圆心的同心圆所穿过的不同色相也是同纯度。

　　② 分光测色计采用接触式测量方式。该仪器测量时，不受当时天空光的影响，结果精确。缺点是，无法测量不可触及的建筑部位。该仪器可通过设定，测量表面发射系数较大的建筑材料，如抛光石材、金属板、玻璃等。

　　③ ［日］廣川美子、高橋惠理：《高梁市吹屋重要伝統的建造物群保存地区の实態：町並みの色彩調査とアンケート調査を通して》，载《平成十九年度日本建築学会近畿支部研究報告集》2007 年。

筑立面的地域特征，也可作为今后新建、改造、维修其他建筑物时，在色彩、材料维持上所应遵循的基本原则，为色彩和材料设计提供参考依据。

最后，色彩连续性及用材倾向。

借鉴日本"传统建造物群保存对策调查"中对街道色彩连续性的调查研究方法，就街道历史风貌维系的好坏，结合之前提炼的典型建筑物颜色及材料，就立面颜色和材料两个方面进行连续性的整体评价。这是建立在严谨的数据统计基础上的定量化分析评价，以期准确地描述历史街区沿街的色彩和材料整体状况。

调查研究的方法是，对沿街道两边的所有建筑物的外墙和院墙进行测色和材料提取（色彩和材料的提取、记录和上述"典型建筑物色彩及材料的提炼"中介绍的方式一致），沿街空地也需注明。这是因为有研究表明在街道上行走时，视觉上影响风貌整体性的最主要因素是构成沿街主体的建筑物的外墙（或院墙）部分以及影响风貌连续性的沿街空地。和前述的典型建筑物的色彩和材料调查研究不同，该调查研究中街道里的所有的建筑物都被涵盖进来，其目的是为了掌握当前街道中立面配色的整体状况，而不是对街区个性色彩的求证。

色彩连续性调查研究中，色彩的量化方法同样是通过色彩三要素的数值反应，将调查研究结果用折线图的形式表示出来。通过色彩的起伏变化，同时结合典型建筑物色彩使用，从而判定街道上色彩波动较大和波动较小的地方，色彩和传统用色较协调的地方，有冲突的地方。波形图起伏较大的地方说明立面色彩相对延续性差，结合波形图在实地踏勘的基础上分析原因，在将来的保护中进行改善。

对于沿街建筑物材料的统计结果，分析代表传统技术的自然材料，如木料、土墙、砖墙使用的数量，以及代表现代技术的混凝土、金属、塑钢等工业化材料使用的数量多少。通过自然材料、工业化材料的数量对比，客观评价历史风貌整体性维系的好与坏，评价沿街立面的破坏状况。

（2）街道景观

和沿街立面的调查不同，对于街道景观的调查需要结合街区的空间结构和肌理调查同时进行，街道景观最主要的是由组成街道两侧界面的建筑和树木等景观要素所构成，此外，街道交汇处的节点形式和街区的坡度起伏也将对街道景观产生巨大的影响，如丁字路口居多的街区由于围合界面多而比十字格网交叉的街区更有亲切感；高差变化较大，道路坡度起伏大，弯曲变化多的街区由于其整体格局必须在运动中体验就比平直的街区在景观上更具丰富性和趣味性。东京大学的千叶学教授主持的"城市研究——东京100地图"① 工作对东京有特色的街区进行了街道景观的调查。在对神乐坂街区的调查中，调查人员通过断层扫描技术对该区域的地形进行平面剖切，绘制了从15米—19米的五个不同高程，经研究发现，神乐坂街区是由位于不同高程的若干个不连续区域构成，地形宛如日本传统的"陈列人偶的架子"② （图4.30）。这些不连续区域之间由挡土墙、台阶、陡坡相连接或相分隔，街道常常迂回，此外，研究人员还在总平面图上特意标示出丁字形路口的位置，可以看到神乐坂街区的路网结构中丁字交叉的特征，如同"画鬼脚"③ 的图形 （图4.31）。形成了饶有趣味的空间结构和肌理，而这种特殊的空间结构和肌理又为街道的景观特征的形

---

① 千叶学＋東京大学大学院工学系研究科建築学専攻 千葉研究室：《TOKYO 100MAPS 建築と都市をつなぐもの#4》，载《新建築》2005 年第 7 期。

② 日语为"ひな壇"，是阶梯状的呈现高低层级的架子。

③ 画鬼脚又称画线抽签。是几个人需要用抽签来决定事物或工作的分配时，最简便的方式。进行时只需要一个能够画线的地方或物品就足够了，人数决定了竖线的条数。画法为：在竖线的一端分别写上参与人，将需分配的事物或工作分成与人数的同等份后分别写在另一端。然后在每两个竖线相隔的区域，每个人任意地画上横线。每个人画横线的条数一般不限，但横线间不可交叉且横线不可横跨过两个间隔。走法为：从写有自己名字的竖线一端开始，向另一端前进。每当遇上横线时，则沿着横线转弯走向另一根竖线，到达竖线后继续向前最终到达另一端，而这一端所写的事物便是你所抽到的事物。例如，有五位朋友 A、B、C、D、E 合资买了五份不同口味的点心 a、b、c、d、e，为了表示公平无私，决定以画鬼脚方式决定每个人所得的点心。他们所画见图4.31。依直线前进遇到水平线段就右转，再前进右转，再前进右转，再前进左转，再前进右转，前进到达直线的顶端。A 得到点心 e，同理，B 得到点心 c，C 得到点心 b，D 得到点心 a，E 得到点心 d。——百度百科网页 http：//baike.baidu.com/view/2021603.htm。

成设立了背景和基调，这正是神乐坂街区能够吸引大量散步者的最重要原因之一。研究人员进而对这些不连续区域进行景观要素分配，发现每个不连续区域都有其自身的景观特点，正如同"陈列人偶的架子"一样表现出了各不相同的景观特征。调查研究的成果采用带有景观要素示意的总平面图，将截取区域范围标示出并配以实景照片同时呈现，简单清晰地表达出对现状街道景观的记录和分析，是值得我们借鉴的范例。(图 4.32、彩插图 10)

图 4.30　日本传统的陈列人偶的架子

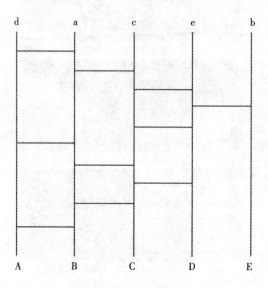

图 4.31　画鬼脚

图 1 标高——不连续点地图
白线为 50 厘米的等高线，深色部分
为挡土墙、台阶、陡坡的坡道

图 2-1 标高 15 厘米 CT 扫描地图

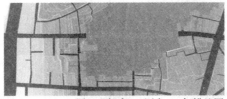

图 2-2 标高 16 厘米 CT 扫描地图

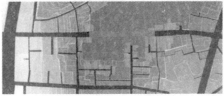

图 2-3 标高 17 厘米 CT 扫描地图

图 2-4 标高 18 厘米 CT 扫描地图

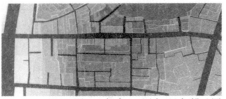

图 2-5 标高 19 厘米 CT 扫描地图

图 4.32 地形与街道关系平面剖切图

如果说前述沿街立面的调查研究是从建筑师和规划师的角度对街区整体进行正投形抽象后的工作，那么街道景观部分则要求调查研究以普通人在街道中的正常视点对街区的整体景观做出评价，发现问题，为今后的景观规划提供依据。在这点上，日本的"传统建造物群保存对策调查"中的保护前后对比分析的方法也值得我们借鉴。具体方法是在街道的重要节点处拍摄实景照片，如前述阮仪三教授评价南浔东大街那样逐条对照照片分析出影响街区风貌的具体物件。然后通过计算机技术，如局部三维模拟，二维模拟等方法做出改造后的效果并与原始照片对比，评价改造的效果，如还存有不足则可重复上述工作再进行局部模拟（图2.55）。最终综合各条原因得到改善街道景观的具体措施，并基于此建立起整体三维模型模拟改造后的街道景观。这种方法和我国常用的做改造效果图的方法的出发点有所不同，它的目的是对现状问题予以一步步解决，而我国目前的保护效果图一方面制作过程短暂，缺少思考推敲评价的过程，另一方面在其模拟技术过程的各环节中都可能会带有一定的美化或者篡改成分，往往会规避不少本来可以被发现的具体问题，甚至可能把一些值得保护的元素也"改造"掉了。

街道景观的改造评价部分方法主要是找出街道中破坏风貌的元素。其中大多数元素可归入阮仪三教授评价南浔东大街的内容中提到的因社会经济变化而产生的风貌破坏因素，如杂乱的空调室外机位、鲜艳的商业灯箱广告等，此外还有未经特殊设计的公共垃圾箱、路灯、消火栓等与"传统风貌"格格不入的物件。在日本有针对街道上自动贩卖机和路灯等具体景观构成元素的调查研究，通过为其设计外衣、包装或采用改变用色等方式模拟改造后的效果并进行探讨和评价（图4.34）。

（五）"居住生活环境"部分内容设定

什么是"以人为本"？早在原始社会时期，人们在生存中创造石斧、石刀等劳动工具时就考虑了使用的便利性，这就是最原始、最朴

图4.34 日本历史街区内传统样式的自动贩卖机及路灯①

素的人本思想。人类工效学（Ergonomics）② 研究的先驱，管理学家莉莲·吉尔布雷思（Lillian Evelyn Moller Gilbreth 1878.5.24—1972.1.2）③可以说是"以人为本"思想的发起者之一。她将"人"置于中心的位置，认为在为人们安排其日常工作和制造生活中所使用的东西以及建设周围的环境时必须考虑人自身的特征和习惯，不同的工作、产品、环境都必须适用于参与或使用它们的特定人群。

就居住环境的建设而言，"就是在建设时将居住的室内环境和室外环境结合起来，为居住其中的人群提供一个居住、休闲、交流、娱

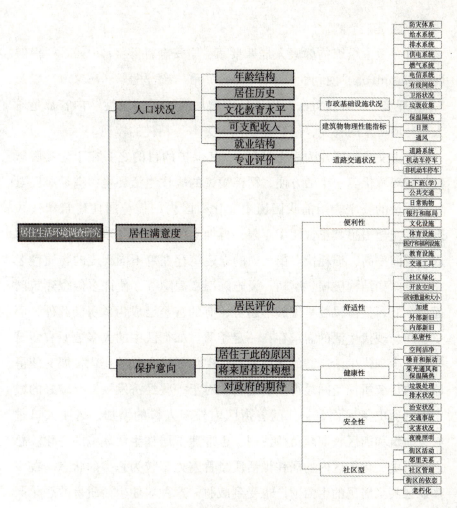

图4.35　居住生活环境调查研究内容框架

乐的场所，使居住环境适应人生理和心理的双重需求，而不是单纯地制造一个空间，强迫人去适应这个空间"①。早在第二次世界大战之后，希腊学者道萨迪亚斯就提出了"人居环境科学"的概念。它是着重探讨人与环境之间相互关系的科学，强调把人类聚居作为一个整体，而不像城市规划学、地理学、社会学那样，只涉及人类聚居的某

① 杨子君：《营造以人为本的居住环境》，载《河北工程技术职业学院学报》2004年第12期。

一部分或是某个侧面。

世界卫生组织的健康人居四要素："安全性"（safety）、"保健性"（health）、"便利性"（efficiency）和"舒适性"（comfort）以及《居住环境——评价方法与理论》中增加的"可持续性"内容都是对人居环境科学的补充，是"建筑以人为本"精神的体现。

历史文化街区作为一个社区①，其保护的目的之一在于为社区居民创造环境优美、生活方便、精神愉悦的居住生活环境，满足居民对生活质量的要求。当前我国历史文化街区内的传统居住建筑年代久远，普遍超出了其正常使用年限，再加上传统建筑又多以砖木材料构成，折旧率高，损耗快。街区内的老建筑存在着不同程度的物质性老化现象。如结构破损、腐朽、设施陈旧、简陋等，使许多传统建筑已面目全非，整体风貌呈现破落趋势，有的甚至已成为危房。此外，历史空间与现代生活的需求存在一定矛盾。如街区中的大多数原有建筑普遍缺少现代生活所需的各项设施。现代居住文化的变化发展又使得原有的传统居住空间显得不能适应。对于一些经济发展情况较好的城市中的历史街区而言，伴随着街区内外来人口的增加，居住人口过密，建筑和街区长期超负荷使用，也加速了居住生活环境的恶化。总之，历史文化街区内的居住生活质量普遍处于较为恶劣的状态，在一些地区甚至居民的生命财产也受到威胁。这种居住生活质量的恶化严

---

① 社区的英文原意是 community。而这个词的使用很宽泛。从尺度看，一栋公寓的居民可以是个 community；一个街坊的居民也可以是个 commnity；一个城市可以是个 communty；一个国家也可以是个 community；联合国把地球称为 international communty 或 global communty 。从内容看，有人把自己的专业称为 community，比如把规划师行业协会称为 our community；也有人把某个领域称为 community，比如 retail community；又有人把和自己观点相似的人称为一个 communi-ty，如美国政府把反恐怖联盟称为 anti - terrilism community。

在我国行政上，社区是我国城市行政区域划分的最小单位，相当于原先的街道，是行政管理权力的范围；居住区则是指一定规模的居住建筑群，是以面积大小为单位。一个社区可能涵盖一个或多个居住区，按目前我国行政区域划分的习惯，一般不会小于一个居住区。中国以前的街道居委会的服务结构是有中国特色的社区管理和服务模式。现在通常以"××社区"替代。

本书的社区，不指行政意义上的"社区"，而采用一般学术界的认知，社区是居住在一定地域空间、具有共同关系、社会互助及服务体系的人口为主体的人类生活共同体；是以居住为中心的生活、经济和公共活动的环境整体。

重影响到了历史文化街区的文化价值。在经济发展的框架中，如果不采取措施改善贫困居民的物质困难，改变他们的边缘身份，是无法让他们意识到历史文化街区作为不可移动遗产的文化价值，从而无法真正做到对历史文化街区的保护。因此不论从社区建设的立场或是遗产保护的立场，历史文化街区的居住生活质量都亟待改善。

在居住生活质量改善相关措施的制定与落实之前，对街区内居住生活状态进行科学、客观的评价是不可缺少的环节。这一评价结果既帮助判断历史文化街区的可居性，同时也是辅助保护措施制定者优化改造历史文化街区居住生活环境的重要依据，减少保护措施制定的盲目性。在保护历史信息的同时，也改造出令人满意的社区。所以必须重视其在调查研究中的分量。当前，涉及居住生活评价的学科是"人居环境评价学"。人居环境评价学是人居环境科学的一个重要分支学科，其目的是以占大多数的社会主体的价值需求为依托，以一定的行业标准，评定人居环境在多大程度上满足了人群的基本需求和社会福利。

本书针对我国在历史文化街区居住环境评价缺失的状况，在调查研究内容框架中加入有关居住生活状态的调查研究内容项。该项由以下内容子项构成：人口状况、居住满意度、保护意向。

1. 人口状况

首先就"人口状况"这一子项，框架从"年龄结构"、"居住历史"、"文化教育水平"、"可支配收入"和"就业结构"这几个方面对街区居民的人口构成进行基本把握，以确保对之后所获的调查研究结果进行分析时能够评价各种构成人群对每个子项的倾向性，从而解决更加具体的有针对性的问题。

2. 居住满意度

"《马丘比丘宪章》提出公众满意度是衡量城市人居环境优劣的重要尺度之一。"[①] 面向街区居民的居住生活满意度调查研究是尝试从

---

① 曾菊新：《论新世纪适宜居住的城市观》，载《经济地理》2001 年第 3 期。

284

"公众视角"出发，以公众反馈的满意度为措施制定的依据，构建以人为本理念下的人居环境评价体系。以弥补专业人员在前述各调查研究内容上评价的局限。[①]

在参考了国内外各种类型满意度评价指标体系的基础上（见附件三、附件四的部分参考实例列举），本书从安全性、保健性、便利性、舒适性和社区性这五个方面共同建构居住满意度评价体系。本书建构的居住满意度评价，旨在具体了解居民居住生活的实际状况。这同一般学术研究中的居住满意度研究略有不同。本框架在衡量居民的居住满意度时，不仅要求建筑专家依据住宅的客观条件（如人均住房面积、基础设施状况、建筑物物理性能指标、街区道路交通状况），对各因素相对客观的权重评判，同时要求充分考虑住户的主观感受。通过确定居民对居住条件各评价因素的权重排序，可了解居民对哪些因素最看重；通过居民对某因素的评价，了解居民最希望哪些因素得到改善。弥补前述其他内容的调查研究中已经涉及的对历史文化街区客观条件评价的不足，在"居住生活环境"的调查研究中，主要从基础设施的客观状态、居民对居住环境的评价着手。以这种双重评价的结果使街区保护能够更好的为居住生活服务。

（1）专业评价

A. 市政基础设施状况

提高居民生活质量是历史文化街区可持续保护的重要任务之一。实现这项任务的关键点之一就是改善城市基础设施。历史文化街区这一特殊地区无法做到市政设施的标准设计。非标准设计要求观念创新和技术创新，而创造性工作的实现是必须基于认真仔细的调查研究活动之上的。因此需要提高对市政基础设施状况调查的重视，从专业人员的认识和居民意见的反馈两方面着手。此部分主要是从专业人员——包括市政管理处、自来水集团、燃气集团、热力集团、供电公

---

① 祁新华、程煜、陈烈、沈鸿：《大城市边缘区人居环境评价研究——以广州市为例》，载《西南大学学报》（自然科学版），2008 年第 2 期。

司、路灯管理处、通信公司等的角度对街区基础设施现状给予评价。在居民评价的内容中再基于居民角度对基础设施状况进行信息反馈。北京市规划委员会组织北京市城市规划设计研究院及各相关单位进行的北京旧城历史文化保护区市政基础设施规划研究已被编著成书①，可作为各地市组织专业单位对历史文化街区进行市政基础设施调查研究时的参考范例。

B. 建筑物物理性能指标

建筑物的物理性能是一系列评价建筑宜居程度、节能状况等的客观指标，可以进行定量分析和研究。本框架建议从历史文化街区各类型建筑——不同结构类型、不同功能或不同平面组织方式建筑物中抽取若干典型建筑进行专业的物理性能指标测定，具体指标应该包括建筑物保温隔热性能（节能效率）、日照时数、通风量和通风次数等，以求成为指导将来保护中采取何种措施达到改善生活环境质量、节能减排的依据。

C. 道路交通状况

道路交通状况部分内容是通过对历史文化街区现状道路交通进行调查，从道路系统，机动车停车和非机动车停车等方面做出评价。和市政基础设施状况的调查一样，对于历史文化街区的道路交通状况调查也要考虑到其特殊性，即今后道路交通的改造也必将表现出非标准性，因此，这部分内容的调查也需要仔细全面。

（2）居民评价

获得居民对于居住环境评价信息较好的方式是通过发放一定数量的调查问卷进行社会调查并整理、分析和评价调查结果。

本框架借鉴葛坚等学者的分类方式，从安全性、保健性、便利性、舒适性和社区性这五方面着手设计的调查问卷（见附件一），其中前四项内容由满足人类基本生活需求的居住环境的四个概念发展而

———————————

① 北京旧城历史文化保护区市政基础设施规划研究课题组编：《北京旧城历史文化保护区市政基础设施规划研究》，中国建筑工业出版社 2006 年版。

来（1961 年世界卫生组织提出）。而"社区性"则体现对于居住环境的超越基本的物质需求的精神需求。基于此设计的试图把握居住满意度的调查问卷一方面是深入了解历史文化街区的重要资源，另一方面也间接开启了居住者对历史文化街区保护更新的意识。

　　在问卷的设计上，本框架参考了"Research on residential lifestyles in Japanese cities from the viewpoints of residential preference, residential choice and residential satisfaction"[①] 一文。该文的研究是通过问卷调查让居住者对他们居住环境的偏好、选择以及满意程度做出评价。居住满意度的调查问卷在佐贺市（发放 1884 份，实收 962 份）和北九州市（发放 1124 份，实收 541 份）两个城市发放和收集，满意程度被分为 5 个等级，分别为：1（强烈不满），2（有所不满），3（一般），4（基本满意）和 5（非常满意）。设计满意度评价的问卷包含了 30 项问题（Level 4）。研究者将 30 项分别归入便利性、舒适性、健康性、安全性，以及社区性，形成一个分级多属性的住宅满意度指标体系（图 4.36）。依据这个指标体系，"对于居住环境的满意"（Level 1）取决于对"便利"、"舒适"、"安全"、"健康"、"社区"（Level 2）的满意程度。Level 2 的属性又仰赖于对 9 个 Level 3 的属性的满意程度。举例来说，"舒适"（Level 2）仰赖于"d"（自然生活环境的舒适性）和"e"（风景的舒适性）（Level 3）。此外，Level 3 的 9 项属性的每一项属性又被拆解在更低一层级 Level4 的属性中，如 Level 3 的"d"（自然生活环境的舒适性）仰赖于如下 4 个 Level 4 的属性："当前的绿化面积"、"水环境"、"历史和文化的环境，如神社、寺庙和历史遗迹"和"公园和游乐园"。Level 3、Level 4 的具体内容设定可根据实际情况具体对待。

① GE Jian, Hokao Kazunori："Research on residential lifestyles in Japanese cities from the view-points of residential preference, residential choice and residential satisfaction"，*Landscape and Urban Planning*，Volume 78，Issue 3，2006.11.

在该项研究中，研究者的目的是要寻找居住满意度和居住偏好①的关联性，所以计算了不同居住偏好模式下的每一项居住满意度评价值（表），以发现被感知的居住满意度与居住环境偏好之间的关联。在本书架构的历史文化街区的调查研究中，可以不对居住模式进行区分。因为历史文化街区居住满意度调查研究的目的主要是要发现居住者对于居住环境的哪些方面满意、哪些方面不满意，进而分析其背后的原因，并在将来的保护工作中加以改进。就居住满意度评价的结果同样可以用平均值和标准差的方式表示。问卷调查中答案的取值可以遵循如下原则：非常满意 2 分，基本满意 1 分，一般 0 分，有所不满 –1 分，强烈不满 –2 分。问卷经回收统计，整体平均值越高表示居住环境满意度越高，分项平均值越高则表示对该评价项的满意度越高。标准差反映了居民满意度的一致性程度，一个较大的标准差代表大部分的数值和其平均值之间差异较大，说明居民对该评价项给出的答案起伏较大，一致性差，此时需针对街区具体状况分析居民满意度个体差异存在的原因；一个较小的标准差代表大部分数值较接近平均值，数值起伏不大，反映在本案例中则说明居民对该评价项给出的答案起伏较小，一致性好。标准差的计算公式如下：

$$\sigma = \sqrt{\frac{1}{N}\sum_{i=1}^{N}(x_i - \bar{x})^2}$$

　　其中 x_i 表示某居民对某评价项给出答案的数值，x 代表该评价项答案数值的平均值。σ 表示该评价项的标准差。

---

　　① 居住偏好是居住生活方式主观性的一种表达。它由这样的一些主观因素，像生活哲学、价值观、审美观、世界观等决定。居住偏好在一定程度上反映出一个首选的生活方式，比如说，对自然因素还是对城市因素的偏爱；对便利还是对舒适因素比较偏爱；对物质还是对精神因素比较偏爱等。研究者通过问卷调查获得了三个居住偏好模式：模式 1 是实用主义者偏好模式，它包括这样一类人：相对于自然，他们更喜欢城市环境；特别关注便利因素，他们愿意在居住环境的满意度上花钱。他们对居住的关心主要着眼于他们自己的家庭。同时，他们对于社区活动的兴趣也是最低的。模式 2 是享受型自然主义偏好模式，这类人喜欢居住的场所拥有充分的自然景观。相对工作他们更享受每天的生活。相对于住宅本身，他们更看重居住的环境。在三种模式中，他们对于便利性的兴趣是最低的。模式 3 是社区偏好模式，这类人对于便利性以及自然因素的喜好介于模式 1 和模式 2 之间，但是，他们考虑居住环境时，更关心社区活动以及人际关系。

288

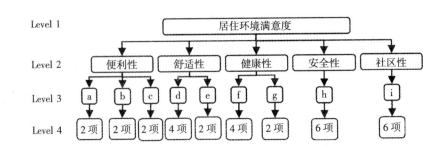

a. convenience with living facilities

b. convenience with access to working and studying

c. convenience with access to nearby cities

d. amenity with natural living environment

e. amenity with landscape

f. health with sanitary

g. health with no pollution

h. residential safety

i. residential community

a.生活设施的便利性

b.上班(学)的便利性

c.到达附近城市的便利性

d.自然生活环境的舒适性

e.风景的舒适性

f.卫生方面的健康性

g.污染方面的健康性

h.居住的安全性

i.居住的社区性

图 4.36　居住满意度分级多属性指标体系①

表 4.9　　　　　　　　　居住满意度评价分值②

居住偏好模式		评价分值				
		便利性	舒适性	健康性	安全性	社区性
模式 1	平均值	3.98	3.06	3.11	2.64	2.90
	标准差	1.02	0.87	0.88	0.78	0.61
模式 2	平均值	3.68	2.88	3.14	2.49	2.99
	标准差	1.34	0.96	1.02	0.93	0.65
模式 3	平均值	3.70	2.98	3.10	2.57	2.92
	标准差	0.96	0.78	0.87	0.78	0.54
合计	平均值	3.81	2.99	3.11	2.58	2.92
	标准差	1.10	0.86	0.91	0.82	0.60

① GE Jian, Hokao Kazunori: "Research on residential lifestyles in Japanese cities from the viewpoints of residential preference, residential choice and residential satisfaction", *Landscape and Urban Planning*, Volume 78, Issue 3, 2006.11.

② Ibid.

（3）保护意向

参考第三章"传统建造物群保存对策调查"社会调查部分的方法，通过调查问卷的发放和回收，将居民自身的零散保护意向综合统计，通过确定居民对居住条件各评价因素的权重排序了解居民最看重的因素，通过居民对某个因素的评价了解居民最希望得到改善的因素。是"以人为本"的保护条例、保护规划制定前的必要准备。

（六）"保护建议"部分内容设定

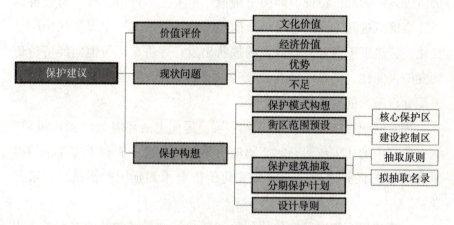

图 4.37　保护建议调查研究内容框架

"保护建议"内容是整个调查研究工作的总结部分。

日本"传统建造物群保存对策调查"中，保护规划初步方案的讨论研究成为不可缺少的内容项。我国历史文化名城研究中心的调查研究工作也早已认识到调查研究报告中需要为今后该历史文化街区的保护提出意见。本书认为在历史文化街区调查研究的过程中，对于将来保护规划编制的建议就能被讨论研究的话，那么调查研究结束后，保护规划的编制工作将更加有方向性，更加有的放矢。基于此出发点，在本书架构的"指导性内容框架"中，加入了"保护建议"这项内容。

"保护建议"既是对已经进行的各项调查研究内容的系统总结，

也是对被调查研究历史文化街区将来保护原则、模式、方法的展望。"保护建议"围绕以下三点展开：价值评价（文化价值，经济价值总结）、现状问题（优势与不足）、保护构想（历史文化街区范围的预设，保护建筑物的抽取原则和初步抽取，保护基本原则，保护模式，分期保护计划等）。

价值评价，主要是总结"概况"、"地段整体"、"建筑物及构筑物"、"景观风貌"、"居住生活环境"调查研究中的相关成果，对于历史文化街区的文化价值和经济价值进行总结。文化价值评价从文化价值应具备的几个特征，即历史价值、审美艺术价值、科学研究价值及社会价值这几方面进行总结。而经济价值评价，则主要从我国历史文化街区热衷于商业旅游开发的现状出发，评价文化价值向经济价值转变的可能性，即总结已有的或潜在的商业开发和旅游开发资源和开发配套设施上的完善程度。

现状问题，主要是总结"概况"、"居住生活环境"、"景观风貌"调查研究中的相关成果，对于当前历史文化街区中有利于文化价值继承和延续的优势之处以及阻碍文化价值继承和延续的不足之处进行总结。

保护构想，主要是在价值评价和现状问题总结的基础上，对历史文化街区将来的保护原则、保护模式、保护方法等各方面进行的初步构想。因为这只是一种初期的假想，是一种学术性的研究，所以一切与将来保护相关联的方面都可以在这里提及。构想也可以在现实基础上加入一定的非现实的设想性内容。

第四节　历史文化街区调查研究工作体系特点总结

一　完善的工作机制

本书的"工作机制"泛指一个工作系统的组织或部分之间相互作

用的过程和方式。建立机制化的调查研究工作体系有利于可持续发展的历史文化街区保护。

首先，工作机制是指有效的、较为固定的方法。本书架构的调查研究的运行机制，是一种较为固定的运作模式，不会因调查研究工作负责人员和实施人员的变动而随意变动，它避免了纯粹个人主观操作所带来的随意性。该机制具体又分为三个组成部分，即调查研究资金保障机制、调查研究程序机制、调查研究规范化内容导向机制。

其次，工作机制也有着制度的含义，要求所有相关人员自觉遵守。本书架构的调查研究工作体系，应该是具有法律效力的推动程序，要求政府人员、专家学者、普通市民的共同遵守。受到制度的约束，将在一定程度上避免调查研究工作表现为个人做事的一种偏好或经验。

最后，机制要求一定程度的系统化、理论化，才能有效地指导实践。本书架构的调查研究工作体系并非单纯给出调查研究工作体系所含内容。而是强调在系统化思想的指导下，形成工作体系的各项内容。在阐明资金机制、程序机制、内容导向机制的形成方式之外，还关注子系统间的联系和形成的系统整体。特别是在内容导向机制中，特别强调其作为系统的结构性、层次性、开放性、整体性等多种特征。同时具体内容的设定也是在相关保护理论知识的指导下进行的。关注调查研究工作体系形成的理论支撑增加了机制的科学性和对保护实践的有效指导。

二 前瞻性的工作

"像建造台湾饭店时才发现左宗棠故居，于是手忙脚乱、千方百计地求保护、打'遭遇战'等是常有的事。"——吴良镛：《关于北京市旧城区控制性详细规划的几点意见》

吴良镛先生的话，生动地描述了历史文化遗产保护工作中调查研究工作的不及时不全面带来的窘况。他提醒我们：调查研究工作的开

展应该先于保护措施的制定和落实，要积极且尽早地发现历史文化遗产的文化价值所在，未雨绸缪，打"有准备之战"。此观点是本书架构历史文化街区保护调查研究工作体系的最基本出发点。

本书架构的调查研究工作体系，将调查研究工作视为历史文化街区保护开展的第一步。调查研究不再是称号申报、保护规划编制的附属物。它自成体系，提前独立开展。它和称号申报、规划编制、规划落实、保护成果管理等共同构成历史文化街区保护的整体。该工作的成果，既积极推动了其他保护工作，如称号申报、规划编制、规划落实的开展，同时也为保护其他相关工作提供必不可少的资料。通过深入细致的调查研究，在为后继研究工作者留下经整理的宝贵的文字和图纸资料的同时，也对历史文化街区的文化和经济价值进行了科学评估，为今后的保护工作提供难得的科学依据。

三 全面的、主客观相结合的价值评价

"评价是人类的一种认识活动。它与事实判断不同，它所要揭示的不是世界是什么，是世界对于人意味着什么，有什么意义。心理学研究表明，'评价'是人类思考的一种能力，或者说是一种思维活动方式。评价研究通常结集行为信息，运用心理学的方法，描述对象和构成对象的要素对行为的影响。它比事实判断多了一个决定性因素：人的需要。所以，价值判断的结果中不仅包含事实判断的客观内容，还包含着人的主观因素，它的合理性是历史的、相对的。"[1]

本书架构的调查研究工作过程可以看作是对历史文化街区所含价值的科学调查，并通过一定的研究方法作出科学评价的过程。它不仅有对已有资料的客观整理、陈述，同时也运用科学方法得到价值评价结果。这种全面的、主客观相结合的价值评价体现在以下几方面：

首先，评价主体的多样性。

---

① 黄晓燕：《历史地段综合价值评价初探》，西南交通大学硕士研究生学位论文，2006年。

本书架构的调查研究工作体系中，评价的主体是多极性的。既包括历史文化街区的居民，也包括各方面的专家学者、政府官员等。

其次，调查研究目标的多样性。

本书通过评价主体和评价目的的不同，建立起对象评价、自我评价的双重评价体系。

本书架构的调查研究工作体系中的自我评价是指历史文化街区的居民对生活在街区内而产生的各种活动的利弊得失所作出的判断，在本书的内容架构中表现在对于历史街区居民的"居住满意度"的调查研究上。

本书架构的调查研究工作体系中的对象评价是就历史文化街区由古至今呈现出的物质和非物质状态，如历史沿革、民俗文化、空间形式等方面的特点和现状及其文化价值，做出文化价值向经济价值转换可能的判断。对象评价在本书的内容架构中表现在对于历史文化街区建成环境的评价上。主要体现在"概况"、"地段整体"、"建筑物"、"景观风貌"这四大部分以及"居住生活环境"中市政基础设施等客观部分的调查研究内容上。

四　重视公众参与

与我国目前通常进行的历史文化街区调查研究工作只依赖于专业人士的状态不同，本书的调查研究工作体系特别强调公众的参与性，尤其重视街区内居民的参与。

首先，在调查研究工作的决策和管理机制中赋予街区内居民以话语权。这主要体现在调查研究委员会的人员构成上，在本书设想的调查研究委员会中街区内居民将占据一定的名额，作为居民的代表维护当地居民的利益，说出居民的心里话。

其次，为了提高历史文化街区保护措施制定的科学性，由传统的封闭式规划设计、城市设计和建筑设计走向开放式的规划设计、城市设计和建筑设计，积极引入公众参与机制，通过问卷和访谈的形式广

泛地获取街区居民储备的街区信息资源。了解街区居民的生活需求，从而达到深入解读历史文化街区的目的。只有这样，历史文化街区的保护工作才能在达成各方面利益均衡的基础上，取得市民的支持与理解，才能真正合理有效地达到历史文化街区保护的目的。

最后，将阶段性调查研究成果中的公众宣传看成调查研究工作中不可缺少的一部分。通过简明易懂的宣传册或海报的制作，宣传经调查发掘的街区文化的价值，提高居民的保护意识，增强居民对所居住历史文化街区的感情。

第五章

附　件

附件一　居民居住满意度调查问卷①

一、人口状况

问 1. 年龄：

A. 0—10 岁；B. 11—20 岁；C. 21—30 岁；D. 31—40 岁；E. 41—50 岁；F. 51—60 岁；G. 61—70 岁；H. 71—80 岁；I. 81 岁以上（含 81 岁）；

问 2. 性别

A. 男；B. 女

问 3. 职业

---

① 问卷设计参考：日本长野县须坂市"传统建造物群保存对策调查"社会调查问卷；黟县西递古村保护规划编制前期居民问卷调查；祁新华、程煜、陈烈、沈鸿：《大城市边缘区人居环境评价研究——以广州市为例》，《西南大学学报》（自然科学版），2008 年第 2 期；刘颂、刘滨谊：《城市人居环境可持续发展评价指标体系研究》，《城市规划汇刊》1999 年第 22 期（5）：第 35—37 页；周军：《历史街区保护和复兴的地理学研究——以广州西关民居民俗风情区为例》（博士学位论文），中山大学；关也彤：《上海衡山路历史街区的景观空间特征分析与保护研究》（硕士学位论文），浙江大学，2005 年。

A. 领薪水；B. 自营业；C. 无业；D. 其他

问 4. 职业种类

A. 农林渔业；B. 建筑业；C. 制造业；D. 批发零售业；E. 金融、保险、房产业；F. 运输、通信、电气、煤气、水；G. 服务业；H. 公务员、学校职员；I. 其他（自填_____）

问 5. 文化程度

A. 未接受过正规教育；B. 小学；C. 初中；D. 高中；E. 高中以上

问 6. 民族

A. 汉族；B. 少数民族（自填民族所属）

问 7. 家庭结构

A. 核心家庭（夫妻和一个孩子）；B. 几代同堂；C. 单亲家庭；D. 其他

问 8. 家庭人均月收入（人均收入标准）

A. 100 元以内；B. 101—200 元；C. 201—500 元；D. 501—800 元；E. 801—1000 元；F. 1001—1200 元；G. 1201—1500 元；H. 1501 元以上

问 9. 住宅所有权

A. 全部私有；B. 部分为集体产权；C. 全部为集体产权；D. 租借

问 10. 居住年数

A 不足一年；B. 1—5 年；C. 6—10 年；D. 11—20 年；E. 21—30 年；F. 31—40 年；G. 41—50 年；H. 50 年以上

问 11. 建造年代

A. 自填并注明依据（_____）；B. 不知

二、居住满意度

1. 便利性

①上下班（学）距离（A. 非常近；B. 较近；C. 一般；D. 较远；E. 非常远）

②便利的公共交通

问. 道路配备（A. 非常好；B. 较好；C. 一般；D. 较差；E. 非常差）

③便利的日常购物

问. 去商店、超市等的便利性如何（A. 非常好；B. 较好；C. 一般；D. 较差；E. 非常差）

④附近的银行、邮局

问. 去银行、邮电局等的便利性如何（A. 非常好；B. 较好；C. 一般；D. 较差；E. 非常差）

⑤附近的文化设施

问. 文化馆、图书馆等文化设施的配备（A. 非常好；B. 较好；C. 一般；D. 较差；E. 非常差）

⑥附近的体育设施（A. 非常好；B. 较好；C. 一般；D. 较差；E. 非常差）

⑦附近的医疗和福利设施

问. 医院等保健医疗设施配备（A. 非常好；B. 较好；C. 一般；D. 较差；E. 非常差）

⑧教育设施

问. 托儿所、幼儿园、小校等教育设施的配备（A. 非常好；B. 较好；C. 一般；D. 较差；E. 非常差）

⑨交通工具

问 1. 常用交通工具（A. 步行；B. 自行车；C. 摩托车；D. 公交

车；E. 私家车）

问 2. 自行车停车如何解决（A. 停家里；B. 街区内有停车场；C. 随便停）

问 3. 私家车停车如何解决（A. 自家车库；B. 街区及周边的停车场；C. 街区内或周边随便停）

⑩其他

问 1. 自来水供应（A. 有；B. 无）

问 2. 供电（A. 有；B. 无）

问 3. 暖气设置（A. 有；B. 无）

问 4. 电话计算机联网的设置或预留（A. 有；B. 无；C. 预留了，但自己没有用）

2. 舒适性

①丰富的社区绿化

问. 街道绿化状况如何（A. 非常好；B. 较好；C. 一般；D. 较差；E. 非常差）

②滨水的社区环境

问 1. 河流污染状况如何（A. 没有污染；B. 较好；C. 一般；D. 比较浑浊；E. 污染严重）

问 2. 生活污水、污物处理（A. 排入城市污水管；B. 没有通下水管，只能排入河中）

③丰富的开放空间

问. 公园、绿地、广场配备（A. 少了；B. 够了）

④足够的居住空间

问 1. 房间数（A. 少了；B. 够了）

问 2. 房间大小（A. 少了；B. 够了）

问 3. 庭院（A. 狭窄；B. 宽敞）

问 4. 储物场所（A. 不足；B. 够了）

问 5. 卫生间（A. 自宅有卫生间；B. 公共卫生间）

问 6. 浴室（A. 自宅有洗浴设备；B. 公共浴室）

问 7. 厨房（A. 有独立厨房；B. 使用公共厨房）

⑤自行搭建有无及搭建原因

问 1. 有没有自行搭建附属用房（A. 有；B. 无）

问 2. 自行搭建的房间功能（可多选）

A. 卫生间；B. 厨房；C. 储藏间；D. 卧室；E. 客厅；F. 餐厅

⑥漏雨

问 . 漏雨（A. 漏；B. 不漏）

⑦内部装潢（A. 自己重新装潢过；B. 老的装潢；C. 没有装潢）

⑧外观（A. 重新装修过；B. 一点没有改变过；C. 稍微装修过）

3. 健康性

①空间质量（洁净）

问 1. 河流产生恶臭吗（A. 有；B. 无；C. 还好）

问 2. 下水处有恶臭吗（A. 有；B. 无；C. 还好）

问 3. 空气清新吗（A. 清新；B. 有污染；C. 还好）

②噪音和振动

问 1. 二层声响（A. 烦人；B. 还能忍受；C. 无影响）

问 2. 邻家的声音（A. 烦人；B. 还能忍受；C. 无影响）

问 3. 街道上汽车的噪音（A. 烦人；B. 还能忍受；C. 无影响）

③私密性

问 1. 卧室私密性（A. 缺乏；B. 还能忍受；C. 私密性好）

问 2. 街道上人的视线（A. 烦人；B. 还能忍受；C. 无影响）

④采光通风和保温隔热

问 1. 采光（A. 好；B. 一般；C. 昏暗）

问 2. 通风（A. 好；B. 一般；C. 差）

问 3. 保暖隔热（A. 夏凉；B. 夏热；C. 冬暖；D. 冬冷；E. 湿气大）

⑤卫生的生活垃圾处理

问 1. 粪便处理（A. 有污水管；B. 随意处理）

问 2. 垃圾处理（A. 有垃圾回收站；B. 随意处理）

⑥下水、排水状况

问．街区排水状况如何（A. 排水良好；B. 雨量少时畅通；C. 排水不便）

4. 安全性

①治安状况（犯罪率）

问．街区治安状况如何（A. 好；B. 一般；C. 差）

②交通事故率

问．街区内步行者的安全性如何（A. 好；B. 一般；C. 差）

③灾害状况

问．台风、地震、洪水时的安全确保性（A. 好；B. 一般；C. 差）

④夜晚照明

问．街区夜间照明如何（A. 好；B. 一般；C. 差）

5. 社区性

①街区活动

问．会馆、集会所等街区活动设施的配备（A. 好；B. 一般；C. 差）

②邻里关系

问．和近邻的关系（A. 好；B. 一般；C. 差）

③社区管理

问 1. 清洁工作（A. 好；B. 一般；C. 差）

问 2. 安全保安（A. 好；B. 一般；C. 差）

问 3. 公共设施的维修（A. 完全是自己的事情；B. 公家和居民共同维修；C. 公家负责）

问 4. 住房的维修（A. 完全是自己的事情；B. 公家和居民共同

维修）

④街区的依恋

问 1. 对街区有留恋感的人，理由（可多选）

A. 街区的渊源；B. 留存下来的传统街区的样式；C. 自古传承下来的仪式、规矩、生活习惯；D. 和居住在这里的人熟识；E. 幼年时的回忆。

问 2. 对从古而来的街区的评价（可多选）

A. 全是旧的建筑物，有萧条破败感；B. 传统建筑物多，有亲切感；C. 新旧建筑混杂，产生杂乱感；D. 新的建筑物渐渐增加；E. 其他

问 3. 对街道和街区的感想，对这样的街区感到留恋吗？（A. 留恋；B. 不留恋；C. 不回答）

⑤老朽化

问 . 有改建、扩建、重建、维修现在所居房屋的计划与否

A. 已经维修过了

a. 维修部位［屋顶 外墙 内墙 柱子加固 地板 排水设备（屋顶排水管 雨棚等）下水设备（下水管道）门窗］

b. 维修人员（＿＿＿＿＿＿＿＿＿＿＿＿＿＿＿＿＿）

c. 维修费用（＿＿＿＿＿＿＿＿＿＿＿＿＿＿＿＿＿）

B. 计划中

C. 想维修，但资金不够

三、保护意向

1. 居住于此的原因

问 1. 居住于老建筑的原因（可多选，但最多不超过 3 个选项）

A. 常年居住于此产生的爱恋；B. 邻里关系好；C. 喜欢过去样式的建筑物；D. 因为是从长辈那里继承而来的建筑物；E. 因为资金方面的原因；F. 租金便宜；G. 在此街区（周边）经营小买卖，比较方便；H. 不知道为什么；I. 其他（＿＿＿＿＿＿＿＿＿＿＿＿＿＿＿＿＿）

问 2. 今后仍想在这里继续生活吗

A. 一直生活在此；B. 打算暂时居于此；C. 如果有更好的地方想搬迁；D. 总归打算搬迁

2. 将来居住处构想

问 1. 如果现在的住宅要改建的话，你希望重建的家是怎样的（可多选）

A. 尽可能与周围的建筑物一样，采用本街区最常见的传统样式

B. 新的较时髦的家，与周围的建筑物不同的有个性的房子

C. 不做传统建筑样式的住宅，但和现在一样也是一二层的住宅

D. 现代化的小区式住宅

E. 其他（＿＿＿＿＿＿＿＿＿＿＿＿＿＿＿＿＿＿）

问 2. 对于旅游开发的态度（可多选）

A. 是对地段的活力激发有益处的好事，支持

B. 可以经营些旅游相关的小买卖，对增加个人收入可能有好的帮助，支持

C. 担心旅游开放，会将我们搬迁到其他地方居住

D. 不太喜欢

E. 对生活产生影响而反对

问 3. 如果维修的话，准备改善（增加）哪一个房间

A. 厨房、餐厅

B. 卫生间、浴室

C. 孩子房

D. 老人房

E. 起居间

F. 门窗（木质的门窗框改至金属制门窗框）

G. 外墙（重新粉刷或是贴面砖）

H. 其他

3. 对政府的期待

问．对于行政方面的期待

A. 有，建筑物老朽，必要的维修补助；B. 有，自填（＿＿＿＿＿＿＿

＿＿＿＿＿＿＿＿＿）；C. 没有；D. 不回答

附件二　"建造物历史调查研究"一般性内容分层级框架中专有名词释义

专有名词	释义
年代判断	这里的年代指建造物的建造年代。需要指出的是，在日本，对于那些通过文献史料、历史痕迹（上梁记载①等）、访谈调查等都无法确定年代的建造物，可以从此建造物的特征出发，由专家大概指定出建造物的年代。这种年代认定方式在日本也是允许的
栋向	日文为"棟向"。指房屋正脊对向街道的方向。当正脊垂直于街道的称为"妻入型"（类似从山墙面进入），平行于街道的称为"平入型"
栋型	日文为"棟型"。指屋顶的平面形式。譬如说，如果栋型是直屋，则指屋顶的平面为长方形。如果栋型是键屋，则指屋顶的平面呈 L 型
下屋	日文为"下屋。"指附属于二层建筑的一层建筑部分
轩里	日文为"軒裏"。指挑檐的下部
通土间	日文为"通土間"。所谓"土间"就是日式传统建筑物内部不铺地板，而直接露出地面的房间。有时候也铺上三合土、石头等。通土间就是建筑内部为了各房间之间的交通联系而设置的作为通道的土间。因为是土路，所以一般比一层地坪要低
座敷	日文为"座敷"。指铺着席子的日式房间。通常指日本和式住宅中的日式客厅，是招待客人的场所。可以看作是日式民宅建筑内部最重要的房间

---

① 日文为"棟札。"指传统日式民宅在上梁的时候，将工程的渊源、开工年月日、设计者、工匠等信息记录下来，钉于檩木上的标牌。我国也有类似的做法。

续表

专有名词	释义
二缘	日文为"二缘"。这里的"缘"是"回り缘"是同一意思,指连接天花板和墙壁的构造部件。而"二缘"则是指做了两重"回り缘"(见图附件-1:"回り缘"示意图)
长押	日文为"長押"。位于"鸭居"(门框上部的横木。有沟槽,让门扇在其中推移)上部,和地面水平的部件。过去是用来连接柱子和柱子的构造部件,现已逐渐装饰化,没有特殊的使用功能。所以有的和式座敷将其取消(见图附件-2:长押和鸭居示意图)
胁叠	日文为"脇畳"。"畳"是榻榻米的意思。而"脇畳"指"床脇"下方的地板上铺设的榻榻米
狆潜	日文为"狆潜"。和式房间中位于分隔"床之间"和"床脇"(设在"床之间"旁边的,一般由"違い棚"、"地袋"、"天袋"、"地板"等部分构成)的墙壁下方的开口部(见图附件-3:"狆潜"及其他一些日式住宅中常见部位的名称示意图)
内法高	日文为"内法高"。指从"敷居"(日式房间中门槛的横木,有沟槽,让门在其中推拉)的上部到"鸭居"(见前面释义)的上部的高度尺寸。它反映出房间开口部的空间尺度
天花板高	日文为"天井高"。日式房间的"天井"不同于中国传统民居中的天井,它指的是房间的天花板、顶棚、顶板,是相对地面、地板而言的。"天井高"就是指从地面到天花板的高度。它反映出室内空间的尺度
二天高	日文为"二天高"。二层的天花板到二层地面的高
柱间	日文为"柱間"。柱子和柱子的间隔,柱中到柱中的距离
柱幅	日文为"柱幅"。柱子的尺寸
太柱	日文为"太柱"。比一般柱子粗的柱子。民宅结构中的重要部件
轩切	日文为"軒切り"。日式住宅伴随历史的发展,因为机动车普及,道路扩张,建筑的屋檐因此被切断的做法。有的是自主屋的柱子处切断,有的是从披檐的柱子除切断等
藏	日文为"蔵"。用来存储的仓库。一半位于宅地的内部
离座敷	日文为"離座敷"。离开主体建筑物的独立建造的建筑物,分馆

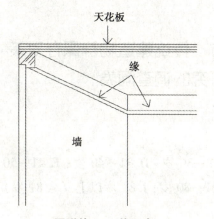

图附件-1　缘示意

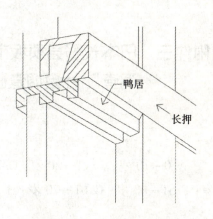

图附件-2　长押和鸭居示意

日式"床之间"所在房间各部位名称（日文）

① 竿縁天井
② 竿縁
③ 欄間
④ 小壁(下り壁)
⑤ 障子
⑥ 付書院
⑦ 床
⑧ 床框
⑨ 狆潜
⑩ 天袋
⑪ 地袋
⑫ 地板
⑬ 廻り縁
⑭ 落掛け
⑮ 床柱
⑯ 底板
⑰ 違い棚

图附件-3　　"狆潜"及其他日式住宅中常见部位的名称示意①

───────────────

① http：//www. misawa－mrd. com/wasitu/room/tokonoma. html.

附件三 日本长野县须坂市"传统建造物群保存对策调查"社会调查研究的调查问卷①

问1. 年龄

A. 0—10岁；B. 11—20岁；C. 21—30岁；D. 31—40岁；E. 41—50岁；F. 51—60岁；G. 61—70岁；H. 71—80岁；I. 81岁以上（含81岁）

问2. 职业

A. 领薪水；B. 自营业；C. 无业；D. 其他

问3. 职业种类

A. 农林渔业；B. 建筑业；C. 制造业；D. 批发零售业；E. 金融、保险、房产业；F. 运输、通信、电气、煤气、水；G. 服务业；H. 公务员、学校职员；I. 其他（自填_____）

问4. 土地所有权

A. 全部私有；B. 部分为租地；C. 全部为租地；D. 非所有

问5. 建筑物所有

A. 自住；B. 租借

问6. 居住年数

A. 不足一年；B. 1—5年；C. 6—10年；D. 11—20年；E. 21—30年；F. 31—40年；G. 41—50年；H. 50年以上

---

① ［日］苅谷勇雅、林良彦、下間久美子、西山和宏编：《日本の町並み調査報告書集成22（中部地方の町並み7）》，海路書院2007年版，第75—79页。

问7. 建造年代

A. 昭和；B. 大正；C. 明治；D. 江户；E. 不知

问8. 家庭成员构成与年龄（家庭现有成员请勾选，并填写年龄。某成员个数超过一个的请注明。例如孩子不止一个，请在备注栏中填写孩子个数）

A. 父（　　　）（年龄：____）；B. 母（　　　）（年龄：____）；C. 户主（　　　）（年龄：____）；D. 妻子（　　　）（年龄：____）；E. 孩子（　　　）（年龄：____）；F. 媳妇（　　　）（年龄：____）；G. 女婿（　　　）（年龄：____）；H. 孙（　　　）（年龄：____）；I. 其他（自填成员名称：_____）（年龄：____）

问9. 现在居住情况的评价

9—1. 房间数（A. 少了；B. 够了）

9—2. 孩子房间（A. 不够；B. 够了）

9—3. 招待客人的房间（A. 没有；B. 够了）

9—4. 庭院（A. 狭窄；B. 宽敞）

9—5. 储物场所（A. 不足；B. 够了）

9—6. 卫生间（A. 不舒服；B. 舒适）

9—7. 浴室（A. 不方便；B. 方便使用）

9—8. 厨房（A. 不方便使用；B. 使用良好）

9—9. 阳光（A. 不好；B. 良好）

9—10. 通风（A. 不好；B. 良好）

9—11. 漏雨（A. 漏；B. 不漏）

9—12. 卧室私密性（A. 缺乏；B. 私密性好）

9—13. 二层声响（A. 担忧；B. 不担忧）

9—14. 邻家的声音（A. 担忧；B. 不担忧）

9—15. 街道上人的视线（A. 担忧；B. 无所谓）

9—16. 街道上汽车的噪音（A. 担忧；B. 不担忧）

9—17. 地皮的细长度（A. 不便使用；B. 使用方便）

9—18. 外墙壁（A. 有污损；B. 维修过）

9—19. 古树（A. 不喜欢；B. 中意）

9—20. 土墙房（A. 不喜欢；B. 喜欢）

9—21. 老人（A. 生活不便；B. 生活愉悦）

9—22. 其他（自填_____）

问 10. 如果现在的住宅要改建的话，你希望重建的家是怎样的（可多选）

A. 尽可能与周围的建筑物一样，采用本地段最常见的传统厚土墙的构造

B. 新的较时髦的家，与周围的建筑物不同的有个性的房子

C. 不做传统厚土墙的构造，但做日本式的设计

D. 弄整齐屋顶的方向和坡度。

F. 考虑周围房子，再决定建筑物的高度，以及二层、三层的位置

G. 建筑物前立面的设计要和周围的建筑物相配合

F. 其他

问 11. 改建、扩建、重建的计划

A. 已经实行了；B. 计划中；C. 没有具体计划；D. 没有预订

问 12. 增改建的话，准备修理哪一个房间

A. 厨房、餐厅；B. 浴室；C. 卫生间；D. 孩子房；E. 老人房；F. 起居间；G. 客厅；H. 佛堂；I. 廊子（日本房屋的套廊）；J. 窗（木窗框至铝制窗框）；K. 外墙；L. 其他

问 13. 附属建筑物

13—1. 有以下哪些附属建筑物（可多选）

A. 厚土墙仓房；B. 大门；C. 长屋门①；D. 库房；E. 离间②；F. 其他（自填＿＿＿＿＿＿＿＿＿＿＿＿＿）

13—2. 这些附属建筑物如何对待

A. 维持下去；B. 想拆除；C. 以别的方式利用

问 14. 现在居住的建筑物中称心的地方（可多选）

A. 廊子（日本房屋的套廊）；B. 日式客厅；C. 起居室；D. 佛堂；E. 玄关；F. 楼梯平台；G. 厨房；H. 走廊；I. 主房；J. 土墙仓房；K. 屋外建的收纳小屋；L. 店铺的天井；M. 账房；N. 大厅；O. 学习房；P. 改造的店铺

问 15. 对现在居住的建筑物上感到不舒适的事，不管什么都请不用介意地在此举出

15—1. 资金所困

A. 土墙仓房的修复上，如果有低利息的资金源提供就好了

B. 墙壁等剥落部分的修理

C. 将来维持管理、修理等费用的增大

D. 由于房产估价的上升，继承的负担税等

E. 屋顶的修理（茅草毡屋顶）

15—2. 地区环境等所困

A. 因为道路拓宽等，研究建筑物位置如何变更才好

B. 周边的建筑物、环境等正在变化，街区景观将来如何保存、居民的觉悟、城市规划等进入了重要时期

C. 街道绿化少，河流污染等，生活环境不太满意

D. 居住人口的减少

E. 排水不便（期待下水工程）

---

① 两侧有长条房屋的宅邸的大门。
② 离开主建筑物的独立建筑物。

310

15—3. 房间布局所困

A. 去卫生间的时候，穿越房间而不便，如果有走廊就好了

B. 房间大小分配不当

C. 主屋朝北，采光不好

D. 总之，感觉到阴沉

E. 因为房间与房间的隔断是拉门，没有好房间。

F. 太宽敞，使得两个老人居住于此不方便

G. 阴沉难熬

H. 布局不好

I. 储物空间狭窄

J. 不好用

K. 布局不好（各房间私密性不够。没有走廊，使得需穿越房间进入其他房间）

L. 暗（采光不好）

M. 店铺的二三层没法利用

15—4. 其他

A. 夏凉，但冬寒；B. 二层开始的疏散梯等设施；C. 二层声音让人不适；D. 暖房；E. 缝隙中有风进入；F. 因为200年流逝，地板等坏掉，其他问题也陆续出来了；G. 厨房；H. 因为古旧，在重量作用下歪斜了，因为想建三层而打算将基础修建成混凝土的

问 16. 是否有车，有车的停车如何解决

A. 没有车；B. 有车，自家车库；C. 有车，附近的停车场；D. 有车，其他（自填_____）

问 17. 商家的话，来客的停车怎么解决

A. 店面前；B. 其他场所；C. 没有停车位

问 18. 今后仍想在这里继续生活吗

A. 一直生活在此；B. 打算暂时居于此；C. 如果有更好的地方想搬迁；D. 总归打算搬迁；E. 打算立刻搬迁

问 19. 在问 18 中，回答 4—6 者，倾听其理由

问 20. 对须坂的街道和街区的感想
须坂尤其是以前形成的街区，对这样的街区感到留恋吗
A. 留恋；B. 不留恋；C. 不回答

问 21. 有留恋感的人，理由（可多选）
A. 街区的渊源；B. 留存下来的历史街区；C. 自古传承下来的仪式、规矩；D. 和居住在这里的人熟识；E. 幼年时的回忆；F. 其他
（自填_____）

问 22. 对从古而来的街区的评价
A. 全是旧的建筑物，有萧条感；B. 传统建筑物多，有整齐安定感；C. 新旧建筑混杂，产生混乱感；D. 新的建筑物渐渐增加；E. 其他

问 23. 现在街区生活环境的评价
23—1. 道路配备（A. 非常好；B. 较好；C. 一般；D. 较差；E. 非常差）
23—2. 下水、排水配备
23—3. 垃圾、粪便处理
23—4. 公园、绿地、广场配备
23—5. 空气、水、绿化等自然环境如何
23—6. 噪音、振动、恶臭等如何
23—7. 商店、邮电局等的便利性如何
23—8. 步行者的安全性如何
23—9. 保育院、幼儿园、学校等教育设施的配备

23—10. 火灾安全性，消防车的靠近等

23—11. 医院等保健医疗设施配备

23—12. 会馆、集会所等地区活动设施的配备

23—13. 文化馆、图书馆等文化设施的配备

23—14. 道路交通的安全性如何

23—15. 上班、上学的便利性

23—16. 和近邻的关系

23—17. 台风、地震、洪水时的安全确保性

23—18. 停车场的确保等

附件四　黟县西递古村保护规划编制前期居民问卷调查成果统计表[①]

表1　　　　　　　　　人口状况（收回 77 份）

性别		年龄（岁）			文化程度				
男	女	18—30	30—55	大于 55	文盲	小学	初中	高中	专科以上
50	27	13	50	14	3	27	32	10	5
64.9%	35.1%	16.9%	64.9%	18.2%	3.9%	35.1%	41.6%	13%	6.4%

表2　　　　　　　　　居住满意度

表2-1　对现有的居住情况

满意	一般	不满意
25	39	13
32.5%	50.6%	16.9%

[①]　本文依据吴晓勤：《世界文化遗产（皖南古村落规划保护方案保护方法研究）》中相关问卷调查结果整理分类。

表2-2 你家住房的主要困难

上下水	厕所	光线	年久失修
24	27	16	10
31.2%	35.0%	20.8%	13.0%

表2-3 对道路交通情况

满意	一般	不满意
14	39	24
18.2%	50.6%	31.2%

表2-4 供水情况

满意	一般	不满意
42	30	5
54.5%	40.0%	6.5%

表2-5 消防情况

满意	一般	不满意
40	22	15
50.9%	28.6%	19.5%

表2-6 供电情况

满意	一般	不满意
30	38	9
39.0%	49.3%	11.7%

表2-7 卫生条件

满意	一般	不满意
22	37	8
28.6%	48.1%	10.3%

表2-8   您认为应增加哪些设施

浴池	修理店	百货店	食品店	服装店	蔬菜市场	五金店
4	8	6	6	0	33	0

表2-9   您还想提哪些建议

疏通排水沟	拓宽道路	增加 停车面积	增加垃圾 箱数量	垃圾箱 分布不均	家畜不容许散养 （特别是大牲畜）

表3   保护意向

表3-1   您对拥有古建筑

自豪	无所谓	有害
63	11	3
81.8%	14.3%	3.9%

表3-2   您认为西递古建筑

价值较高	一般	无价值
59	16	2
76.6%	20.8%	2.6%

表3-3   您对古村落保护的态度

自家的事	公家的事	别人的事	公私共管
18	14	6	39
23.4%	18.2%	7.8%	50.6%

表3-4   您对古建筑的态度

原封不动保存	局部改造	重建新的
28	42	7
36.4%	54.5%	9.1%

表 3 – 5   您认为建房方式

维修老宅	建新宅	拆除重建
49	16	12
63.6%	20.8%	15.6%

表 3 – 6   朝向

东西向	南北向	无所谓
17	29	31
22.1%	37.7%	40.2%

表 3 – 7   新建房子的式样

老房式样	南北向	无所谓
54	11	2
70.1%	14.3%	2.6%

表 3 – 8   选址考虑

原址建	迁路建	近自家地里建
53	17	7
68.8%	22.1%	9.1%

附件五　日本"传统建造物群保存对策调查""常用建筑物信息统计表——以八女市福岛地区为例（全83件建筑物中的5栋）①

门牌	所有者&现居住者			明治二十年居住者的姓名职业&建筑主②	建造年代		屋顶			二层外观	规模	平面形式		日式房间的设计样式			尺寸				附属的房间	备注	调查采集的图纸	
	街区名	居住的所有者名	现所有者的住所		调查判断的西历判断	判断根据	屋顶·栋向形式	栋向根据	屋顶材料	下屋·轩里外墙窗	通土公用整体层数开间进深	间位置天井置格局	主座数	二长缘③押④			内天井商	天井法商	二间柱距	柱宽大柱（柱心到柱心）	切⑤		年月日	平面、总图、剖面图
1—151	东津野口フメ 浦部力丸 忠六 中岛千里			山物为19可能	182?推定前期		四妻入⑥ 直 草铁 屋⑦顶	西侧显盛真壁	连中层嗣	二 3.6 3.0	单列三间 东侧 无 一层		无 × × ×	胁叠种增		1720 1955 2027 122 122				可能是橘柱⑧ 被切除		1997. 10. 16	

① 出自日本八女市教育委员会《八女福岛：八女市福岛传统性建造物群保存对策调查报告书》。

② 造房子的主体。

③ 缘指连接天花板和墙壁的构造部件。有沟槽、有凹槽的横木，上部的构造部件。

④ 位于鸭居（门框上部的构造部件）上部，和地面水平的构造部件。过去是用来连接柱子和柱子的构造部件，现已逐渐的装饰化，没有特殊的使用功能。

⑤ 因为道路加宽，让门屋在其中推移）的屋檐被切断的做法。

⑥ 正脊与道路垂直的房屋。

⑦ 平面是长方形的民宅。

⑧ 支撑伸出去的屋檐的柱子。

续表

编号	所在街道	姓名	年代	建造时期	构架	屋顶	瓦	墙体	厢窗	层数	进深 开间	排列	间数	廊	位置				尺寸		尺寸			披檐	附属		备注	图
1—东唐人街 123	诸富 诸富	纸批大仙发商郎	明治二十 1887年	墨书①	人	妻人·母 屋①	直屋	瓦 两侧	泥封大墅	单 厢窗	两层 4.7 3.5	复列 六间	无	东侧	×	×	×	1732	2719	3824 165	270	披檐 切除	离 座③		可能受到吉井地区的影响	平面、总图、剖面图 1997.3.27
东染坊街 15	田中 田中同左	崇左作 崇作义博 卫门①	可能为19世纪中期 185?堆定地主	中层	人	妻人·母 屋	直屋	瓦 东侧	泥封大墅	单 厢窗	二层 6.0 3.5	复列 五间	无	东侧	×	○	○	1732	2037	3826 155	169	披檐 切除	两同 库房		井吞丁邻地，海鼠墙④是后加的。	平面、总图、剖面图 1997.3.18
东大坪坊街 21	有田同左	不明町吉 卯吉	明治中期 可能 能为木材店 187?		家	妻人·母 屋⑤	直屋	瓦 —	泥封大墅	单 厢窗	两层 3.5	单列 两间	无	南侧	×	○	○	1720 2104 2600	3833 153	177	披檐 切除	离 座 三间 库房			平面、总图、剖面图 1997.3.27
东染坊街 33	松延 忠太松延 同左郎&繁太 松延郎 产大 喜助	木庭	昭和十一 1936墨书 平人 南产 年		双 坡 顶 人	直屋	瓦 —	泥封真壁	连 厢窗	两层 6.2 6.0	复列 五间	无	南侧 北侧	×	○	×	1820 2959 2620	3806 138	219	披檐 切除	离 座 三间 库房			平面、总图、剖面图 1997.3.26

① 建筑内用墨记载的内容。
② 上层是双坡顶，下层是四坡顶，这样双层叠加的屋顶样式，即中国的歇山顶。
③ 离开主体建筑物的独立建造的建筑物，分栋。
④ 墙面的中部贴上平坦的瓦，瓦和瓦的接缝处堆砌上海鼠形状的灰浆，这种墙在日本被称为海鼠墙。
⑤ 贵族人家家谱，宗谱图。记录家族传承事件的文书。

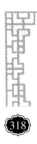

附件六　国家历史文化名城研究中心历史文化街区
独立性调查研究地点和发表期刊统计表
（2003.6—2012.5）

序号	文章名称	发表
1	湖南洪江黔城古城	《城市规划》2003 年第 6 期
2	四川省甘孜丹巴	《城市规划》2003 年第 9 期
3	四川雅安上里	《城市规划》2003 年第 11 期
4	四川郫江古镇	《城市规划》2003 年第 12 期
5	四川雅安宝兴磽碛	《城市规划》2004 年第 1 期
6	四川广元昭化古城	《城市规划》2004 年第 3 期
7	四川雅安望鱼古镇	《城市规划》2004 年第 4 期
8	浙江鸣鹤古镇	《城市规划》2004 年第 5 期
9	云南剑川沙溪古镇	《城市规划》2004 年第 6 期
10	云南大理州云南驿	《城市规划》2004 年第 7 期
11	云南大理喜洲古镇	《城市规划》2004 年第 8 期
12	江西婺源县清华古镇	《城市规划》2004 年第 9 期
13	安徽肥西县三河古镇	《城市规划》2004 年第 11 期
14	四川资中铁佛古镇	《城市规划》2004 年第 12 期
15	四川资中县罗泉古镇	《城市规划》2005 年第 3 期
16	广东珠海唐家湾镇会同村	《城市规划》2005 年第 4 期
17	广东珠海唐家湾古镇	《城市规划》2005 年第 5 期
18	云南会泽娜姑古镇	《城市规划》2005 年第 6 期
19	浙江台州皤滩古镇	《城市规划》2005 年第 7 期
20	福建连城培田古村落	《城市规划》2005 年第 8 期
21	河北邯郸广府古城	《城市规划》2005 年第 11 期
22	湖南湘西永顺王村	《城市规划》2005 年第 12 期
23	福建邵武和平镇	《城市规划》2006 年第 1 期
24	上海南汇新场古镇	《城市规划》2006 年第 2 期
25	江西吉水双元古村	《城市规划》2006 年第 3 期

续表

序号	文章名称	发表
26	云南腾冲县和顺古镇	《城市规划》2006 年第 4 期
27	江西吉水燕坊古村	《城市规划》2006 年第 5 期
28	江西吉安渼陂古村	《城市规划》2006 年第 6 期
29	江西吉安钓源古村	《城市规划》2006 年第 7 期
30	江西吉水仁和店古村	《城市规划》2006 年第 8 期
31	贵州安顺云山屯及本寨	《城市规划》2006 年第 9 期
32	四川阿坝黑虎羌寨	《城市规划》2006 年第 10 期
33	江西南昌安义石村落	《城市规划》2006 年第 11 期
34	江苏太仓沙溪古镇	《城市规划》2006 年第 12 期
35	江西广昌县驿前古镇	《城市规划》2007 年第 1 期
36	京杭大运河古镇——高邮	《城市规划》2007 年第 2 期
37	京航大运河古镇——邵伯	《城市规划》2007 年第 3 期
38	京杭大运河古镇——湾头	《城市规划》2007 年第 4 期
39	山东烟台养马岛古村落	《城市规划》2007 年第 5 期
40	鲁运河沿岸古镇——张秋	《城市规划》2007 年第 6 期
41	鲁运河沿岸古镇——周店、七级、阿城	《城市规划》2007 年第 7 期
42	鲁运河沿岸古镇——临清	《城市规划》2007 年第 8 期
43	江西樟树市临江古镇	《城市规划》2007 年第 9 期
44	陕西旬阳太极城	《城市规划》2007 年第 12 期
45	浙江江山市清漾村	《城市规划》2008 年第 1 期
46	南运河沿岸历史古镇——杨柳青	《城市规划》2008 年第 2 期
47	苏北运河古镇——窑湾	《城市规划》2008 年第 3 期
48	湘西里耶古镇	《城市规划》2008 年第 4 期
49	浙江景宁东弄畲族村	《城市规划》2008 年第 5 期
50	江苏常熟沙家浜古镇	《城市规划》2008 年第 6 期
51	云南大理州巍山古城	《城市规划》2008 年第 7 期
52	四川广元昭化古镇灾后考察	《城市规划》2008 年第 8 期
53	湖北恩施州庆阳坝凉亭街	《城市规划》2008 年第 9 期
54	云南巍山县东莲花村	《城市规划》2008 年第 10 期
55	苏北运河古镇——土山镇	《城市规划》2008 年第 11 期
56	江西铅山河口古镇	《城市规划》2008 年第 12 期

续表

序号	文章名称	发表
57	福建晋江市福全古城	《城市规划》2009 年第 1 期
58	山东德州苏禄王墓及守陵村	《城市规划》2009 年第 2 期
59	贵州安顺旧州古镇	《城市规划》2009 年第 3 期
60	浙江宁海前童古镇	《城市规划》2009 年第 4 期
61	浙江缙云县河阳古村落	《城市规划》2009 年第 5 期
62	广西南宁扬美古镇	《城市规划》2009 年第 6 期
63	福建泉州崇武古城	《城市规划》2009 年第 7 期
64	湖北宣恩县彭家寨	《城市规划》2009 年第 8 期
65	江西上饶陈坊古村	《城市规划》2009 年第 9 期
66	广西北海老城	《城市规划》2009 年第 10 期
67	江南运河古镇——震泽	《城市规划》2009 年第 11 期
68	江南运河古镇——平望	《城市规划》2009 年第 12 期
69	江南运河古镇——崇福	《城市规划》2010 年第 1 期
70	江南运河古镇——长安	《城市规划》2010 年第 2 期
71	江南运河古镇——塘栖	《城市规划》2010 年第 3 期
72	河南淅川荆紫关古镇	《城市规划》2010 年第 7 期
73	河南信阳新县毛铺村	《城市规划》2010 年第 10 期
74	福建浦城观前村	《城市规划》2010 年第 12 期
75	湖北郧西县上津古镇	《城市规划》2011 年第 2 期
76	卫河沿岸古镇——道口	《城市规划》2011 年第 3 期
77	福建福州林浦古村	《城市规划》2011 年第 5 期
78	湖南郴州汝城古城	《城市规划》2011 年第 6 期
79	江西铅山县石塘古镇	《城市规划》2011 年第 7 期
80	广东龙门县功武古村	《城市规划》2011 年第 8 期
81	武汉县华林历史文化街区	《城市规划》2011 年第 10 期
82	浙江奉化溪口镇岩头村	《城市规划》2011 年第 11 期
83	四川成都洛带古镇	《城市规划》2011 年第 12 期
84	浙江遂昌县独山古村	《城市规划》2011 年第 1 期
85	四川合江县福宝古镇	《城市规划》2012 年第 1 期
86	重庆石柱县西沱古镇	《城市规划》2012 年第 3 期
87	湖北大冶市水南湾村	《城市规划》2012 年第 4 期
88	四川广安市顾县古镇	《城市规划》2012 年第 5 期

附件七 重庆大学城市规划专业"旧城有机更新"课程中的调查研究内容研究报告

本书通过对课程作业的五份调查研究报告[①]的分析整理，从被调查研究历史文化街区名称/主题内容，是否结合调查研究制定保护规划（假题）、正文内容、调查研究结果表达方式、调查研究人员组成这五方面进行总结，见下表。

---

① 调查研究报告出处：赵万民《解读旧城——重庆大学城市规划专业"旧城有机更新"课程教学实践》，东南大学出版社 2008 年版，第 2—146 页。

322

调查研究报告内容统计

历史文化街区名称/主题内容	是否后续制定保护规划	正文内容			表达方式	调查研究人员组成
		分项内容	各项分支内容			
重庆东水门历史街区	是	概况	地理位置		文字描述、图式语言	两名指导老师，11名本科学生
			占地规模			
			区域交通			
			地段及周边自然地理环境			
		社会经济	人口状况	人口规模（人口和户数）	文字描述、问卷调查、图式语言、现场照片	
				年龄		
				性别		
				户籍		
				文化程度		
			居民活动			
			邻里关系			
			就业状况			
			经济收入			
			自我改造能力及购房能力			
		建（构）筑物	建造年代		文字描述、问卷调查、图式语言、现场照片	
			结构形式			
			建筑产权			
			保存完好度（建筑质量）			
			构件及细部			
			建筑材料			
			测绘（重要建/构筑物）			
		整体格局	空间形式		文字描述、图式语言、现场照片	
			街巷格局			

续表

历史文化街区名称/主题内容	是否后续制定保护规划	正文内容			表达方式	调查研究人员组成
		分项内容	各项分支内容			
重庆磁器口历史街区协调区	是	概况	区域位置		文字描述、图式语言	
			名人名事			
			用地性质			
		民俗	民俗活动		文字描述、现场照片	
			曲艺民乐			
			传统产业			
			传统美食土特产			
		人口状况	居民构成	年龄	文字描述、调查问卷、图式语言、现场照片	
				户籍		
				文化程度		
			就业状况			
			邻里关系			
			居民活动			
			经济收入			
			自我改造能力及购房能力			
		保护建议	现状问题	自然环境破坏	字描述、现场照片	
				环境卫生恶劣		
				市政基础设施缺乏		
				交通条件恶劣		
				消防设施缺乏		
				单体建筑物老朽		
			居民意见			
		整体格局	空间形式		文字描述、图式语言、现场照片	
			街巷空间尺度			
			天际线			

续表

历史文化街区名称/主题内容	是否后续制定保护规划	正文内容				表达方式	调查研究人员组成
		分项内容	各项分支内容				
是		建（构）筑物	结构形式			文字描述、图式语言、问卷调查、现场照片	一名指导老师，11名本科学生
			空间形式				
			构件及细部	屋顶			
				门窗			
			重要建（构）筑物详解	测绘			
				功能			
				建筑面积			
				建筑材料			
				居住环境（采光通风等）			
				市政基础设施			
				构件及细部			
				立面形式			
上海"新天地"及其文化现象的调查与思考	否，保护规划已制定并实施	上海新天地保护规划概况				文字描述、图式语言、现场照片	一名指导老师，一名本科学生
		上海新天地社会经济调查研究	商业调查	店铺调查		文字描述、图式语言、问卷调查、现场照片	
				人群状况	年龄构成		
					性别构成		
					职业构成		
					消费水平		
			新天地影响力调查	市民及游客			
				媒体			
		各地新天地对比调查研究	上海新天地特征及成功因素			文字描述、图式语言、问卷调查、现场照片	
			其他城市新天地概况				
			"新天地"模式适用性				
			思考				

续表

历史文化街区名称/主题内容	是否后续制定保护规划	正文内容		表达方式	调查研究人员组成
		分项内容	各项分支内容		
苏州吴中区水乡历史街区危机调查报告	否	现状问题		文字描述、图式语言、现场照片	一名指导老师，一名本科学生
		历史沿革		文字描述、图式语言	
		地段历史认知度		文字描述、图式语言、现场照片	
		街区状况		文字描述、图式语言、现场照片	
		吴中区保护价值研究		文字描述、图式语言、问卷调查、现场照片	
		危机（问题）总结	保护意识不强	文字描述、图式语言、问卷调查、现场照片	
			房产开发与保护		
			资金问题		
			规划编制及审批漏洞		
		今后发展建议		文字描述、图式语言、现场照片	
成都传统街区（宽窄巷子）去留问题调查报告	否，保护规划已制定但并未实施（居民已部分搬迁）	调查研究概况		文字描述、图式语言	一名指导老师，一名本科学生
		历史文化街区及保护规划概况		文字描述、图式语言、现场照片	
		居民搬迁意向调查研究		文字描述、图式语言、问卷调查、现场照片	
		居民搬迁后满意度		文字描述、图式语言、问卷调查、现场照片	

续表

历史文化街区名称/主题内容	是否后续制定保护规划	正文内容		表达方式	调查研究人员组成
		分项内容	各项分支内容		
		历史文化街区改造前旅游价值调查研究	游客调查	文字描述、图式语言、问卷调查	
			现有商业调查		
		成都市历史文化遗产保护认识现状调查		文字描述、图式语言、现场照片	
		改造工程存在问题		文字描述、图式语言	

（1）全面调查研究和主题性调查研究的结合

在重庆大学"城市历史街区有机更新"课程的调查研究工作中出现了两种类型的调查研究。首先在对于需要制定保护规划的历史文化街区中，调查研究工作主要是为保护规划的制定服务，这与传统的操作方法一致。在调查研究报告后紧跟具体的保护规划设计，两部分内容形成一个整体。这时的调查研究报告是对该历史文化街区较为全面系统的调查研究。为了保护规划的科学制定，需要调查研究的内容往往涉及历史文化街区的方方面面。这时调查研究报告的内容框架和名城研究中心的调查研究报告框架基本相同，但是增加了一项内容，即有关"社会经济"的调查研究。

重庆大学的另一种调查研究类型是针对不需要制定保护规划或已经制定了保护规划的历史文化街区采用专题调查研究的方式，由调查研究者自己设定主题进行针对性调查研究。而不是对于历史文化街区的全面综合性调查研究。因为是主题性调查研究，所以主题不同，调查研究报告的内容框架自然不同。例如"上海新天地文化现象"的调查研究中就增加了对比性的调查研究这一项，将几个案例放在一起比较。

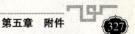

（2）高度关注社会经济的调查研究

前面我们已经提到历史文化街区的价值包括文化价值和经济价值两个方面，调查研究工作中提高对于历史文化街区社会经济状况的认识是相当必要的。重庆大学的历史文化街区调查研究工作就非常重视社会经济的调查研究，笔者对五份调查研究报告全都结合问卷调查的形式进行了直接或间接关联社会经济的调查研究工作。密切关注历史文化街区的居民构成、就业状况、邻里关系、居民活动、经济收入、自我改造能力及购房能力等各方面。在"成都传统街区（宽窄巷子）去留问题调查报告"中还进行了地段旅游价值的调查研究，这个调查研究内容的增加也是对当前形势下历史遗产旅游化保护问题的科学应对。在重庆大学的调查研究工作中，问卷调查成为调查研究工作开展的重要方法之一。特别是在社会经济的调查研究中，更是不可缺少的方法。通过将调查研究结果通过数据统计分析以图表等形式描述来，使调查研究报告更加一目了然。

参考文献

专著

［1］阮仪三、王景慧、王林:《历史文化名城保护理论与规划》,
同济大学出版社 1999 年版。

［2］［美］费尔登－贝纳德、朱卡－朱可托:《世界文化遗产地
管理指南》,刘永孜等译,同济大学出版社 2008 年版。

［3］［英］史蒂文－蒂耶斯德尔、蒂姆－希思、［土］塔内尔－
厄奇:《城市历史街区的复兴》,张玫英、董卫译,中国建筑工业出版
社 2006 年版。

［4］阮仪三:《护城纪实》,中国建筑工业出版社 2003 年版。

［5］孙继伟、徐洁编:《都市水乡朱家角》,同济大学出版社 2006
年版。

［6］戎安编著:《调查研究科学方法》,中国建筑工业出版社 2008
年版。

［7］张艳华:《在文化价值和经济价值之间:上海城市建筑遗产
(CBH)保护与再利用》,中国电力出版社 2007 年版。

［8］章俊华:《规划设计学中的调查分析法与实践》,中国建筑工
业出版社 2005 年版。

［9］吴晓勤等编著:《世界文化遗产:皖南古村落规划保护方案

保护方法研究》，中国建筑工业出版社 2002 年版。

［10］龚恺编：《徽州古建筑丛书——晓起》，东南大学出版社 2001 年版。

［11］龚恺编：《徽州古建筑丛书——棠樾》，东南大学出版社 1999 年版。

［12］龚恺编：《徽州古建筑丛书——渔梁》，东南大学出版社 1998 年版。

［13］王鲁民、乔迅翔：《营造的智慧——深圳大鹏半岛滨海传统村落研究》，东南大学出版社 2008 年版。

［14］李其荣编著：《城市规划与历史文化保护》，东南大学出版社 2003 年版。

［15］赵万民编：《解读旧城——重庆大学城市规划专业"旧城有机更新"课程教学实践》，东南大学出版社 2008 年版。

［16］张凡：《城市发展中的历史文化保护对策》，东南大学出版社 2006 年版。

［17］北京旧城历史文化保护区市政基础设施规划研究课题组编著：《北京旧城历史文化保护区市政基础设施规划研究》，中国建筑工业出版社 2006 年版。

［18］张松：《历史城市保护学导论——文化遗产和历史环境保护的一种整体性方法》（第二版），同济大学出版社 2008 年版。

［19］张松、王骏编：《我们的遗产·我们的未来——关于城市遗产保护的探索与思考》，同济大学出版社 2008 年版。

［20］周俭、张恺编著：《在城市上建造城市——法国城市历史遗产保护实践》，中国建筑工业出版社 2003 年版。

［21］王军：《日本的文化财保护》，文物出版社 1997 年版。

［22］李德华编：《城市规划原理》，中国建筑工业出版社 2001 年版。

［23］张松编：《城市文化遗产保护国际宪章与国内法规选编》，同济大学出版社 2007 年版。

〔24〕伍江、王林编：《历史文化风貌区保护规划编制与管理》，同济大学出版社 2007 年版。

〔25〕魏闽：《复兴"义品村"——上海历史街区整体性保护研究》，同济大学出版社 2008 年版。

〔26〕段进、龚恺、张晓东、彭松：《空间研究 1——世界文化遗产西递古村落空间解析》，东南大学出版社 2006 年版。

〔27〕《中国建筑史》编写组：《中国建筑史》（第三版），中国建筑工业出版社 1993 年版。

〔28〕〔美〕弗洛伊德·J. 福勒：《调查研究方法》，孙振东、龙藜、陈荟译，重庆大学出版社 2009 年版。

〔29〕〔德〕马丁·海德格尔：《演讲与论文集》，孙周兴译，生活·读书·新知三联书店 2005 年版。

〔30〕〔挪〕克里斯蒂安·诺伯格—舒尔茨：《西方建筑的意义》，李路珂、欧阳恬之译，中国建筑工业出版社 2005 年版。

〔31〕〔日〕浅見泰司编著：《居住环境评价方法与理论》，高晓路、张文忠、李旭、马亚杰、管运涛、王茂军译，清华大学出版社 2006 年版。

〔32〕〔美〕Roger Trancik：《找寻失落的空间——都市设计理论》，谢庆达译，田园城市文化事业有限公司 2002 年版。

〔33〕〔日〕西村幸夫：《再造魅力故乡——日本传统街区重生故事》，王惠君译，清华大学出版社 2007 年版。

〔34〕日本建筑学会编：《町並み保全型まちづくり》，丸善株式会社平成十九年版。

〔35〕日本建筑学会编：《まちづくりの方法》，丸善株式会社平成十六年版。

〔36〕〔日〕大西國太郎、朱自煊编：《中国の歴史都市——これからの景観保存と町並みの再生へ》，鹿島出版会 2001 年版。

〔37〕〔日〕村上訒一、亀井仲雄、苅谷勇雅、江面嗣人编：《日本の町並み調査報告書集成 1（北海道、東北地方の町並み1)》，海

路书院 2004 年版。

［38］［日］苅谷勇雅、林良彦、下間久美子、西山和宏编：《日本の町並み調査報告書集成 20（関東地方の町並み3)》，海路书院 2007 年版。

［39］［日］苅谷勇雅、林良彦、下間久美子、西山和宏编：《日本の町並み調査報告書集成 22（中部地方の町並み7)》，海路书院 2007 年版。

［40］［日］河合敦编：《日本伝統の町——重要伝統的建造物群保存地区 62》，東京書籍株式会社平成十七年版。

期刊论文

［1］［日］潮見昭信、増田達男：《卯辰山山麓町家群の保存整備に関する調査研究——重要伝統的建造物群保存地区指定に向けて》，載《日本建築学会北陸支部研究報告集》2005 年 7 月。

［2］［日］佐藤仁人：《伝統的建造物群保存地区における民家外装の材料と色彩の調査——美山町北部集落の場合》，載《日本建築学会大会学術講演梗概集（九州)》2007 年 8 月。

［3］［日］廣川美子、高橋恵理：《高梁市重要伝統的建造物群保存地区の実態——町並みの色彩調査とアンケート調査を通して》，載《日本建築学会近畿支部研究報告集》平成十九年度。

［4］［日］奥脇利江、船越徹等：《町並みの物理量分析（再調査）——京都の景観に関する研究（その5)》，載《日本建築学会大会学術講演梗概集（関東)》1997 年 9 月。

［5］［日］浅野聡、藤掛正隆等：《伝統的建造物群保存対策調査実施地区に関する研究 その1——伝建調査の実施状況と調査地区の現状》，載《日本建築学会大会学術講演梗概集（北陸)》1992 年 8 月。

［6］［日］藤掛正隆、浅野聡等：《伝統的建造物群保存対策調

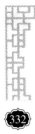

査実施地区に関する研究 その2——群馬県甘楽町の事例》，載《日本建築学会大会学術講演梗概集（北陸）》1992 年 8 月。

［7］［日］山中亜矢、吉田雄史等：《伝統的建造物群保存対策調査実施地区に関する研究 その3——関東地方における町並み保全行政の現状》，載《日本建築学会大会学術講演梗概集（北海道）》1995 年8 月。

［8］［日］矢野桂司、中谷友樹、磯田弦等：《都市 3 次元 GIS/VR による京都バーチャル時・空間の構築》，載《IPSJ SIG Notes. CVIM》2004（6）。

［9］［日］伊藤則子、高野公男：《伝統行事から見た街並み空間の地域性につして——大石田河岸集落に伝わる「おひなみ」の調査研究》，載《日本建築学会大会学術講演梗概集（九州）》1998 年 9 月。

［10］［日］小浦久子、宮岸幸正等：《京都都心地区景観基礎調査 その1——都心地区の建物・敷地実態》，載《日本建築学会大会学術講演梗概集（関東）》2001 年 9 月。

［11］［日］川合康央、小浦久子等：《京都都心地区景観基礎調査 その2——建物用途と町別建物実態》，載《日本建築学会大会学術講演梗概集（関東）》2001 年 9 月。

［12］［日］正本彩子、小浦久子等：《京都都心地区景観基礎調査 その3——建物セットバック、建物高さの実態把握と町並みの類型》，載《日本建築学会大会学術講演梗概集（関東）》2001 年 9 月。

［13］［日］植村昌子、松永寛子等：《奈良県大宇陀町『松山地区』における町並み景観に関する研究 その3——伝統的な町家の意匠》，載《日本建築学会大会学術講演梗概集（東北）》2000 年 9 月。

［14］［日］牛谷直子、増井正哉等：《奈良県大宇陀町松山地区における伝統的な町家の表構え》，載《日本建築学会大会学術講演梗概集（東北）》2001 年 9 月。

［15］［日］和田章仁、池田岳史：《地域住民からみた歴史的町

並みの保全に関する研究 その4——高山市三町と金沢市東山ひがしの比較をとおして》，载《日本建築学会近畿支部研究報告集》平成十八年度。

[16] GE Jian, Hokao Kazunori："Residential environment index system and evaluation model established by subjective and objective methords"，*Journal of Zhejiang University SCIENCE*，2004.5（9）.

[17] 苏东宾：《日本的重要传统建筑群保护区制度——以佐贺县肥前鹿岛为例》，《规划师》2005年第3期。

[18] 葛良文：《建设工程项目可行性研究的工作框架及作用》，《安徽科技》2007年第2期。

[19] 高春茂：《日本的区域与城市规划体系》，《国外城市规划》1994年第2期。

[20] 李小敏：《美国＋英国＋日本＋台湾：公众参与架构下的社区设计》，《北京规划建设》2005年第6期。

[21] ［日］吉田友彦、邓奕：《日本：公众参与与社区营造》，《北京规划建设》2005年第6期。

[22] 王郁：《日本城市规划中的公众参与》，《人文地理》2006年第4期。

[23] 顾蓓蓓：《中日历史保护制度的比较》，《北京规划建设》2007年第1期。

[24] 袁昕：《从土地所有制看中日历史街区保护的一些不同》，《北京规划建设》1999年第2期。

[25] 赖世鹏、徐建刚：《GIS在长汀县东大街历史街区控制性详细规划中的应用》，《安徽农业科学》2007年第13期。

[26] 龙翔：《工程项目可行性研究与立项》，《科技研究》2006年第11期。

[27] 葛良文：《建设工程项目可行性研究的工作框架及作用》，《安徽科技》2007年第2期。

[28] 徐丹：《论城市肌理——城市人文精神复兴的重要议题》，

《现代城市研究》2007 年第 2 期。

[29] 阮仪三、蔡晓丰、杨华文：《修复肌理重塑风貌——南浔镇东大街"传统商业街区"风貌整治探析》，《城市规划学刊》2005 年第 4 期。

[30] 王紫雯、林晨：《传统居住区的景观特质与保存价值评价》，《城市规划》2001 年第 5 期。

[31] 王紫雯：《景观文化与景观生态学初探——杭州市北山路地区的前期调查与研究》，《建筑学报》1995 年第 8 期。

[32] 邓奕、毛其智：《从〈乾隆京城全图〉看北京城街区构成与尺度分析》，《城市规划》2003 年第 10 期。

[33] 赵建波、许蓁、卜雪旸：《天津解放北路历史街区的空间分析与虚拟修复》，《建筑学报》2005 年第 7 期。

[34] 董晓萍：《非物质文化遗产与民俗评估》，《北京师范大学学报》（社会科学版），2005 年第 5 期。

[35] 梁乔：《历史街区保护的双系统模式的建构》，《建筑学报》2005 年第 12 期。

[36] 蔡勇：《整体秩序与群化思维——结构主义建筑观的启示》，《新建筑》1999 年第 6 期。

[37] 赵秀敏、葛坚：《城市公共空间规划与设计中的公众参与问题》，《城市规划》2004 年第 1 期。

[38] 苗艳梅：《城市居民的社区归属感——对武汉市 504 户居民的调查分析》，《青年研究》2001 年第 1 期。

[39] 郭海燕、朱杰勇：《城市人居环境舒适度评价指标体系的建立及人居环境评价——以泰安市为例》，《云南地理环境研究》2005 年第 7 期。

[40] 耿媛元：《居住区居住满意度的评价及方法》，《清华大学学报》1999 年第 4 期。

[41] 孟庆林、江亿：《人居环境的科学评价》，《南方建筑》2001 年第 3 期。

［42］单菁菁：《社区归属感与社区满意度》，载《城市问题》2008 年第 3 期。

［43］李雪铭、冀保程、杨俊、李瑶瑶：《社区人居环境满意度研究——以大连市为例》，载《城市问题》2008 年第 1 期。

［44］赵勇、张捷、卢松、刘泽华：《历史文化村镇评价指标体系的再研究——以第二批中国历史文化名镇（名村）为例》，载《建筑学报》2008 年第 3 期。

［45］赵渺希、唐子来：《城市历史街区产业功能拓展的本土特色与导向策略》，载《上海城市管理职业技术学院学报》2008 年第 6 期。

［46］赵渺希、白爱军、程军：《城市历史街区产业功能拓展的规划学思考》，载《上海城市管理职业技术学院学报》2008 年第 4 期。

学位论文

［1］周军：《历史街区保护和复兴的地理学研究——以广州西关民居民俗风情区为例》，中山大学博士学位论文，2004 年。

［2］张乐益：《基于信息传递的历史城市保护方法研究》，东南大学硕士学位论文，2006 年。

［3］林翔：《城市化进程中居住性历史街区保护与更新研究》，华侨大学硕士学位论文，2002 年。

［4］赵力：《历史街区与现代旅游协同发展研究》，广西大学硕士学位论文，2006 年。

［5］李笑白：《历史街区保护与旅游开发——以开封市历史街区为例》，河南大学硕士学位论文 2007 年。

［6］刘琼：《历史街区保护机制初探》，重庆大学硕士学位论文，2003 年。

［7］胡颖：《论历史街区的非物质文化遗产保护》，华东师范大学硕士学位论文，2006 年。

［8］胡秀梅：《日本〈文化财保护法〉与我国相关法律法规比较

研究》，浙江大学硕士学位论文，2005 年。

[9] 周宁：《传统场镇的肌理分析与整合思考》，重庆大学硕士学位论文，2003 年。

[10] 浦敏：《实例剖析西安近 50 年城市住区肌理及其演变》，西安建筑科技大学硕士学位论文，2003 年。

[11] 关也彤：《上海衡山路历史街区的景观空间特征分析与保护研究》，浙江大学硕士学位论文，2005 年。

[12] 金毅：《湖南汨罗长乐古镇研究》，武汉理工大学硕士学位论文，2008 年。

[13] 张帆：《安庆旧城空间结构的调整与优化研究》，东南大学硕士学位论文，2006 年。

[14] 黄凌江：《历史街区外部空间形成模式研究》，武汉大学硕士学位论文，2005 年。

[15] 胡颖：《论历史街区的非物质文化遗产保护——以屯溪老街为例》，华东师范大学硕士学位论文，2006 年。

[16] 王岩：《走过十字街的回望——天津老城厢地区更新改造问题研究探索》，天津大学博士学位论文，2007 年。

[17] 刘淼：《天津"五大道"历史街区的空间肌理研究及其在保护更新中的延续与重构》，天津大学硕士学位论文，2007 年。

[18] 李和平：《重庆历史建成环境保护研究》，天津大学博士学位论文，2004 年。

[19] 李洪涛：《城市居民的社区满意度及其对社区归属感的影响——对武汉市 411 位城市居民的调查与分析》，华中科技大学硕士学位论文，2004 年。

[20] 何哲：《尺度的记忆——西安明城区保护中的尺度问题初探》，西安建筑科技大学硕士学位论文，2003 年。